O passado, a memória, o esquecimento

Paolo Rossi

O passado, a memória, o esquecimento

o esquecimento

Seis ensaios da história das ideias

Tradução
Nilson Moulin

editora
unesp

Direitos de publicação reservados à:
Fundação Editora da UNESP (FEU)
Praça da Sé, 108
01001-900 – São Paulo – SP
Tel.: (0xx11) 3242-7171
Fax: (0xx11) 3242-7172
www.editoraunesp.com.br
www.livrariaunesp.com.br
atendimento.editora@unesp.br

CIP – Brasil. Catalogação na fonte
Sindicato Nacional dos Editores de Livros, RJ

R743p

Rossi, Paolo, 1923-
    O passado, a memória, o esquecimento: seis ensaios da história das ideias / Paolo Rossi; tradução Nilson Moulin. – São Paulo: Editora UNESP, 2010.
    240p.

    Tradução de: Il Passato, la memoria, l'oblio
    Inclui bibliografia e índice
    ISBN 978-85-393-0037-2

    1. Memória (Filosofia).   2. Teoria do conhecimento.   I. Título.

10-2298.   CDD: 128.3
                                            CDU: 165

Editora afiliada:

Asociación de Editoriales Universitarias
de América Latina y el Caribe

Associação Brasileira de
Editoras Universitárias

Saber esquecer é uma sorte mais que uma arte. As coisas que gostaríamos de esquecer são aquelas de que melhor nos recordamos. A memória não só tem a incivilidade de não suprir a necessidade, mas também a impertinência de, frequentemente, aparecer a despropósito.

B. Gracián, *Oraculo manual y arte de la prudencia*

Sumário

Pró-memória

Desde que comecei a estudar a história das artes da memória na cultura europeia, passaram-se mais de trinta anos. No final da década de 1950, éramos realmente poucos a tratar de tais temas. Na perspectiva da filosofia idealista, tratava-se sem dúvida de objetos de estudo extremamente pouco "filosóficos", que nada tinham a ver com o Progresso do Espírito, o Advento da Imanência, a Descoberta do Sujeito e a Orientação Especulativa Acentuada exigida nos concursos de cátedra. Na perspectiva do neoiluminismo daqueles anos, que considerava iminente o triunfo de uma Filosofia Enfim Científica, eram, ao contrário, argumentos muito entrelaçados com o mundo turvo da tradição hermética, muito ligados ao universo das ideias vagas e imprecisas para terem algum interesse para os discursos filosóficos que se autoqualificavam rigorosos e se pretendiam alheios às vivências mutáveis do tempo.

Já havia então, como todos sabem, estudiosos de neurociências e estudiosos de psicologia que se ocupavam da memória. Contudo, a história das imagens da memória e das artes da memória era uma espécie de continente inexplorado. Dado que tive a chance, naqueles anos, de ter como mestre Eugenio Garin; também tive a sorte de ser um dos primeiros a desembarcar em dois daqueles territórios: o da tradição luliana e mnemotécnica (sobre a qual publiquei um livro que precede em seis anos o trabalho fundamental de Frances Yates) e o da tradição mágico-hermética. A partir daí, também no terreno da história das ideias, muito se trabalhou. A memória e o esquecimento tornaram-se temas de interesse vasto e crescente. Também se tornaram, com todas as vantagens e perigos que isso comporta, temas da moda. Todavia – e essa é uma das ideias centrais deste livro –, esquecemos algo importante sobre a memória. Talvez – não obstante o falatório a respeito – tenhamos subavaliado a força das imagens. Inclusive porque, completamente errado, acreditamos que apenas a nossa e *não*, ao contrário, também aquela que está atrás de nós, seja definível como uma "cultura das imagens".

A tendência a empregar a palavra "filosofia" como um termo "honorífico" em vez de "descritivo" sempre foi muito difundida entre os filósofos. Uma parte muito relevante do desacordo entre os filósofos concerne, de fato (e não é de hoje), à legitimidade de qualificar como "filosóficos" problemas de consistência e natureza diferentes. Não estou, nem nunca estive, muito interessado em uma teoria da filosofia que "aceita" recorrer ao "contexto histórico" das filosofias do passado, "mantendo, contudo, *sempre* bem firme, ao mesmo tempo, a convicção de que tal recurso *deve* ser funcional para a reconstrução de argumentos racionais". Aceitando essa norma, a história da filosofia identifica-se com uma respeitável e bem consolidada disciplina acadêmica que produz ótimas posições, mas pela qual – por culpa minha ou porque sempre estive sujeito a uma forma incurável de baconismo – jamais consegui apaixonar-me de fato. Os "argumentos racionais" – como quer que pretendam ser filosoficamente definidos os dois termos que constituem essa expressão – têm um relevo enorme, sempre me pareceram uma parte assaz importante e relevante da história, mas na certa não a *única* que valesse a pena ser estudada ou *em função* da qual todo o restante tivesse de ser utilizado. Sempre tive uma preferência acentuada pelo mundo tantas vezes ambíguo e fugidio das ideias, das metáforas, dos modos de perceber e pensar o mundo, das escolhas e das "preferências" ou, para usar termos que depois entraram na moda, dos paradigmas, *themata*, imagens da ciência, tradições de pesquisa, conhecimentos tácitos ou não expressos, estilos de pensamento. Todas essas coisas que agem com força, mesmo que frequentemente de modos não evidentes de imediato, inclusive sobre as mais respeitáveis "teorias" e sobre a escolha entre as muitas argumentações possíveis a que recorrem, para sustentá-las e lhes fazer propaganda, os filósofos e os cientistas.

Que tipo de metodologia emprega termos como *sempre* e *deve*, impõe regras e formula proibições? Estou totalmente de acordo com Giuseppe Cambiano, que escreve em *Il ritorno degli antichi*: "Apontado o indicador exclusivamente para os núcleos argumentativos, pode-se chegar à eliminação da história (...). Mesmo as exclamações 'Por Hércules!', que pontuam os diálogos platônicos e com certeza não são logicamente muito relevantes, podem fazer compreender alguma coisa a mais da filosofia de Platão" (Cambiano, 1988). Para que serve um preceito que, por exemplo, me tornaria totalmente cego perante as "funções latentes" das filosofias e seus "contextos de reformulação"? A importância dos "núcleos argumentativos" pode tranquilamente ser defendida e sustentada. Uma historiografia especialmente sintonizada com eles pode ser praticada de forma frutífera. O importante é não se limitar a sonhá-la, mas praticá-la efetivamente, e não transformar *uma*, entre as muitas abordagens possíveis aos textos do passado, numa daquelas prescrições ou receitas metodológicas que, conforme escrevia há anos Lorde Chanceler, "impedem com triste autoridade as alegres tentativas de novas descobertas".

Para melhor reiterar minha convicção de que a filosofia *pode* ser concebida pelos historiadores *não só* como uma vivência unitária ligada ao Destino do Ocidente (ou como o desdobramento de uma cada vez mais sofisticada Teoria do Conhecimento), mas como "um objeto problemático e flutuante com outros objetos flutuantes no tempo" (também essa expressão é de Cambiano, 1988), adotei no subtítulo uma referência explícita à história das ideias. Essa expressão, também ela sobrecarregada de significados e objetos de antigas polêmicas, foi aqui assumida em seu significado mínimo ou (desta vez caí!) "fraco": refere-se apenas ao fato de que tal tipo de história não se identifica com uma história "filosófica" ou "epistemológica" e está mais interessada em misturar as cartas (das ideias) que na estrutura dos jogos (das teorias).

Só dois dos seis capítulos que compõem este livro foram extraídos de material anteriormente publicado. O quinto capítulo foi enriquecido com muitos materiais novos em relação ao ensaio publicado na *Rivista di Filosofia* (Rossi, 1989a, p.371-92). Ao contrário, o segundo capítulo contém poucas variações em relação ao ensaio já editado em *Intersezioni* (Rossi, 1987). Trata-se de uma escolha deliberada. As referências às páginas sobre a memória escritas por J. L. Borges e aos textos de Alexander Luria sobre o homem que não esquecia nada eram, em 1986, quase raridades literárias. Completamente inédita (exceto uma referência de Frances Yates ao fisiólogo soviético) era a aproximação entre esses textos e aqueles, bem mais antigos, da *ars memorativa*. Nos últimos cinco anos, ocorreu-me de encontrar as mesmas referências e aproximações com muita frequência: em estudos respeitáveis, em brilhantes trechos de virtuosismo, em textos jornalísticos e em indecentes reelaborações de artigos alheios (sem nenhuma citação das fontes largamente usadas e saqueadas). O fotógrafo do trágico albatroz emplastado de petróleo, quando viu representadas até a náusea (em contextos que nada tinham a ver com o original) suas imagens, deve ter pensado coisas não muito diferentes das que eu pensei. Por isso decidi, neste caso específico, não alterar meu texto e limitar-me a chamar (como agora faço) a atenção do benévolo leitor para a data de sua publicação.

Na redação do sexto capítulo, intitulado "A ciência e o esquecimento", recebi uma solicitação do amigo Roberto Guiducci e de Gianfranco Bettetini, respectivamente presidente e diretor do Istituto di Ricerca sulla Comunicazione A. Gemelli e C. Musatti, de Milão, e que lá organizaram, em novembro de 1990, um congresso sobre "A Arte do Esquecimento".

Obtive informações e sugestões (inclusive bibliográficas), que falam da memória e do esquecimento, com Luigi Amaducci, Arnaldo Ballerini, Grazia Borrini, Bruno Callieri, Cesare Cornoldi, Umberto Eco, Simone Giusti, Giorgio Luti, Alessandro Pagnini, Stefano Poggi e Oliver Sacks. Laura Scarpelli foi a primeira pessoa que me indicou, quando o fenômeno estava apenas no começo, a existência de uma verdadeira *ars memorandi* em uso nas escolas que preparam os publicitários. A professora Maria Luisa Botteri gentilmente me permitiu ler sua tese (discutida, em 1983, na Universidade de Trieste) sobre as mnemotécnicas do Oitocentos. Aproveito para agradecer aos amigos Ferdinando Abbri, Giorgio Bartolozzi, Salvatore Califano, Elena Castellani, Graziano Conti, Alberto Fonnesu, Ivan Nicoletti, Franco e Uberto Scarpelli e Marco Segala, aos quais apresentei quesitos estranhos concernentes a recentes e menos recentes "apagamentos" nos manuais de química, física, geologia, medicina, pediatria e jurisprudência. Espero não ter feito mau uso da competência deles.

Dedico este livro ao meu netinho Andrea, que começou a caminhar, esperando que a vida lhe permita lembrar e esquecer, na medida justa.

P. R.

Universidade de Florença,
1º de março de 1991

1.
Lembrar e esquecer

Com razão, disse Temístocles aos que lhe queriam ensinar a arte de exercitar a boa memória, então descoberta por Simônides, que teria preferido aprender a arte de esquecer em vez da arte de ter em mente.

Francesco Petrarca,
Dos benefícios de uma e outra fortuna, trad. ital., Veneza, 1584, v.19

A propósito dos significados de "memória" e de "esquecimento"

Na tradição filosófica, e também no modo de pensar comum, a memória parece referir-se a uma persistência, a uma realidade de alguma forma intacta e contínua; a reminiscência (ou anamnese ou reevocação), pelo contrário, remete à capacidade de recuperar algo que se possuía antes e que foi esquecido. Segundo Aristóteles, a memória precede cronologicamente a reminiscência e pertence à mesma parte da alma que a imaginação: é uma coleção ou seleção de imagens com o acréscimo de uma referência temporal. A reevocação não é algo passivo, mas a recuperação de um conhecimento ou sensação anteriormente experimentada. Voltar a lembrar implica um esforço deliberado da mente; é uma espécie de escavação ou de busca voluntária entre os conteúdos da alma: quem rememora "fixa por ilação o que antes viu, ouviu ou experimentou e isso, em substância, é uma espécie de pesquisa; diz respeito somente a quem possui capacidade deliberativa, porque deliberar também é uma forma de ilação" (*De memoria et reminiscentia*, 453a). A memória é de homens e animais, a reminiscência só é humana. Como dirá Tomás de Aquino, "o homem não possui, como os outros animais, apenas a memória, que consiste na lembrança imprevista do passado, mas também a reminiscência, que é quase fazer silogismos buscando a lembrança do passado" (Tomás de Aquino, *Summa Theologica* I, Q 78, 4).

Em toda a tradição aristotélica, o tratamento da memória e da reminiscência (que é a passagem ao ato de lembrança em potencial) se liga principalmente ao mundo de fenômenos que vamos hoje reagrupar com o termo "psicofisiologia". Na tradição platônica, ao contrário, a memória se apresenta como uma forma de conhecimento ligada à doutrina misteriosófica da reencarnação. A retórica do *Fedro* platônico não é uma arte da persuasão, mas uma arte que tem o escopo de enunciar a verdade e de persuadir que se trata mesmo dela. Esse poder depende daquela verdadeira consciência que a alma pode alcançar e que coincide com a reminiscência. A anamnese platônica, como já foi tão sublinhado por inúmeros comentadores e intérpretes, não deriva dos sentidos: é um reconhecimento de essências, de coisas inteligíveis e universais. Todo o conhecimento é uma forma de lembrança e a anamnese atua num nível que não é o da empiria e da psicologia. A alma retorna ao mundo e se reúne ao corpo "inchada de esquecimento e maldade" (Platão, *Fedro*, 248c). Na origem, encontra-se um domínio que esteve presente e se perdeu. Essa perda se configura como culpa. O esquecimento é constitutivo da origem.

O mundo, para a tradição gnóstico-hermética, será *terra oblivionis* e o saber, uma tentativa de recuperar uma divina e originária sabedoria, secreta e perdida.

Aqui a memória se torna potência sacra, um dom dos deuses que reconduz aos deuses, uma saída de nosso mundo que é apenas humano para descobrir por trás dele outros níveis inacessíveis: "Explorar o passado – escreveu a respeito J. P. Vernant – significa descobrir aquilo que se dissimula na profundidade do ser. A história que Mnemósine canta é uma decifração do invisível, uma geografia do sobrenatural" (Vernant, 1970, p.47). Temas similares foram identificados em Marsílio Ficino. Nas breves referências à memória, contidas no livro XIII da *Theologia platonica*, reaparece a concepção mística da memória e a inexistência da conexão mente-cérebro é teorizada explicitamente:

> Tamanha e tal capacidade para conter, para reter as coisas apreendidas não pode ser encerrada no espaço estreito do cérebro, nem pode ser conservada pela substância instável e perecível daquele, mas exige o receptáculo muito amplo e estável de uma alma divina (...). Certamente nunca vai definhar aquela substância cuja virtude profética antecipa, deste modo, todo o futuro, e cuja potência mnemônica chama de volta todo o passado. Portanto, é uma substância eterna aquela que, num eterno monumento, acolhe os intervalos caducos do tempo. (Ficino, 1576, p.297-8; cf. Rossini, 1988, 1-3, p.126-72, citações de Ficino nas p.140-1)

Se as imagens são expressão de uma realidade transcendente e para ela remetem, a arte da memória se torna – como em Giulio Camillo e Giordano Bruno – um meio para fazer corresponder mente e universo, microcosmo e macrocosmo. A arte não é mais uma técnica fundada sobre o estudo das associações mentais e sobre o poder evocativo das imagens. As imagens "evocam" num sentido bem diferente daquele óbvio e tradicional da psicologia. São espirais que descerram um acesso à trama metafísica da realidade, que mostram uma via para a profundidade do ser. Emblemas, divisas, imagens e selos se tornam símbolos de coisas inefáveis. O artista da memória não é mais o construtor de uma técnica útil aos oradores e advogados; é parecido com o mago, com o sacerdote da nova religião hermética ou "egípcia". É o intérprete da realidade do universo e do seu destino, o possuidor da "chave universal" que está escondida e assim deve permanecer para os mortais comuns. Como dirá Bruno:

> Esta arte não conduz a uma simples arte da memória, mas abre uma via e introduz à invenção de muitas faculdades. Aos quais for dado captar suas coisas mais profundas (*interiora*) recordem: por causa de sua dignidade real, não a comuniquem sem ter efetuado uma seleção; e aqueles para quem a arte pode ser comunicada, tornem explícitas as suas regras de modo mais ou menos intenso, segundo os méritos e a capacidade receptiva. (Bruno, 1988, p.50)

Portanto, na tradição filosófica, acham-se presentes duas noções *radicalmente diversas* de olvido/esquecimento e de memória/lembrança. Como acontece com todas as tradições que se respeitam, elas continuam, de forma explícita ou oculta, a operar também no pensamento contemporâneo. Tanto uma quanto outra se conectam com autoridades muito antigas e têm uma literatura quase interminável. Ambas podem incluir no interior de suas tradições grandes autores e grandes filósofos. Certamente não faltam pontos de contato e de trocas entre as duas tradições, mas para simplificar, pode-se afirmar que:

1) A *primeira* noção vê no esquecimento e no olvido algo que está ligado à perda definitiva ou provisória de ideias, imagens, noções, emoções, sentimentos, que um dia estiveram presentes na consciência individual ou coletiva, ao passo que a *segunda* noção vê no esquecimento e no olvido algo que não concerne

a pedaços, partes, setores ou conteúdos da experiência humana, mas à própria totalidade dessa experiência e à totalidade da história humana;

2) A *primeira* noção foi construída e foi ficando mais complexa a partir de contribuições que provinham (e provêm) da psicologia, psicanálise, psicopatologia, neurofisiologia, antropologia, sociologia e narrativa, ao passo que a *segunda*, em geral, não tem interesse algum nas contribuições que provêm dos campos específicos da cultura (Freud, Proust ou Edelmann), rechaça os horizontes parciais e, ao contrário, está voltada para as contribuições da metafísica, das filosofias da história, do destino do Ser e do Ocidente.

Termos como "memória" e "reminiscência", "olvido" e "esquecimento" conservam, também na filosofia contemporânea, um significado que está solidamente associado àquilo que prevalece com nitidez na tradição "platônica" e "gnóstico-hermética". Aos temas centrais dessa tradição se filia uma das mais exuberantes correntes da filosofia contemporânea: o heideggerianismo em suas várias formas.

A história da filosofia, aos olhos de Heidegger, mostra, sobretudo, uma coisa: os homens acreditavam estar falando do ser e acabaram falando dos entes. A questão da verdade do ser é *"esquecida na metafísica e por causa dela"* (Heidegger, 1953, p.95). O fato de o homem estar sempre voltado somente para o existente é "indício indireto do *olvido do ser*". A técnica, em sua essência, é "um destino histórico da verdade do ser *fundada no olvido*" (Heidegger, 1953, p.107, 110). A "própria verdade como ser" nunca foi pensada e a história do ser "tem início, necessariamente, com o olvido do ser" (Heidegger, 1973, p.242). O olvido do ser é "o olvido da diferença entre o ser e o ente". O ser, enquanto aparece no ente, se oculta como tal. A história é jogo de revelação e encobrimento, de manifestação e ocultação. O olvido "não é resultado de uma negligência do pensamento", mas é próprio do ser, "entra na essência do próprio ser" (Heidegger, 1982, p.22; cf. Foti, 1984, p.242). O saber pode ser definido como "memória do ser" [*Das Wissen ist das Gedächnis des Seins*] (Heidegger, 1973, p.325), mas é o esquecimento que suscita a memória e permite voltar-se para o esquecido. O mistério do olvido está na origem de toda relação do homem com o ente. O olvido do ser é paralelo ao acontecer e ao retransmitir-se da história. Concedem-se ao ente evidência e exclusividade e isso sanciona "a extrema cegueira em relação ao olvido do ser" (Heidegger, 1987, p.150; 1976, p.45-6). Toda a história da filosofia é a história do esquecimento do ser e da verdade do ser. Estamos à espera de que comece a fase "da superação do esquecimento do ser" (Heidegger, 1987, p.370).

A essência grega da verdade não é o surgir dos fenômenos dentro de luminoso horizonte de presença, mas um não ocultamento. O que aparece se impõe "num mistério que se esforça por transparecer na luz da presença, mas que ao se mostrar sempre se retrai" (Ferraris, 1989, p.186). Maurizio Ferraris falou da filosofia de Heidegger como de uma "transição da fenomenologia para o ocultismo". A essa transição está ligada a centralidade do tema da história na filosofia heideggeriana:

> Para Heidegger, que abraçou a filosofia da história entrópico--spengleriana (...), o progresso é apenas um longo olvido, o contínuo afastar-se das fontes do pensamento: a presença plena, que Husserl pensa como sempre disponível para um olhar fenomenológico, só se deu de outra forma, em outras épocas e em outros lugares dos quais estamos afastados temporalmente. (idem, p.188)

A história é deriva e olvido, e justamente disso resulta a ênfase de Heidegger "na irrecuperável distância temporal, que faz que cada presença seja somente vestígio, degeneração, olvido – e que nós não tenhamos ainda começado a pensar" (idem, p.188).

O tema da *ambiguidade* ocupa lugar central na filosofia de Heidegger (como mostrou Luigi Pareyson, entre outros). Ela permeia e tonaliza todo o seu pensamento, e autoriza a recorrer ao termo "ambiguidade" para *definir* aquela filosofia. O pensamento de Heidegger "permanece suspenso, sem esclarecer seu nexo entre surpresa e temor e entre admiração e susto, (...) entre esquecimento e lembrança, olvido e rememoração". A ambiguidade do homem se concretiza em numa série bem ampla de termos opostos e coexistentes. Entre eles: "presença do ser na forma do seu olvido e olvido do ser como lugar de sua lembrança" (Pareyson, 1990, p.33, 35, 36).

O antigo tema platônico da reminiscência (com os significados conexos de "memória" e "olvido") adquiriu, por meio da obra de Heidegger e de seus vários seguidores, uma espécie de vida nova na filosofia do Novecentos. Sobre o olvido do Ser, sobre o saber como "recordação" e "retomada" floresceu uma vasta literatura, que, apesar de ter um nível muito variado, é frequentemente bastante repetitiva, como é inevitável acontecer em todas as formas de escolástica – mesmo as mais refinadas. As valências mítico-religiosas daquele tema foram, no interior dessa literatura, bem acentuadas. Ter "divinizado" a lembrança, "para a qual o tempo só estimula quando anterior, constitui uma decisiva indicação metafísica". O poeta, possuído pela memória, "conhece tudo o que foi, é e será: para ele se abre aquele instante que não está em nenhum tempo (...), que já existe no tempo, porém alude a alguma coisa que não está no tempo". Lembrar, ver e saber podem se tornar termos equivalentes. A estrutura amnésica do conhecimento não se refere a um passado cronológico, mas a uma estrutura da verdade.[1]

---

1 Cf. Colli, 1978, I, p.39; III, p.196; Agamben, 1985, 13-14, p.4. Alguns desses temas são tratados amplamente no ensaio de Giancola, 1988. O grande volume reúne outros ensaios, de nível muito diferente, sobre o tema filosófico da memória. Uma ampla discussão dos temas do passado e do futuro,

Quando a ambiguidade e o caráter enigmático da linguagem se tornam essenciais para uma filosofia e a clareza linguística é evitada com cuidado e explicitamente condenada como expressão de simples bom senso e de superficialidade; quando o tema "observar o passado", a afirmação de uma Reposta Sapiência das Origens e a imagem de uma Verdade que está no Início dos Tempos tornam-se as grandes ideias guias e os motivos centrais de uma filosofia; quando, enfim, se teoriza uma diferença de essência entre os eleitos, os pneumatistas (que podem alcançar aquela Sapiência, viver os "instantes" e entrever e indicar o Destino) e os que ficam para sempre confinados na temporalidade do cotidiano e são capazes só de intelecto, mas completamente incapazes de Pensamento; quando tudo isso ocorre em *simultâneo* ou numa mesma filosofia, então a antiga Tradição Hermética revela a sua não extinta presença, mostra a sua persistência operacional e celebra os seus triunfos tardios.[2]

---

da memória e do olvido, que parte da centralidade do pensamento heideggeriano, se encontra nos últimos capítulos do livro de Severino, 1989.

2 Afirmei alhures (cf. Rossi, 1989d, p.19-20) a existência de uma série de cinco pontos em comum entre tradição hermética e heideggerianismo: 1) o mito da Verdade que está no Início; 2) a visão conspiratória da história como decadência irrefreável; 3) a consideração elitista do saber; 4) a intensa acessibilidade ao *pathos* de um guia carismático e a correspondente inacessibilidade à dúvida filosófica e à indulgência; 5) a preferência pela obscuridade, que não é uma opção estilística, mas nasce da convicção do Segredo e da Luminosidade-Velamento da Verdade. Seguindo uma via original, Ferraris (1991) discute com grande acuidade sobre a conexão entre hermetismo e hermenêutica. Neste livro, foi refundido o seu artigo de 1989. Para Ferraris, tal conexão coincide, ao menos em parte, com o caminho dirigido para um "retorno à Grécia" (entendida como o modelo da "vida verdadeira") e com uma identificação da alienação no "não ser mais grego". Em que bastaria substituir o mais antigo Egito pela Grécia para encontrar-se no interior do "já vivido" pela grande tradição do Hermetismo (dentro da qual, contudo, não podemos movimentar-nos recorrendo unicamente aos estudos de Festugière). Mas aqui não se pretendia nem enfrentar grandes temas nem insistir no confronto heideggerismo-hermetismo, nem muito menos reivindicar uma prioridade sempre discutível. O que se pretendia era só esclarecer

O temor de ser esquecido

O mundo em que vivemos há muito tempo está cheio de lugares nos quais estão presentes imagens que têm a função de trazer alguma coisa à memória. Algumas dessas imagens, como acontece nos cemitérios, nos lembram pessoas que não mais existem. Outras, como nos sacrários ou nos cemitérios de guerra, relacionam a lembrança dos indivíduos à dos grandes eventos ou das grandes tragédias. Outras ainda, como acontece nos monumentos, nos remetem ao passado de nossas histórias, à sua continuidade presumível ou real com o presente.[3] Nos lugares da vida cotidiana, inúmeras imagens nos convidam a comportamentos, nos sugerem coisas, nos exortam aos deveres, nos convidam a fazer, nos impõem proibições, nos solicitam de diversas maneiras.

O discurso sobre a memória é muito antigo. Nenhum indivíduo poderia memorizar todos os títulos que, desde a Antiguidade até hoje, fazem referência à memória. Mas é importante sublinhar que esse tema não se identifica e não se esgota nem com o tema das artes da memória nem com os problemas das neurociências. Aliás, devido aos efeitos que tiveram as teses de Yates, o problema da memória terminou por identificar-se, numa série de estudos recentes, com o da mnemotécnica. Tal identificação não é aceitável, além de ser muito reducionista. O tema da memória é muitíssimo mais amplo, aprofunda suas raízes no temor primordial que acompanha, há dezenas de milhares de anos, a história de nossa espécie e a vida dos indivíduos desde o período da infância. As "imagens" e os "lugares" aos quais vamos nos referir nas páginas seguintes foram e são apenas *algumas* das formas pelas quais se expressou aquele medo.

---

que as páginas deste livro não falam da memória como Anamnese do Imemorável nem do olvido como Olvido do Ser.

3 Sobre a memória coletiva, Halbwachs, 1925, 1950; Ozouf, 1976; Nora, 1978; Koselleck, 1979; Nancer, 1987a, 1987b, 1990.

Na cultura medieval, as cerimônias em memória dos mortos (como eficazmente mostrou Friedrich Ohly) não testemunham só a dor individual e a vontade de não esquecer: o sacrifício monástico da intercessão não ergue ao falecido um monumento sobre a terra, mas, "inserindo o seu nome na lista a ser lida durante a liturgia, efetua o seu acolhimento na *Liber vitae* celeste, na memória eterna de Deus".[4] Na cultura swahili (conforme mostraram Victor C. Uchendu e John S. Mbiti), os mortos que permanecem na memória dos outros são os mortos-vivos, que só morrem completamente quando desaparecem os últimos que estavam em condições de recordá-los (Uchendu, 1976; Mbiti, 1969, p.25). Aqui, digamos que a memória concerne ao objeto da memória e não àquele que memoriza: a "lembrança" exprime de fato a preocupação acerca da existência, num mundo ultraterreno, de quem não está mais na terra. Até do mundo ultraterreno pode nascer a invocação para ser lembrado na terra:

> Mas quando você estiver no doce mundo
> Imploro que à mente alheia me leve
> Mais não lhe digo nem com você comungo. (Alighieri, *Inferno*, VI, 88)

A memória (como bem sabia David Hume) sem dúvida tem algo a ver não só com o passado, mas também com a identidade e, assim (indiretamente), com a própria persistência no futuro. Os replicantes de *Blade Runner* (que é um bom filme de 1982) são seres humanos artificiais em tudo semelhantes aos naturais e que foram fabricados de modo a viver apenas alguns anos. Sabem que logo vão morrer, mas não sabem quando. Diferenciam-se dos humanos só por uma afetividade menor (dificilmente mensurável) e pelo fato de serem privados de memória. Quando tentam subtrair-se de sua situação de escravidão, o primeiro problema que

---

4 Ohly, 1984, p.134-5, 174-5. Sobre a memória na Idade Média, cf. Oexle, 1976.

enfrentam é o de uma autobiografia, de um passado que seja possível recordar e documentar. Os replicantes invejam nos humanos uma vida mais longa e a presença contínua, na vida deles, de um passado tecido de recordações, em relação ao qual podem experimentar o desconhecido sentimento da nostalgia.

O entrelaçamento de memória-esquecimento é muito profundo. Mesmo quando se teorizam rupturas totais e irreparáveis e transformações radicais. Nas situações histórico-culturais em que predominam a cólera e o espírito de rebelião, a exigência de um passado é frequentemente tão forte quanto a que diz respeito ao futuro. Num livro de título bastante significativo, *Da próxima vez, o fogo*, o romancista americano negro James Baldwin escrevia no início dos anos 1960: "Enquanto nos recusarmos a aceitar o nosso passado, em lugar nenhum, em nenhum continente, teremos um futuro diante de nós (...). Tenha consciência de suas origens: se conhecer suas origens, aí não haverá limites que você não possa superar" (Baldwin, 1962, p.112, 116-7).

Entre as razões que explicam as paixões atuais pelo tema da memória há, sem dúvida, uma grande "demanda de passado" e uma renovação do interesse pelos argumentos e temas que pareciam superados ou marginais, tanto para os teóricos da invasão geral da técnica no mundo moderno, quanto para os teóricos da superação do capitalismo e da revolução mundial: o localismo, o nacional, o regional, o urbano, o bairro, as minorias, os grupos, suas culturas etc. A homogeneidade nacional é hoje, também na Europa, quase uma exceção. Reforçaram-se e se constituíram solidariedades étnicas. Tribalismos, nacionalismos e irredentismos passaram das margens para o centro da história do mundo e se posicionaram como forças alternativas às burocracias centralizadas e às estruturas dos Estados.[5]

---

5 Talvez se tenha de fato aberto na história contemporânea um processo que pode assumir a forma de uma espiral perversa: de um lado, uma eficácia cada vez maior dos aparatos estatais e as esperanças num governo mundial;

O conflito interétnico

se tornou mais intenso e endêmico no século XX, se comparado a qualquer período da história (...) ser restituído à própria família cultural, estar no próprio âmbito cultural, receber a proteção dos próprios irmãos parece a única via segura rumo ao equilíbrio e à dignidade na era dos computadores. (Smith, 1984, p.27, 17)

Nacionalismos étnicos e localismos reivindicaram uma autonomia por muito tempo mal conhecida e restrita, atenderam sobretudo a uma comunhão de histórias e de memórias. Um grupo étnico, escreveu Anthony D. Smith, caracteriza-se pelos seguintes atributos: o sentido das origens específicas do grupo, o conhecimento de um passado histórico definido e a crença em seu destino, uma ou mais dimensões de individualidade cultural coletiva, enfim, um sentido de solidariedade comunitária (idem, p.114; Castronovo, 1984).

As dificuldades da memória e da lembrança foram bastante evidenciadas em muitos estudos recentes. Por meio de uma série daquelas associações analógicas que caracterizam boa parte da tradição especulativa, Reinhart Koselleck aproximou duas temáticas relativas à "aceleração": a que se acha presente na literatura apocalíptica dos primeiros séculos da era cristã e a que se insinua desde os primórdios da era moderna com os vários filósofos que falam de avanço ou de progresso.[6] Depois de ter aproximado as duas temáticas, Koselleck colocou-as sob o sig-

---

de outro, um caleidoscópio de comunidades antagônicas sustentadas por uma mentalidade integralista. Este é o juízo expresso por Castronovo, 1984 (que é uma resenha ao livro citado a seguir).

6 Cf. Koselleck, 1986; 1989. "Existe mais história em 100 anos do que o mundo teve em 4.000 e mais livros se fizeram nestes 100 do que em 5.000", escrevia Tommaso Campanella (1941, p.109). Sobre este tema de uma *aceleração* da história no século XVII, permito-me remeter ao meu livro, *I filosofi e le macchine: 1400-1700* (Rossi, 1971a, p.104 e ss).

no da secularização. De qualquer modo, a aceleração do curso histórico torna difícil – essa é a tese central do livro – usar o passado para iluminar o presente e ainda mais difícil fazer previsões para o futuro. Como escreveu com tanta elegância Remo Bodei – que aceita a terminologia de Koselleck, mas que muito sabiamente não partilha suas premissas nem conclusões –, "o peso do passado, que servia como lastro nas sociedades tradicionais, tornou-se leve, ao passo que o entusiasmo quanto ao futuro, que havia animado as sociedades modernas, tornou-se incerto" (Bodei, 1989).

Como acontece frequentemente, há quem passe dessas afirmações, que teorizam uma série de *dificuldades*, a afirmações (com matizes apocalípticos) que enunciam uma série de *impossibilidades*: "A complexidade social não tende apenas a tornar incompreensível e irrelevante o passado, torna indistinto também o presente (...) enfim, podemos dizer que o futuro, em política, não tem futuro" (Zolo, 1989).

As grandes analogias de Koselleck, as extrapolações fascinantes de Ilya Prigogine e o metarrelato de Lyotard exerceram sobre os filósofos italianos (entre outros) uma influência de fato notável. Entre os novos filósofos da história e da crise da temporalidade, circulou muito menos (e nem foi tomada em consideração) a obra realmente grandiosa de David Lowenthal, que juntou uma quantidade interminável de materiais sobre o tema do "passado" e os inúmeros modos pelos quais ele foi percebido, vivido, reconstruído, falsificado, restaurado, inventado, questionado, esquecido, removido (Lowenthal, 1985; 1989). Embora seja preciso acrescentar logo, depois desses reconhecimentos, que o passado de que fala Lowenthal é sempre e exclusivamente o passado da literatura, das ideias, da política e da sociedade. O autor daquele extraordinário livro não parece sequer suspeitar que uma grande quantidade de filósofos e de literatos, além de cientistas, de fato se confrontaram, em nossa tradição, inclusive com o passado do cosmos, da Terra, da vida, da espécie humana. A consideração e a manipulação do passado de nenhum modo caminharam respeitando as fronteiras entre "as duas culturas". Os discursos "científicos" sobre o passado tiveram uma influência decisiva, por vezes determinante, inclusive sobre as várias posições assumidas nos últimos séculos quanto ao passado "humano".

A história, afirma corretamente Lowenthal, é ao mesmo tempo *mais* e *menos* que o passado. E é certamente possível, deste ponto de vista, contrapor a história, que é interpretação e distanciamento crítico do passado, à memória, que implica sempre uma participação emotiva em relação a ele, que é sempre vaga, fragmentária, incompleta, sempre tendenciosa em alguma medida. A memória faz que os dados caibam em esquemas conceituais, reconfigura sempre o passado tendo por base as exigências do presente. A história e a memória coletiva podem ser pensadas como as duas pontas de uma antinomia: em que os avanços da historiografia fazem continuamente retroceder o passado imaginário que foi construído pela memória coletiva. A tais teses presentes na obra de Maurice Halbwachs, Philippe Ariès contrapôs as teses de uma necessária integração e de uma espécie de dialética entre história e memória, em que o apelo à memória coletiva e às memórias privadas permite aos historiadores abandonar o terreno dos eventos públicos, da cronologia oficial, para ocupar-se do mundo da vida privada, das "mentalidades", das "histórias locais" que haviam sido submersas e derrotadas quando do triunfo da "história" sobre a "memória".[7]

A imagem de uma "história" que sufoca e mata as vivazes memórias particulares e locais irá exercer uma sedução enorme, vai combinar-se de forma variada a um difuso e persistente clima de polêmica anticientífica e disso irá alimentar-se. O que poderia ser mais agradável (e mais "progressista") do que fazer-

7 Cf. Halbwachs, 1980 (a edição original francesa, póstuma, remonta a 1951); Ariès, 1954, 1982. Cf. Bastide, 1970; Wachtel, 1986; Lowenthal, 1985, p.185-259. Sobre toda a questão é esclarecedor o artigo de Hutton, 1988, p.311-22.

-se intérprete de todos aqueles dos quais a "história" é incapaz de se lembrar porque *não quis* se lembrar? O que existe de mais "alternativo" do que confiar, uma vez mais, como no período que precede a grande historiografia moderna, na memória dos indivíduos e na das pequenas e negligenciadas coletividades locais?

O afastamento e a diluição das lembranças do passado, até serem totalmente apagados, foram vividos e descritos um sem-número de vezes. O protagonista de *Cem anos de solidão*, de Gabriel García Márquez, esquece primeiro o nome dos filhos, depois o dos objetos, em seguida o nome de seu povo, e por fim a consciência de seu próprio ser. O personagem de *Um mundo perdido e reencontrado*, de Alexander Luria, luta desesperadamente para recuperar o seu passado e conquistar um futuro. Num de seus esplêndidos quadros clínicos, Oliver Sacks descreveu a vida do Marinheiro Perdido, um homem "que estava, digamos assim, isolado num momento singular da existência, tendo ao redor um fosso ou lacuna de carência de memória; um homem sem passado (e sem futuro), bloqueado num instante sempre diverso e privado de sentido". Aquele homem, continua Sacks, "tinha sido reduzido a uma espécie de vanilóquio humeano, uma mera sucessão de impressões e acontecimentos sem relação entre si".[8]

---

8 Sacks, 1986, p.51, 59; cf. Luria, 1973. Eugenio Lecaldano, num livro muito bonito dedicado a *Hume e la nascita dell'etica contemporanea*, propõe, em relação à questão do eu e da identidade pessoal, uma leitura que "contrasta com a de tipo histórico dominante entre os intérpretes de Hume, e ainda amplamente aceita na imagem que encontramos em nível de cultura média da filosofia do escocês" (1991, p.64). As páginas de Sacks, o qual "remete continuamente à imagem humeana do eu para dar conta de patologias que nascem da perda do sentido da identidade", são consideradas por Lecaldano "um documento da ampla difusão dessa interpretação cética das páginas humeanas sobre a identidade pessoal" (p.103). Não me parece que Sacks possa ser considerado um expoente da cultura média; não me parece justo pedir-lhe interpretações de Hume, que, além do mais, se afastem das interpretações dominantes, e não creio, por fim, que ele dê alguma interpretação de Hume, cética ou não cética. Perante indivíduos de carne e osso, para azar

Sobre um ponto Oliver Sacks certamente tem razão. O fosso da perda da memória pode reduzir a nossa vida de indivíduos a uma série de momentos que não têm mais nenhum sentido. Mas isso não vale só para os indivíduos. Não existe só a memória individual. Todos os que dedicam sua vida a lembrar e a fazer os outros lembrar de pedaços consistentes de um passado mais ou menos distante sabem que o passado é "um país estrangeiro", sabem que ele deve ser reconstruído com fadiga no decurso de cada geração, mas também têm a convicção de que as considerações de Sacks não valem só para os indivíduos, mas igualmente para a coletividade e para os grupos humanos. Por trás das modas, com frequência se escondem motivações muito sérias: a atual, esse interesse quase espasmódico pela memória e pelo olvido, está ligada ao terror que temos da amnésia, das dificuldades renovadas que se interpõem em nossas tentativas de conectar num conjunto, aceitável de algum modo, o passado, o presente e o futuro.

---

deles privados de memória, tratou de imaginar o tipo de mundo no qual lhes era concedido viver e evidentemente se lembrou (o que certamente não acontece com muitos psiquiatras profissionais) de algumas afirmações presentes no *Tratado da natureza humana*: "A memória não só descobre a identidade (pessoal), mas contribui para a sua produção, gerando entre as percepções a relação de semelhança (...). Dado que a memória, sozinha, nos faz conhecer a continuidade e a extensão dessa sucessão de percepções, ela deve ser considerada, principalmente por isso, a origem da identidade pessoal. Se não tivéssemos a memória, não se poderia ter nenhuma noção da causalidade nem, por consequência, da concatenação de causas e efeitos que constitui o nosso eu ou a nossa persona". Porém, estendemos a identidade de nossa persona (prossegue Hume) para além da memória e em circunstâncias que esquecemos: "Por esse lado, a memória não tanto *produz* quanto *descobre* a identidade pessoal (...). Para quem afirma que a memória produz inteiramente a identidade pessoal, cabe a obrigação de encontrar a razão pela qual não podemos estender a identidade para além da memória". Parece claro que, ao menos neste caso, Hume vê na memória algo que não "produz inteiramente", mas *contribui para a produção* da identidade da pessoa (cf. Hume, 1971, v.I, p.272-4).

Os assassinos da memória

O tema do esquecimento é encarado, neste livro, apenas no que se refere ao crescimento do saber científico: um tipo de saber que *"consome* as próprias ideias, delas se alimenta e *cresce* continuamente". Dessa forma, o tema de uma correspondência entre crescimento e esquecimento está presente num texto de Massimo Cacciari.[9] Ele coloca tal afirmação num contexto de tipo heideggeriano e vê na filosofia, como disciplina diversa e contraposta à ciência, uma "anamnese do imemorável". Todavia, essa expressão dele resume, de modo literariamente eficaz, a tese "baconiana" na qual me inspirei. Também se pode traduzi-la facilmente para a linguagem do Lorde Chanceler: o *augmentum* das ciências pressupõe a *antiquatio theoriarum* e coincide com ela. Nesse sentido, mesmo quem não partilha de forma alguma a imagem hermético-platônica da filosofia como anamnese do imemorável, pode acolher a imagem da ciência como a "grande potência do olvido".

Mas nem o tema do olvido é redutível ao tema do esquecimento na ciência. Assim como o da memória, é muito mais amplo. De fato, os apagamentos não ocorrem apenas na reelaboração dos manuais científicos ou na substituição de novas verdades por proposições antes aceitas como verdadeiras. Não dizem respeito apenas ao crescimento do saber. Mesmo que nunca tenha existido uma arte do esquecimento (pela razão bem expressa na fábula que diz: "você vai encontrar um tesouro debaixo de uma

---

9 *Quali interrogativi la scienza pone alla filosofia? Conversazioni con Massimo Cacciari*, no volume de Alferj e Pilati (1990, p.164). A situação da psicologia parece, em relação ao esquecimento, um tanto incerta. Num recente, bastante estimulante e sofisticado manual de psicologia, encontro escrito: "Os mecanismos do olvido são tão fascinantes quanto misteriosos; parece impossível encontrar uma resposta à pergunta: por que se esquece?" (Barra, 1990, p.145).

árvore no momento em que *não* pensar num cavalo branco"), há muitos modos de induzir ao esquecimento e muitas razões pela qual se pretende provocá-lo. O "apagar" não tem a ver só com a possibilidade de rever, a transitoriedade, o crescimento, a inserção de verdades parciais em teorias mais articuladas e mais amplas. Apagar também tem a ver com esconder, ocultar, despistar, confundir os vestígios, afastar da verdade, destruir a verdade. Com frequência se pretendeu impedir que as ideias circulem e se afirmem, desejou-se (e se deseja) limitar, fazer calar, direcionar para o silêncio e o olvido. Aqui, o convite ou a coerção ao esquecimento tem a ver com as ortodoxias, com a tentativa de coagir todo pensamento possível dentro de uma imagem enrijecida e paranoica do mundo:

> Que a Terra gire, eu o afirmei à base de muitas razões e com autoridade filosófica. Todavia, não afirmei que ela saía de seu meio e de seu lugar natural (...). Assim, salvam-se todos os lugares da Escritura adotados contra mim. Todavia, hei de apagar, se ordenarem. Afirmo que além do mundo existe um espaço infinito cheio do lúmen das estrelas e que tal lúmen se estende ao infinito. Não sei se nas Sagradas Escrituras existe algo contrário a isso ou se é proibido afirmá-lo pelos Sacros Concílios ou pelos teólogos (...). Contudo, se vocês mandarem, apagarei isso também.[10]

Tal citação faz parte das declarações contidas na *Emendatio*, escrita por Francesco Patrizi da Cherso após as acusações que lhe foram dirigidas em 1592. Em uma década foram condenados ao índice a *Nova philosophia* de Patrizi, o *De rerum natura* de Telesio, a *Opera omnia* de Bruno e Campanella; e foram efetuadas investigações contra Della Porta, Stigliola e Cremonini. Foi con-

---

10 Patrizi, 1970, p.217-8. Informações bibliográficas In: Rossi, 1979, p.109-47. Sobre a impossibilidade de uma arte do esquecimento, cf. Eco, 1987.

denado à morte Francesco Pucci, preso Campanella, e ardeu na fogueira Giordano Bruno.[11]

Os "apagamentos" de nosso tempo, ou seja, as *emendationes* do século XX não têm nada a dever às da época da Contrarreforma. Creio que todos temos diante dos olhos célebres fotografias de grupos de políticos em que um personagem caído em desgraça foi, com maior ou menor habilidade, apagado do grupo, na tentativa de eliminá-lo da história depois de ter sido eliminado moralmente e, na maioria dos casos, também fisicamente. A história do século XX, conforme bem sabemos também quando tentamos esquecê-lo, está cheia de censuras, apagamentos, ocultações, sumiços, condenações, retratações públicas e confissões de inúmeras traições, além de declarações de culpa e de vergonha. Obras inteiras de história foram reescritas, apagando os nomes dos heróis de um período; catálogos editoriais foram mutilados, assim como foram subtraídas fichas nos catálogos das bibliotecas; foram publicados livros com conclusões diferentes das originais, passagens foram retiradas, textos foram montados em antologias numa ordem favorável a documentar filiações ideais inexistentes e ortodoxias políticas imaginárias.

Primeiro, foram queimados os livros. Depois, foram eliminados das bibliotecas, na tentativa de apagá-los da história. Primeiro, foram eliminados inúmeros seres humanos, depois, tentaram apagar os apagamentos, negar os fatos, obstaculizar a reconstrução dos eventos, vetar a contagem das vítimas, impedir a lembrança. Os prisioneiros dos campos de concentração – escreveu Simon Wiesenthal – eram assim admoestados por seus algozes: "Como quer que termine esta guerra, a guerra contra vocês vencemos nós; nenhum de vocês viverá para dar testemunho, mesmo que alguém escapasse, o mundo não acreditaria em vocês" (Wiesenthal, 1970; cf. Levi, 1986, p.3).

---

11 Firpo, 1950-1951.

Várias décadas antes da publicação do *Arquipélago Gulag*, de Soljenítsin, muitos intelectuais europeus se deram conta de que não era mais lícito ignorar o que acontecia nos países comunistas. Os romances de Arthur Koestler e de George Orwell apresentaram, nos anos 1940, uma redescrição do mundo comunista bem diferente da então comumente aceita no mundo dos progressistas europeus e americanos. Contribuíram enormemente para o nascimento de uma nova consciência e para o seu lento reforço. Em ambos os autores, o tema do "esquecimento do passado" e da construção artificial de um passado conveniente está no centro da narrativa:

> "Existe um *slogan* do Partido que concerne ao controle do passado", disse, "Repita, por favor". "Quem controla o passado controla o futuro, quem controla o presente controla o futuro", repetiu Winston submisso. "Quem controla o presente controla o passado", disse O'Brien com um lento aceno de cabeça em aprovação. "Você acredita mesmo, Winston, que o passado tenha uma existência real? O passado é 'atualizado dia a dia' e o controle do passado depende de uma espécie de educação da memória. Verificar que todos os documentos escritos concordem com a ortodoxia do momento só constitui um ato automático da inteligência. Mas também é preciso, ao mesmo tempo, *lembrar* que os fatos ocorreram daquela determinada maneira. E se é necessário corrigir a própria memória, e reajustá-la com documentos escritos, é preciso que depois nos *esqueçamos* de tê-lo feito."[12]

---

12 Orwell (1983, p.63, 239, 276). Cf. p.238-9: "Não entende que o passado, começando ontem mesmo, foi virtualmente abolido? Se é que ele sobrevive em algum lugar, é por causa de objetos sem nome nem significado, como aquele pedaço de vidro que está ali (...). Cada documento foi destruído ou falsificado, cada livro foi reescrito, cada quadro foi pintado de novo, cada estátua, cada rua, cada edifício mudou de nome, cada data foi alterada (...). A história se deteve. Não existe nada, exceto um presente sem fim". Uma tradução em linguagem pós-moderna dessa tese de Orwell sobre a "presentificação" da história pode ser lida em Vattimo (1990, p.95): "Nossa cultura

Ressurgir de um passado que foi apagado é muito mais difícil que lembrar de coisas esquecidas:

Era esse vazio que o fascinava, capaz de esconder pessoas por quarenta anos sem restituir um vestígio. Contudo, esses milhões de pessoas tinham vivido, trabalhado, falado, era impossível apagá-las completamente. Onde tinham ido parar suas roupas? As cartas que às vezes mandavam e recebiam dos campos? Que registro havia anotado as coisas que traziam nos bolsos, no último dia? (...) Quando experimentou apresentar-se nos arquivos do Estado com sua primeira lista de sete nomes, ninguém respondeu. Entendeu que só tinha uma possibilidade: ser contratado nos arquivos, trabalhar lá dentro e roubar do Estado as informações que ele não queria restituir. Já frequentava o Instituto dos Arquivos Históricos e estava convencido de que num país onde também o passado é incerto e a memória pode ser suspensa, o arquivo é tudo: a palavra desaparece e os livros podem ser trocados, mas o arquivo resiste à manipulação da história, é feito pedra, substitui a consciência, e algum dia chama você.[13]

Infelizmente, essa última citação não foi extraída de um romance de um artigo de jornal, mas publicado em 1989, que descreve a vida real e as ações reais de um jovem que (em companhia de alguns outros) escolheu não se render ao poder extraordinário do esquecimento. Olvido e esquecimento certamente não são te-

---

(...) é uma espécie de fenomenologia do espírito, caracterizada pela simultaneidade e despida de qualquer dramaticidade: nenhuma consciência infeliz, só uma presentificação total, ao menos como tendência, do passado da nossa e, no fundo, de todas as civilizações". Sobre Orwell, convém ler as páginas muito belas de Rorty (1989, p.193-215).

13 Mauro (1989, p.17), em que se faz referência às 200 mil fichas reunidas pelo jovem de 20 anos Dmitri Jurassov, que contêm os nomes dos desaparecidos nos *gulags*. Bonanni (1990, p.5) fala de seu encontro com Nikita Petrov, de 33 anos, que reuniu num grande arquivo os nomes e as biografias não das vítimas, mas dos perseguidores.

mas que convidam à neutralidade. Na França, num seminário (em junho de 1987) dedicado a esse tema, falou um historiador para o qual esse assunto não tinha, por razões evidentes, nada de neutro.

No mundo em que vivemos, o problema a ser enfrentado não é mais só o declínio da memória coletiva e o conhecimento cada vez menor do próprio passado; é a violação brutal do que a memória ainda conserva, a distorção deliberada dos testemunhos históricos, a invenção de um passado mítico construído para servir ao poder das trevas. Somente o historiador, com sua rigorosa paixão pelos fatos, pelas provas e pelos testemunhos, pode realmente montar a defesa contra os agentes do olvido, contra os que reduzem documentos a farrapos, contra os assassinos da memória e os revisores das enciclopédias, contra os conspiradores do silêncio.[14]

É difícil não concordar com cada uma dessas afirmações de Yosef Hayim Yerushalmi,[15] não captar a força de seu apelo contra os "assassinos da memória", contra os que misturam tudo o que aconteceu em nosso tempo, falam de um indistinto "século da barbárie" e acabam colocando no mesmo plano as vítimas e os verdugos, ou até mesmo negam a existência dos perseguidos e de seus algozes. E, contudo, *toda vez* que tocamos no tema da memória, somos chamados também para o tema do esquecimento.

---

14 Yerushalmi, 1990, p.23-4. Os textos principais da polêmica entre historiadores alemães sobre o Holocausto (que ocorreu entre 1986 e 1987) foram reunidos por Rusconi (1987). Devem ser consultados: Craig (1987) e também os ensaios de Nierenstein, Galli della Loggia, Melograni, Harvey, Di Segni e Ofir, reunidos no número 321 de *Il Mulino* (1989, p.39-100). Ver também Pirani (1989). Sobre a questão, também é importante o capítulo "La memoria inconciliata degli europei", no volume de Rusconi (1990, p.213-32).
15 Yosef H. Yerushalmi ensina história da cultura hebraica na Columbia University e ali dirige o Center for Israel and Jewish Studies. Seu livro mais conhecido, *Zakhor: Jewish History and Jewish Memory*, 1982, foi traduzido para o italiano pela Pratiche Editrice em 1983.

Yehuda Elkana é um historiador da ciência muito conhecido. Foi encarcerado em Auschwitz aos 10 anos e é um dos sobreviventes do Holocausto. Num artigo publicado em língua hebraica num jornal israelita, escreveu:

> A história e a memória coletiva são parte inseparável de toda cultura, mas o passado não é e não deve se tornar o elemento determinante do futuro de uma sociedade e de um povo (...). Na crença difusa de que o mundo inteiro esteja contra nós, vejo uma trágica e paradoxal vitória de Hitler. Falando metaforicamente, duas nações emergiram das cinzas de Auschwitz: uma minoria que afirma "isso não deverá acontecer nunca mais", e uma maioria aterrorizada e obcecada que afirma "isso não deverá acontecer *conosco* nunca mais" (...). Uma democracia se nutre de presente e de futuro; e um excesso de dedicação ao passado mina os fundamentos de uma democracia (...). No que nos diz respeito, penso que temos de aprender a esquecer. Não creio que exista hoje para os governantes desta nação tarefa educativa e política mais importante do que escolher a vida, dedicarem-se eles próprios à construção de nosso futuro. (...) Chegou o momento de arrancar de nossas vidas a opressão da lembrança.[16]

O breve artigo de Elkana suscitou polêmicas ferozes. Mas penso que ele não quisesse dizer coisa diferente daquilo a que se referia um dos grandes testemunhos do Holocausto: Jean Améry, que, sem nenhuma piedade para consigo, via-se irremediavelmente prisioneiro "daquele ressentimento que impede o desembocar no futuro, que é a dimensão mais autenticamente humana" (Améry, 1987, p.119, 134).

Por volta da metade do Setecentos, entre os judeus da Europa Oriental, talvez já tivessem sido ditas, sobre a difícil e am-

---

16 Elkana, 1988. Esse artigo (que li datilografado em inglês) é lembrado e brevemente citado, sem indicação da fonte, no ensaio de Adi Ofir (que defende teses similares), mencionado na nota 14.

bígua relação entre memória e esquecimento, algumas coisas essenciais:

> À primeira vista, parece pouco claro por que Deus criou o esquecimento. Mas o significado é este: se não existisse o esquecimento, o homem pensaria continuamente na própria morte, não construiria casas nem tomaria iniciativas. Por isso Deus colocou o esquecimento nos homens. Por isso um anjo fica encarregado de ensinar a criança a não se esquecer de nada e outro lhe bate na boca para que se esqueça do que aprendeu. (Buber, 1979, p.56)

2.
O que esquecemos sobre a memória?

Magna vis est memoriae, nescio quid horrendum,
Deus meus, profunda et infinita multiplicitas.

Agostinho, 401

La memoria es un escribano que vive dentro del hombre.

Juan de Aranda, 1613

Patologias da lembrança

O protagonista de "Funes el memorioso" percebe, só com uma olhada, não (como nós fazemos) três copos sobre uma mesa, mas todos os ramos e os grãos de uva de uma parreira. Recorda com exatidão a forma das nuvens do amanhecer de 30 de abril de 1882 e pode confrontá-las, na lembrança, com a capa parecendo mármore de um livro que viu uma única vez. Pode reconstituir todos os seus sonhos. Duas ou três vezes reconstruiu um dia usando a memória e a reconstrução exigiu uma jornada inteira.

Disse a mim: "Tenho mais lembranças eu, sozinho, que todos os homens juntos, desde que o mundo é mundo". Disse também: "Meus sonhos são como a vigília de vocês". E ainda: "Minha memória, senhor, é como um depósito de lixo". (Borges, 1955, p.115)

Funes está insatisfeito com o fato de que, para indicar muitos números, sejam necessárias mais palavras, e pensa numa série numérica em que cada número tenha um nome próprio. Também o idioma imaginado por Locke, que designa um nome próprio para cada coisa, parece a Funes demasiado genérico e ambíguo: "ele de fato lembrava não só de cada folha de cada árvore de cada montanha, mas também de todas as vezes que tinha percebido ou imaginado cada uma delas". Funes é incapaz de ideias gerais e está incomodado que um mesmo nome possa designar o cão das 3 e das 14 visto de frente e o cão das 3 e das 15 visto de perfil:

> Discernia continuamente o calmo avanço da corrupção, da cárie, do cansaço. Notava os progressos da morte, da umidade. Era o espectador solitário e lúcido de um mundo multiforme, instantâneo e quase intoleravelmente preciso (...). No mundo sobrecarregado de Funes, só havia detalhes, quase imediatos. (ibidem, p.117-8)

Uma *patologia da lembrança*, uma monstruosidade "por excesso", não é apenas invenção do gênio literário de Borges. Ele apresentou seu relato como "uma longa metáfora da insônia" (ibidem, p.107), mas com frequência a realidade supera até a fantasia dos escritores mais fantasiosos. Num livro extraordinário, que reúne as "histórias" de 24 casos neurológicos, Oliver Sacks contou a história de Martin A., internado em 1983 por ter mal de Parkinson. A vida esquálida de Martin havia sido em parte confortada por sua exuberante memória musical. Sem saber ler música,

Martin conhece com perfeição – e em todos os detalhes relativos às inúmeras execuções e representações – nada menos que duas mil obras. Tem condições de lembrar perfeitamente de uma obra ou de um oratório depois de ouvi-los uma única vez. Mas conhece também Nova York, rua por rua, e descreve com perfeição todos os percursos dos ônibus e do metrô. Registra automática e "eideticamente" qualquer página de livro ou de jornal. Sabe de cor todo o *Dictionary of Music de Grove*, na gigantesca edição em nove volumes, publicada em 1954, e que seu pai lhe havia lido inteiro (Sacks, 1986, p.316).

Um dos termos preferidos da neurologia – observou ainda Sacks – é déficit. Este indica a redução ou a inabilidade de uma estrutura neurológica: perda da palavra, da linguagem, da memória, da destreza, da identidade e assim por diante. Contudo, "*mnesis* e *gnosis* são, por natureza, ativas e generativas, e, em potencial, inclusive monstruosamente (...). A intensificação abre a possibilidade não só de uma plenitude e exuberância saudáveis, mas também de uma bizarra aberração ou monstruosidade um tanto sinistra" (ibidem, p.216).

Nessa patologia do excesso, sem dúvida cabe também o caso de Harriet G., que tinha aprendido de cor três páginas da lista telefônica de Boston, depois de o pai fazer uma única leitura para ela e que, no decorrer de muitos anos, podia dar qualquer um daqueles números (Viscott, 1970).[1] Mais próximos da figura clássica do *idiot savant* são os gêmeos John e Michael, também descritos por Sacks. Internados há 26 anos, viviam desde os 6 anos

---

1 O prof. Bruno Callieri, um dos mestres da psicopatologia italiana, me disse (em maio de 1987) que encontrou em sua longa carreira pelo menos dois casos de exacerbada hipermnésia: um indivíduo, que tinha um passado de criança gravemente retardada, que conhecia de cor as datas relativas a todos os pontífices e podia recitá-las indiferentemente de trás para a frente; um sacerdote que sabia de cor os horários das ferrovias italianas relativos a um período de muitas décadas.

em institutos psiquiátricos com diagnóstico de autismo, psicose e retardo mental grave. Na altura da internação, quando Sacks os conheceu, os gêmeos já eram famosos: tinham se apresentado no rádio e na TV, e o "caso" deles fora descrito várias vezes. Os gêmeos tinham um Q.I. de 60; não conseguiam fazer uma adição ou subtração e não sabiam o que era multiplicar ou dividir. Porém, podiam "calcular" o dia da semana correspondente a uma data qualquer dos últimos ou dos próximos 40 mil anos. Num período de 80 mil anos, podiam informar a data de qualquer Páscoa. Não eram apenas uma dupla de "calculadores"[2] e não tinham só uma memória extraordinária para cifras. Lembravam-se do tempo que fazia e o que tinha acontecido num dia qualquer a partir do quarto ano de vida:

> Podiam manter na cabeça, *tinham* na cabeça uma imensa tapeçaria mnemônica, uma paisagem vasta e talvez infinita em que cada coisa podia ser vista ou isolada em relação a outra. (Sacks, 1986, p.262, p.255-72)

Porém, o mais famoso entre os inúmeros casos descritos é, sem dúvida, o que foi relatado com detalhes por Alexander R. Luria.[3] Também *O homem que não esquecia nada* entra numa patologia do *excesso*. Esse homem (que Luria identifica com um S.) leva uma vida difícil. Desempenhar o "profissional da memória" como artista de variedades torna-se para S. a única saída (não procurada nem desejada) para uma situação de profundo desconforto. Mas o paciente de Luria (diversamente do que aconteceu com os gêmeos de Sacks) não se limita a "ver" a partir de uma *memória eidética*: ele tem condições de descrever o seu "método" de organizar, de algum modo, o trabalho de sua mente. Por

---

2 Sobre "calculadores mentais", ver Smith, 1983.
3 Cf. Luria (1979, 1981). Sobre as prodigiosas peripécias dos mnemonistas: Baddeley (1983, p.409-33).

um lado, caso patológico; por outro, trata-se de um indivíduo capaz de aplicar um método: é, nesse sentido, um "artista".

Os artistas da memória

Retomei os textos de alguns dos extraordinários "artistas da memória", que encontrei – há mais de trinta anos – em minhas pesquisas sobre a *ars memorandi* entre o Quatrocentos e o Setecentos.[4] E me perguntei: será que alguns daqueles personagens se parecem com os gêmeos de Sacks ou com o homem que não esquecia nada de Luria? Existem, entre tais personagens, métodos ou procedimentos comuns? E como se explicam as grandes diferenças que sem dúvida caracterizam o seu modo de viver, seu sucesso e seu fracasso, numa palavra: seu destino?

Francesco Petrarca faz referência a um amigo dotado de "uma memória inexaurível" (Rossi, 1983, p.307-11. Cf. Petrarca, 1581, I, p.408; edição G. Billanovich, 1943, p.46-8).

---

4 Apresento a seguir minhas contribuições sobre a arte da memória: "La costruzione delle immagini nei trattati di memoria artificiale del Rinascimento" (1958); *Clavis universalis: arti della memoria e logica combinatoria da Lullo a Leibniz,* 1983: (vários capítulos tinham sido publicados em 1958 e 1959 na *Rivista critica di storia della filosofia*); "La religione dei geroglifici e l'origine della scrittura" e "Note Vichiane", no volume *Le sterminate antichità: studi vichiani* (1969); "Lingue artificiali, classificazioni, nomenclature", no volume *Aspetti della rivoluzione scientifica* (1971b), depois, em edição revista, no volume *La scienza e la filosofia dei moderni: aspetti della rivoluzione scientifica* (1989c); "Universal Languages, Classifications and Nomenclatures in the Seventeenth Century", em *History and Philosophy of Life Sciences* (1984b); "The Reappearance of the Past", em *Schizophrenia: an Integrative View* (1985, p.44-8); com o mesmo título, "Che cosa abbiamo dimenticato sulla memoria?", o presente capítulo foi publicado em *Intersezioni* (1987); "La memoria, le immagini, l'enciclopedia", em *La memoria del sapere: forme di conservazione e strutture organizzative dall'antichità a oggi* (1988a); "The Twisted Roots of Leibniz' Characteristic", no volume *The Leibniz Renaissance* (1989e); "Creativity and the Art of Memory", em *Creativity in the Arts and Sciences* (1990); "Mnemonical loci and natural loci", em *Persuading Science: the Art of Scientific Rhetoric* (1991).

Ele não se recorda apenas das palavras, mas dos verbos, dos tempos e dos lugares. Se vê ou escuta alguma coisa uma única vez, é quanto lhe basta: nunca mais vai esquecê-la. Petrarca passa dias inteiros e longas noites conversando com ele, dado que ninguém, mais que ele, tem vontade de escutar. Se, à distância de muitos anos, Petrarca menciona frases já pronunciadas, o amigo percebe se ele mudar uma só palavra. Lembra-se perfeitamente não apenas das frases já ouvidas, "mas lembra à sombra de qual azinheira ou junto de que rio ou em cima de que monte elas foram pronunciadas pela primeira vez".

Petrarca é regularmente citado em inúmeros textos de mnemotécnica como um dos grandes cultores da *ars memorativa*. Perante este caso, tem uma reação característica: esse homem é um militar de carreira, não fica nunca ocioso, vive de modo dispersivo, tem várias responsabilidades, e mesmo assim dispõe dessa memória extraordinária. Quanto mais teria de memória se ele a tivesse cultivado e reforçado sistematicamente com um empenho cotidiano! Nada que se pareça, nem vagamente, ao relevo de uma *superabundância*. Em todo caso, o déficit está com os homens comuns. A memória não conhece monstruosidades por excesso. Seu caminho possível para a completude e totalidade é captado como um valor.

Para louvar Pietro de Ravenna (Rossi, 1983, p.50-3, 304), que é, no Quatrocentos, um dos mais célebres teóricos da arte da memória, Egidio de Viterbo escreveu alguns versos. Neles, afirma que Pietro "tem condições de se lembrar de tudo o que leu uma única vez e de todas as palavras que um orador pronunciou num discurso de três horas". Antes de completar 20 anos, na Universidade de Pádua, Pietro pode recitar de cor o Código de Direito Civil inteiro: em relação a cada lei, indica os sumários de Bartolo, as primeiras palavras do texto, o número das glosas e os termos aos quais cada um dos comentários se refere. Pode rememorar, palavra por palavra, as lições de Alessandro de Ímola e, no final, é capaz de transcrevê-las com exatidão. Michele de

Milão, no final de uma longa oração, o abraça porque se lembrou dos nomes de 145 defensores da imortalidade da alma aos quais ele fez referência. Pietro pode jogar uma partida de xadrez e, ao mesmo tempo, ditar duas cartas com um tema escolhido na hora pelos presentes, enquanto um outro joga dados e um terceiro anota todos os lances. Começando pelo fim, Pietro pode lembrar todos os movimentos da partida de xadrez, todos os lances dos dados, todas as palavras das cartas.

Pietro Tomai (este é seu sobrenome) não é só um mnemonista. Também é um teórico da arte da memória. Usa o método antigo, já encontrado no pseudo-Cícero da *Rhetorica ad herennium* e em Quintiliano, que está baseado na doutrina dos *lugares* e das *imagens*:

> Quando deixo minha pátria para visitar como um peregrino as cidades da Itália, posso de fato dizer que *omnia mea mecum porto*. Todavia, jamais deixo de me construir lugares para a memória. (Tomai, 1491, p.87v)

Pietro lembra para sempre tudo o que colocou nos *loci*:

> Em 19 letras do alfabeto, coloquei 20 mil passagens do direito canônico e civil, 7 mil livros sagrados, mil cantos de Ovídio que contêm máximas de sabedoria, 200 sentenças de Cícero, 300 ditos de filósofos, a maior parte da obra de Valério Máximo, a natureza de quase todos os bípedes e quadrúpedes. Quando quero mostrar as possibilidades da memória artificial, peço que se pronuncie uma das letras do meu alfabeto. Se numa grande reunião de doutores, por exemplo, é escolhida a letra A, começo com o direito e invoco mais de mil citações sobre alimentos, alienação, ausência, arbítrios, *appellationes* etc. Depois, passo para a Sagrada Escritura, falando do Anticristo, da adulação e de tudo aquilo que começa com aquela letra, sem omitir os cantos de Ovídio, as sentenças de Cícero e de Valério, e anexo as *auctoritates* que dizem respeito ao asno, à águia, ao cordeiro, ao aríete. E tudo o que disse, posso repeti-lo

velozmente recomeçando pelo fim. (idem, p.94v.-95r. Cf. Rossi, 1983, p.304)

Pietro administra com sabedoria seus dotes e se utiliza de si mesmo para demonstrar a validade e a utilidade da *ars memorativa*. Ensina Direito em Bolonha, Ferrara e Pavia. Disputado pelo doge Agostino Barbarigo, pelo duque da Pomerânia e por Frederico da Saxônia, vê abrir-se diante de si as portas da Universidade de Wittenberg. Estamos em 1497. Seis anos antes, tinha publicado em Veneza o seu pequeno tratado de memória artificial, intitula-do *Phoenix seu artificiosa memoria*. Após ter recusado um convite do rei da Dinamarca, Pietro se transfere para Colônia. Não era um homem tranquilo e tinha fama de comportamento pouco cor-reto. Acusado de frequentar muitas prostitutas (*"Scholares itali non potevant vivere sine meretricibus"*), volta para a Itália, onde morre poucos anos depois.

Em vez de um artista de variedades ou um fenômeno cir-cense, Pietro Tomai se torna, na cultura de seu tempo, um mes-tre reconhecido. A ele se referem, como a um fundador da Arte, todos os teóricos italianos e alemães da memória do Quinhen-tos e do Seiscentos. Seu texto – publicado em Veneza em 1491 – é reeditado em Bolonha (1492), em Colônia (1506 e 1508), em Veneza (1526 e 1533), em Viena (1541 e 1600) e de novo em Veneza (1600). Por volta de 1584 sai a tradução inglesa, feita a partir de uma precedente edição em francês (Rossi, 1983, p.50-4).

O conjunto de preceitos publicado por Pietro se fundamen-ta, como se dizia, na doutrina "ciceroniana" dos lugares e das imagens. Os lugares podem ser colunas, esquinas, janelas. Não devem estar nem muito próximos nem muito distantes um do outro (a distância melhor é de cerca dois metros). Uma igreja pouco frequentada oferece, por exemplo, uma boa base de tra-balho. Faz-se o circuito da igreja três ou quatro vezes, partindo da porta e retornando até ela. De volta para casa, repetem-se os lugares várias vezes. Com o tempo, poderão ser acrescentados novos *loci*, extraindo-os das paredes externas. A admirável arte está toda aqui: identificar os lugares, memorizá-los, colocar nos lugares imagens apropriadas (Tomai, op. cit., p.87r-87v).

Frequentemente, igrejas e palácios são aconselhados, mas a *locatio* e a *collocatio* podem acontecer em qualquer parte. Pode-se fazer referência aos casos do latim, colocando-os nas diferentes partes do corpo: o nominativo é a cabeça; o genitivo, a mão direita; o dativo, a esquerda; o acusativo, o pé direito; o vocativo, o esquerdo; o ablativo, o ventre e o peito. Faz-se referência aos gêneros com uma imagem nua para o singular e uma imagem vestida para o plural. Para se lembrar da palavra *panem* utilizando essa estrutura, coloca-se no lugar uma jovem nua que toca um pão com o pé direito; para a palavra *abbatem* coloca-se um abade despido que toca o lugar com o pé direito. Muitas colocações podem ser feitas partindo do som das palavras e dos gestos executados: por exemplo, um cão para o verbo *cano*, um amigo que despe o outro para o verbo *spolio*, e assim por diante. As letras do alfabeto podem ser vistas como pessoas: Antonio para A, Benedito para B, e assim por diante.

Para serem de fato eficazes – sobre este ponto Pietro insiste com grande energia –, as imagens devem funcionar como verdadeiros excitantes para a imaginação:

> Em geral, ponho nos lugares jovens belíssimas que excitam muito minha memória (...) e acredite: se utilizei lindas jovens como imagens, mais fácil e regularmente posso repetir as noções que havia confiado aos lugares. Você possui agora segredo muito útil para a memória artificial. Calei-me por longo tempo por pudor. Mas se desejar lembrar rápido, coloque virgens belíssimas nos lugares. Com efeito, a memória é extraordinariamente excitada pela colocação das moças. (...) Queiram perdoar-me os homens castos e religiosos: eu tinha o dever de não silenciar uma regra que nestes anos me proporcionou louvores e honras. (ibidem, p.88r-87v)

O homem que não se esquecia de nada

Tentemos agora voltar ao senhor S., o homem que nada esquecia, estudado por Alexander Luria. Também o senhor S. é dotado de qualidades extraordinárias e é capaz de repetir uma série de letras, palavras e números. Luria lê devagar uma série de palavras ou as apresenta por escrito ao seu paciente:

S. não precisava "decorar", e se eu lia para ele palavras ou cifras distinta e lentamente, ele se limitava a ouvir com atenção (...). Normalmente, durante a experiência, fechava os olhos ou fixava o olhar num ponto. No fim, pedia para fazer uma pausa, verificava mentalmente quanto havia guardado e depois, de modo fluente e sem se deter, reproduzia a série inteira que lhe fora proposta. A experiência demonstrou que ele tinha condições de repetir uma série longa com a mesma facilidade, inclusive na ordem inversa da leitura; conseguia dizer com desenvoltura, para cada palavra, a que a precedia e a que a seguia. (...) As experiências demonstraram que S. conseguia reproduzir, com sucesso e sem dificuldades aparentes, uma longa série de palavras de qualquer tipo, apresentadas uma semana, um mês, um ano ou muitos anos antes. Algumas dessas experiências, todas concluídas com resultados positivos, foram realizadas com intervalos de 15 a 16 anos desde a primeira apresentação da série e sem nenhum aviso prévio. Em casos assim, S. sentava-se, fechava os olhos, fazia uma pausa e: "Sim... sim... isso aconteceu com o senhor, naquele apartamento... estava sentado à mesa e eu na cadeira de balanço... O senhor vestia uma roupa cinzenta e me olhava assim... pronto... vejo que fala comigo". E reproduzia sem erros a série que havia lido então. (Luria, 1979, p.24-5)

Pietro de Ravenna "via" as letras como pessoas, mas insistia muito em sua construção "artificial" das imagens. Em S., a vivacidade das imagens parece mais espontânea que construída. Tem a ver com sua capacidade de "sentir tanto o sabor quanto o peso de uma palavra", de "não conseguir dissociar os sons das cores", com a inexistência, nele, de "uma separação nítida entre visão, audição, tato e paladar" (ibidem, p.32-4).

Mas o paciente de Luria também deve, para lembrar, *pôr em ordem as suas imagens*. Ele não sabe nada da *ars memorativa* "ciceroniana"; não tem a menor ideia da antiga doutrina da colocação das imagens nos lugares. Também o grande estudioso que o observa não sabe absolutamente nada daquilo, tanto que nos redescreve, como *inventada por seu paciente*, uma técnica cujos manuais encheram por séculos as bibliotecas do Ocidente:

> Quando S. lia uma longa série de palavras, cada uma suscitava nele uma imagem vívida, mas as palavras eram muitas e as imagens iam sendo "colocadas" ordenadamente num quadro completo. Em geral, e esta permaneceu uma característica sua pela vida toda, S. punha tais imagens ao longo de uma rua. Às vezes, tratava-se de uma rua da cidade natal ou, em particular, do pátio de sua casa impresso na memória desde os anos da infância; outras vezes, era uma rua de Moscou. Com frequência, lhe acontecia de caminhar por uma daquelas ruas (...) procedendo lentamente em declive e "colocando" as suas imagens junto a casas, a portões ou lojas. (ibidem, p.35-6)

O procedimento de S. – comenta Luria – baseia-se na transformação de uma série de palavras numa série de imagens. A colocação nos lugares permite dar-se conta da capacidade de S. de reproduzir a série num sentido ou em sentido contrário:

> Não precisava fazer nada além de começar sua caminhada de um extremo a outro da rua ou encontrar a imagem do objeto nomeado e, portanto, "olhar" o que estava ao lado dele. (ibidem, p.38)

Por essas razões, S. necessitava que as palavras fossem pronunciadas lentamente e bem distintas uma da outra: a transformação das palavras em imagens e sua colocação exigia um certo tempo, embora breve. Se as palavras eram lidas depressa, as imagens se misturavam e "tudo se transformava num verdadeiro caos ou barulho, no qual S. ficava absolutamente incapaz de se orientar". S. faz corresponder às *palavras* outras tantas *imagens*: a "surpreendente vivacidade e estabilidade" destas últimas lhe permite "conservá-las por longos anos e reproduzi-las ao seu arbítrio", recordando um número praticamente ilimitado de palavras.

Tal procedimento, fundamentado na "clareza da leitura das imagens" e na "evidência de sua colocação", já havia sido descrito, no início da década de 1930, por Tukasa Susukita a propósito de um mnemonista japonês (Susukita, 1933-1934, p.15-42, 111-34. Cf. Luria, op. cit., p.36). Luria percebe que não existem limites temporais ou "espaciais" para as capacidades mnemônicas de S. O seu problema passa a ser o de sua eventual capacidade de esquecer. A chave para decifrar a causa dos raros erros de S. "se encontra na psicologia da percepção, não na psicologia da memória":

> Eu havia posto o *lápis* perto de uma paliçada, vocês sabem, uma daquelas que se encontram ao longo das estradas, e pronto, o lápis se confundiu com as estacas e eu passei ao lado sem me dar conta... A mesma coisa aconteceu com a palavra *ovo*, que havia sido colocado contra uma parede branca. Como poderia distinguir um ovo branco contra uma parede branca? (...) Acontece, às vezes, de colocar uma palavra num lugar escuro, e está errado, naturalmente. A palavra *caixa*, por exemplo: encontrava-se no vão de um portal e lá dentro estava escuro... era difícil discerni-la. (...) Já não me acontece de pôr os objetos num lugar escuro: faço de modo que haja luz para que eu não tenha nenhuma dificuldade em discerni-los.[5]

---

5 Luria, op. cit., p.38-40. Sobre o problema, que volta em muitíssimos textos, da iluminação dos *loci*, cf. Cícero, *De oratore*, II, 87, e Capella (1925, p.268-9). Sobre uma luz medíocre ou semiobscuridade: Alberto Magno (1890, IX, p.97) e também o Cód. Ambros., I, 171 inf., f. 20v. (In: Rossi, 1983, p.49); Spangerbergius (1570, p.5).

Sobre uma boa iluminação dos lugares haviam insistido todos os textos da *ars memorativa*. De qualquer modo, para S., aprender a esquecer é uma tarefa difícil que resulta numa série de fracassos. A frase mais simples lhe suscita uma cadeia quase infinita de lembranças. S. perde, um após outro, muitos trabalhos. Torna-se um profissional da memória como artista de variedades.

As tarefas dos mnemonistas antigos e modernos, ocidentais e orientais, se parecem. Por isso não vale a pena detalhar as coisas admiráveis que era capaz de fazer Lambert Schenkel (1547-1603 c.). Da extraordinária exibição que ocorreu em 29 de setembro de 1602, perante um público seleto de médicos e filósofos, ofereceu-nos um relato rigoroso seu admirador e discípulo Johannes Paepp, num livro publicado em 1617 (Rossi, 1983, p.313-5). O que varia não é o tipo de exibição, os exercícios, nem as técnicas usadas para recordar. Ao contrário, variam enormemente os contextos e a avaliação que é feita daquelas exibições e daqueles exercícios. Todos os casos a que nos referimos até este momento não pertencem apenas a *épocas* históricas diversas; verificam-se também em *situações* ou *lugares* muito diferentes: 1) atentas e qualificadas assembleias de médicos e de filósofos; 2) espetáculos de variedades e exibições televisivas; 3) gabinetes neurológicos e hospitais psiquiátricos. Tratemos de levar em conta cada caso.

Assembleias de filósofos e estudos de neurologistas

1) Na primeira destas três situações, aqueles exercícios parecem o produto de uma arte admirável que tem condições de reforçar e ampliar os poderes naturais do homem. Aquela arte possui uma tradição antiquíssima. Já Aristóteles falava daqueles que controlam a imaginação mediante a vontade e "fabricam imagens com as quais enchem os lugares mnemônicos". A essa

arte fizeram referência explícita, teorizando com cuidado suas regras, Cícero, Quintiliano, Alberto Magno e Tomás. Tais regras foram de novo apresentadas, em formas mais refinadas, na idade moderna. Tiveram ampla difusão. Todos os homens cultos, até a época de Leibniz, tomaram conhecimento delas. Contudo, no decorrer dos séculos, a arte adquiriu escopos diferentes: primeiro como uma *técnica neutra* utilizável no âmbito da retórica e da *ars predicandi*, impregnou-se depois com significados metafísicos. Após o encontro com as tradições do lulismo, da cabala e do hermetismo, transformou-se no projeto de uma enciclopédia total, de um completo "teatro do mundo". Entrelaçou-se com as pesquisas e as utopias relativas à criação de uma língua artificial, perfeita e universal.

Os doutos que assistem às provas dos mnemonistas veem nestes os portadores de uma habilidade técnica extraordinária, alcançada por meio de uma aplicação fiel e paciente de regras codificadas. Aquilo que parece milagre é só fruto de exercício. A memória "é um hábito de manter firmes as imagens". A arte serve para "suprir onde a natureza falta", uma vez que "a natureza torna o homem hábil, a arte o torna fácil e o exercício, milagroso" (Porta, 1566, cap. 1). No primeiro dos três lugares que citei, não existe mnemonistas *por natureza*, somente *por cultura*. A específica técnica cultural da memória, criada na Antiguidade, foi aperfeiçoada no tempo e é transmissível e assimilável. Está à disposição de todos. É de grande ajuda nas criações e nos discursos, serve ao sucesso, dá um sentido à fadiga de ler e de estudar, serve para derrotar o tempo:

> Quid prodest studiis, si nocte dieque vacando
> Protinus ex animo quae didicisti eunt?
> Namque ea dumtaxat memorique mente tenemus
> *Scimus, at oblitis tempus inane fuit.* (Rosselli, 1579)

Giordano Bruno também entendeu a arte neste sentido:

> É nossa intenção, com a aprovação do querer divino, seguir uma via metódica e objetiva da arte: para corrigir os defeitos e ajudar as virtudes da memória natural. Até o ponto em que qualquer um (desde que seja possuidor de razão e dotado de um juízo mediano) possa nela progredir, de modo que ninguém, em tais condições, seja excluído. (Bruno, 1886-1891, II, 1, p.215)

2) David Hume, em meados do Setecentos, contrapõe os grandes oradores da Antiguidade às "arengas toscas e indigestas" que têm lugar nas assembleias de sua época. Associa isso à escassa estima demonstrada por seus contemporâneos pela faculdade da memória, outrora celebrada (Hume, 1957, p.267). Mas não importa remontar ao mundo antigo. Tino e memória, inteligência e memória são considerados sinônimos pelos contemporâneos de Montaigne:

> No meu vilarejo, se você quer dizer que um homem não tem senso, se diz que não tem memória, e quando me lamento do defeito da minha, me criticam e não acreditam em mim, como se me acusassem de ser desmiolado. Não veem a diferença entre memória e inteligência. (Montaigne, 1970, I, p.41, 1282-3)

Montaigne rechaça tal identificação. Qualifica a si mesmo "um homem que não retém nada", que "não reconhece em si nenhum traço de memória". É polêmico contra a celebração da memória. A polêmica de Montaigne sem dúvida levou a melhor sobre os lamentos de Hume. No século XX, com frequência a cultura foi *contraposta* à memória.

Para um público que assiste hoje a exibições de capacidades mnemônicas, a *ars memorativa* é como se nunca tivesse existido. O "artista" da memória ocupa uma posição intermediária entre a figura do prestidigitador e a do jogral. Usa algum truque desconhecido ou possui alguma habilidade extraordinária? Ou ambas?

Um cérebro funciona como um computador. Mas de fato quase ninguém identifica o personagem com um "artista", conhecedor ou seguidor de uma Arte que todos poderiam adquirir e cultivar. Na opinião da maioria, aquele personagem é um *superdotado* que possui, por natureza, uma faculdade aumentada. Está presente nele, de forma ampliada, uma faculdade que se encontra em todos de uma maneira normal e aceitável.

3) A variada comunidade dos neurologistas, psiquiatras e psicólogos partilha com a mais ampla categoria dos espectadores "ingênuos": a) uma absoluta ignorância da existência de uma milenar tradição de *ars memorativa;*[6] b) uma consideração pela possibilidade de assombrosas capacidades mnemônicas como fato natural e não artificial ou cultural. Luria *descobre* os artifícios dos quais S. lança mão. Ele os interpreta como fruto de uma investigação pessoal (que efetivamente são) sem se colocar o problema de sua desconcertante semelhança com uma técnica que já foi difundida e codificada de modo consistente. O único exemplo de "intersubjetividade" ao qual tem condições de se referir (relativamente à importância de uma ordenada colocação das imagens) é o de um mnemonista japonês estudado, na década de 1930, por outro pesquisador da neurologia.

S. tem consciência da existência de um método particular que utiliza. Em Martin ou nos gêmeos estudados por Sacks, tal consciência parece ausente. Mas a memória de S. não parece nem superior, nem mais completa, nem mais ampla que a de Martin ou dos gêmeos. Em todos os casos, os serviços parecem ser equi-

---

6 Sobretudo graças ao livro *The Art of Memory* (1966), de Yates, isto não é mais inteiramente verdadeiro. Cf, por exemplo, Rose (1973, p.240-6); Omodeo (1984, p.6). Entre os estudos mais recentes: Blum; Reinert (1980) e Bolzoni (1984).

valentes e fundamentados numa capacidade de "ver", de pensar por imagens, de perceber eideticamente, a existência da faculdade especial (ou subfaculdade) que foi descrita como "memória fotográfica".

Quem eram os artistas da memória?

Tanto nas páginas de Luria quanto nas de Sacks, essa capacidade se configura como uma hipertrofia ou como um excesso que, sem dúvida, tem a ver com a *patologia*. Quando escrevi meu livro sobre as artes da memória, tinha sido publicado o conto de Borges, mas ainda não existiam os estudos de Luria nem os de Sacks. O modo de fazer anotações e de selecionar o material para um livro está ligado aos paradigmas (conscientes e inconscientes) que agem dentro de nós, está ligado ao que somos levados a considerar importante ou relevante: baseia-se em determinadas tradições ou determinadas curiosidades. No final da década de 1950, não havia (caso houvesse, eu não os conhecia) livros ou ensaios sobre a memória como hipertrofia ou como patologia "por excesso". Entre tantos textos que li naquela época, só um se referia aos aspectos hipertróficos ou patológicos da memória e, justamente por isso, citei-o em meu livro como uma estranheza digna de nota. O texto é do mago-filósofo Cornélio Agrippa e, para um leitor de Luria e de Sacks, é impressionante:

> A memória artificial, de qualquer tipo, não tem a menor condição de subsistir sem a memória natural. E com frequência torna obtusa esta última com imagens monstruosas, a ponto de gerar uma espécie de mania e de frenesi por causa da tenacidade da memória. Ao contrário, acontece que a Arte, sobrecarregando a memória natural com inúmeras imagens de palavras e coisas, conduz à loucura (*insanire facit*) aqueles que não se satisfazem com os limites estabelecidos pela natureza. (Agrippa, 1660, II, p.32)

Segundo Agrippa, a responsabilidade por uma sobrecarga, por uma patologia pelo excesso, cabe não à Natureza, à Arte.

As contribuições tão importantes e essenciais oferecidas por Luria e Sacks, consideradas do ponto de vista da história das ideias, por um lado permitem uma afirmação e, por outro, colocam um problema. A *afirmação* é a seguinte: não há razão para duvidar da realidade dos feitos de que se vangloriavam os mnemonistas dos séculos XV, XVI e XVII. Os relatos deles eram "verídicos", e suas realizações, efetivas. De modo quase idêntico, tais realizações foram repetidas, em nosso tempo, por indivíduos examinados pelos pesquisadores de neurologia e de psicologia. E o *problema* é este: os artistas da memória do Quatrocentos ao Seiscentos, diversamente dos praticantes contemporâneos da mnemônica, não são marginais e tampouco parecem sofrer muito: escrevem livros, suscitam consenso e admiração, expõem publicamente seu método, apresentando-o como uma técnica transmissível. Quem eram na realidade esses personagens? Eram semelhantes ao homem que não esquecia de Luria? Tinham algo em comum com o melômano Martin ou com os gêmeos de Sacks? Falavam muito das imagens e da necessária força destas. Mas ninguém nunca os interrogou sobre a maneira como pensavam ou viam, ninguém tratou de investigar o mundo interior deles e suas particularidades, suas personalidades e visões de mundo. Desse ponto de vista, jamais saberemos o que se esconde por trás dos acontecimentos e dos casos do amigo de Petrarca, de Pietro de Ravenna, de Lambert Schenkel.

A primazia das imagens

Frances A. Yates, que tinha certa propensão para a tradição hermética e pelo pensamento de Carl Gustav Jung, formulou, em seu livro sobre a arte da memória, uma hipótese fascinante: no mundo pré-moderno, quase inteiramente privado de sentimentos adequados para uma memorização fácil, talvez existisse uma espécie de *faculdade de memorização intensa* que depois se perdeu. Uma "penetrante visão interior" permitia ver os lugares e as imagens neles colocados e levava imediatamente pensamentos e palavras aos lábios do orador (Yates, 1972, p.5-6).

Aquela que psicólogos e neurologistas hoje chamam de "memória fotográfica" – que parece mais comum entre crianças e adolescentes que nos adultos (Rose, 1973, p.242; Jaensch, 1930) – teria sido, na cultura de séculos passados, mais difundida do que hoje. Às imagens havia sido consignada uma dupla tarefa: fixar conceitos na memória, agir sobre a vontade e, em consequência, modificar os comportamentos. Na vastíssima literatura que concerne aos *emblemas*, às *insígnias*, às *pinturas*, essas duas tarefas haviam se entrelaçado de modo sólido:

> Nada mais que a pintura delicia o ânimo e faz suavemente deslizar algo para ele, nada além da pintura serve para estampá-lo na memória, nada empurra a vontade com maior eficácia para colocá-la em movimento e agitá-la energicamente. (Richeome apud Praz, 1946, p.15)

As duas tarefas, rememorativas e "éticas", tinham sido confiadas à força das imagens, à sua grandeza, incredulidade, ao seu ser (como escrevia Jacopo Publicio no final do Quatrocentos): "raras, inauditas, egrégias, torpes, singulares" em seu pertencimento ao mundo das coisas extremas e não ao das coisas médias e cotidianas. A pesquisa dizia respeito a "formas novas e peregrinas", em vez de "comuns e domésticas" (Tasso apud Praz, 1946, p.70; Publicius, 1482, f. d4r).

Nesse contexto, memória e imaginação, memória e fantasia se apresentam reunidas e tendem a se tornar sinônimos. Conforme dirá Hobbes, o recordar se distingue do imaginar e do fantasiar só porque pressupõe o decorrer do tempo:

Na memória, os fantasmas são considerados como consumidos pelo tempo; na fantasia, são considerados como são (...). O nascimento contínuo de fantasmas pela sensação e pela imaginação é o que se costuma chamar discurso da mente; e é comum aos homens e aos animais; de fato, quem pensa, confronta fantasmas que passam, ou seja, adverte uma semelhança ou dessemelhança entre eles.[7]

Vico também apresentará a fantasia criadora de imagens como idêntica à memória. Ao passo que nas *Orações* se limita a relevar a memória forte que é própria da infância. Nas obras sucessivas, considera memória e fantasia a mesma faculdade ("dado que constituem uma mesma faculdade"), tanto que os latinos "chamavam de memória a faculdade pela qual configuramos imagens, que os gregos dizem fantasia, e os italianos, imaginação". Em tempos mais remotos da história humana, segundo Vico, os homens pensavam por metáforas. Imagens e conceitos não eram ainda entidades distintas – eram uma coisa só. A memória "dilatada ou composta" se identifica com a fantasia. Por isso, nas crianças, conforme acontecia nos tempos remotos do mundo infantil, a memória é muito vigorosa. A fantasia é "relevo de reminiscências" ou "memória dilatada"; o engenho é "trabalho ao redor de coisas que se recordam". Na idade arcaica, privada de filósofos (aquele mundo que Ernesto De Martino chamará de mundo mágico), ainda não veio à tona o pensamento racional. "A idade da memória vigorosa, da fantasia robusta e do engenho sublime" caracteriza as primeiras fases da história da espécie e as primeiras fases da vida do indivíduo. A passagem da idade da razão explicada debilita aquelas faculdades. Como se a fantasia e a memória fossem incorporadas dentro da lógica, dissolvidas no pensamento racional. As primeiras operações da mente são

---

7 Hobbes (1972, p.385). Cf. também Hobbes, 1841, III, p.9. Sobre a coincidência de memória e imaginação em Spinoza, cf. Mignini (1981, p.132-3).

reguladas pelos lugares comuns ou por uma coletânea de lugares, assim como a crítica ou a arte de julgar caracteriza o mundo da razão.[8]

Na perspectiva de uma diferença *de época* entre cultura do Renascimento e cultura moderna, a categoria antropológica da "diversidade" é aplicada à história das ideias. Trata-se, sem dúvida, de uma hipótese muito discutível e nada fácil de aceitar. Mesmo que seja verdade que a "primazia da visão" e a "centralidade das imagens" tenham sido agressivamente postas em discussão no início da idade moderna: primeiro, com a dura polêmica dos protestantes contra as imagens sacras (e contra as imagens em geral); depois, por meio de um processo singular de absorção das artes da memória dentro da lógica.

Em meados do Quinhentos, Pietro Ramo destaca a memória da retórica (à qual pertencia por tradição antiquíssima) e a transforma numa das partes ou elementos constitutivos da dialética ou nova lógica. O método exerce uma função classificatória. A lógica é um lugar comum universal. O problema do método se identifica com o da memória.[9]

Contudo, não se tratava de um simples enxerto. A imaginação era extraída "não só dos processos mnemônicos, mas, em geral, dos processos apreensivos da mente".[10] Por meio dessa

---

8 Vico, *De ratione*, p.91; *De antiqüíssima*, p.178; *Polemiche*, p.212 (as referências são da ed. Laterza). Cf. também *Scienza Nuova*, 211-2, 699, 819, 833, 896.

9 Rossi (1983, p.156). Cf. também Yates (1972, p.215), que explicitamente concorda com essa tese. Como tratei de demonstrar, aquela inserção está presente – para além das polêmicas contra os "ilusionistas" ou "funâmbulos" da memória –, inclusive, em Bacon e Descartes, que usam ambos em função do novo método, a tradição da *ars memorativa*. Cf. Rossi (1983, p.155-97).

10 Esta expressão é de Luciana De Bernant (1985), que tratou com sutileza tais temas no ensaio "La ragione senza immaginazione: considerazioni sulla logica ramista e i suoi ascendenti umanistici", em Cristofolini (org.), *Studi de seicento e sull' immaginazione*. No mesmo volume, Marco Messeri (1985) fala, entre outros, das ligações entre a dedução cartesiana e a memória, sem sequer desconfiar que entre aquela "memória" e a arte da memória havia

complicada operação, a memória era *destacada da fantasia e absorvida na lógica*, quase devorada por esta. Por esse método (que implica uma condenação das "imagens emocionantes" e das analogias) seria consumado o sacrifício do "primado da visão" e teria fim para sempre a tese da "superioridade das imagens" na cultura.

Giordano Bruno tenta em vão transplantar para a Inglaterra sua *lógica fantástica*. Seu fracasso e o grande sucesso do ramismo nos países protestantes talvez tenham dependido também do fato de que os ramistas eliminavam da memória a imaginação, forneciam "uma espécie de iconoclastia interior correspondente à iconoclastia externa", e apoiavam uma espécie de grande e coletiva remoção das imagens da cultura.[11]

Uma única imagem em muitas séries

Para entender as vicissitudes da memória na cultura do Ocidente, é necessário que os historiadores aceitem mover-se dentro de campos disciplinares que se acham tão distantes entre si a ponto de tornar difícil a identificação de problemas comuns e o reconhecimento de contatos que se estabeleceram um dia e depois se perderam.

Estou cada vez mais convicto, à medida que os anos passam, de que a adesão a modelos rígidos e o emprego de modos de pen-

---

relações muito estreitas e já amplamente documentadas. Cf. Rossi (1983, p.155-97) e Sebba (1964, p.97).

11 Yates (op. cit., p.217). Sobre tal tema insiste muito também Couliano (1986, p.96-104). Mas sobre a complicada mistura entre iconoclastia e teorias sobre a origem da linguagem, vide Cantelli (1986, p.338-405). Sobre o tema da origem da linguagem remeto também a Rossi (1979a, p.226-308). Sobre a pedagogia jesuítica e a ruptura radical representada pelo molinismo perante uma meditação religiosa de tipo "imaginativo" são fundamentais os estudos de Fernando R. de la Flor, reunidos no volume *Teatro de la memoria: siete ensayos sobre memotecnica española de los siglos XVII y XVIII* (1988).

sar fundamentados em grandes dicotomias (do tipo "cultura das imagens" – "cultura das abstrações") consigam atenuar ou eliminar o significado e o fascínio das "aventuras de ideias". Uma "iconoclastia interior" e uma remoção coletiva das imagens da cultura que assinalariam o desaparecimento de uma época e o início de uma nova são (ou as imagens?) tão sedutoras que muitos a consideraram "verdadeira". Mas quando se trabalha com a aventura das ideias é sempre difícil escrever a palavra "fim". As alternativas radicais, as contraposições fortes e as afirmações com caráter de época se revelam cada vez mais instrumentos insuficientes e parciais.[12] Os historiadores as entregam de bom grado aos filósofos e desconfiam deles. Creio que, pelo menos neste caso, tenham razão:

> O que é exatamente o "pensar"? Quando se recebem impressões sensoriais e emergem imagens mnemônicas (*Erinnerungsbilder*), isso ainda não é "pensar". E quando tais imagens se juntam em série e cada uma delas chama outra, nem isso ainda é "pensar". Mas quando uma certa imagem (*Bild*) surge em muitas outras séries, aí – exatamente graças a esse ressurgimento – se torna um elemento ordenador dessa série, pois reúne séries que em si mesmas são desunidas.[13]

Por que eu deveria crer na existência de um *saber por imagens* característico da Idade Média e do Renascimento e de um *saber por conceitos* e abstrações que seria próprio da modernidade? O personagem que escreveu essas linhas afirmava que os objetos da geometria lhe pareciam "de tipo diferente dos objetos da percepção sensorial, que podem ser vistos e tocados". Pensava que

---

12 Para uma abordagem mais ampla, ver meu artigo "Idola della modernità" (1986) (1989d, p.39-64).
13 Einstein apud Holton, 1983, p.282-3. Ver também Einstein (1988, p.63). Para os objetos da geometria, a seguir no texto, cf. p.65.

"as palavras e a linguagem, assim como são escritas e faladas, parecem não desempenhar nenhum papel no mecanismo do pensamento". Considerava que as entidades psíquicas que pareciam servir de elementos do pensamento "são certos signos ou imagens mais ou menos claros que podem ser voluntariamente reproduzidos ou combinados". Declarava que, do ponto de vista psicológico, esse "jogo combinatório" era "o traço principal do pensar produtivo". Acrescentava que tais elementos, em seu caso, eram principalmente "de tipo visual", e que as palavras convencionais e os signos para expressá-los "deviam ser procurados só numa fase posterior, quando o jogo associativo mencionado está suficientemente estabelecido e pode ser reproduzido voluntariamente".[14]

---

14 Idem. As respostas de Einstein ao matemático francês Jacques Hadamard (1865-1963), que participou do congresso parisiense de 1922 sobre a relatividade, e que propusera Einstein para o Nobel em 1921, estão transcritas no livro do próprio Hadamard (1945, p.142-3). Sobre esse texto desenvolveu algumas considerações Blanco (1987, p.10-11). Sobre a imaginação literária é importante o ensaio de Starobinski (1975). "Lineamenti per uma storia del concetto di immaginazione", em *L'occhio vivente* (p.278-94). Sobre a força da "imaginação visual" em Einstein são mais indicadas as considerações de Holton (1983, p.283): "Considerem-se, por exemplo, as passagens em que são descritas experiências mentais que implicam tarefas fantasiosas como coordenar a leitura de relógios, o aparecimento de sinais luminosos, as posições de locomotivas e as de relâmpagos (...). Esta *habilidade de visualização* se evidencia na recorrente experiência mental do raio de luz e também naquela do seu primeiro ensaio, de 1894-1895, em que se propõe demonstrar o estado do éter, próximo de um condutor percorrido pela corrente elétrica. Não tenho muitas dúvidas de que a habilidade em realizar visualizações tão claras de situações experimentais teve um *papel crucial* no processo para chegar ao coração da teoria da relatividade". Se é verdade, como sustenta John Hendry, que "*a perda da visualização*" provocada pela mecânica quântica constitui "uma das mais profundas transformações sofridas pela ciência a partir do Seiscentos", a firme oposição de Einstein à física quântica poderia ser considerada também deste ponto de vista. Cf. Hendry (1985). Heisenberg escreve que, na descrição dos objetos da microfísica, "se alternam várias imagens intuitivas e contraditórias entre

Esse homem tinha uma poderosa "imaginação visual" e uma extraordinária "capacidade de visualização". Tal capacidade, como foi dito de forma competente, teve "um papel crucial" em sua grande construção científica. Não era um mago do Renascimento: era o físico Albert Einstein.

Porém, talvez seja mais justo concluir com uma pergunta capaz de interessar não apenas os historiadores das ideias: é verdade – conforme escreveu anteriormente o biólogo Pietro Omodeo (1984, p.6) – que ter esquecido, apagado ou removido a Arte da memória nos tornou mais difícil o conhecimento dos modos pelos quais se organiza o arquivo de nossos conhecimentos e a compreensão das vias de acesso àquele arquivo?

---

elas". Niels Bohr fala, em 1925, de "uma falência substancial das imagens espaço-temporais sobre as quais se baseou, *até agora*, a descrição dos fenômenos naturais" e, em 1928, afirma que existe uma conexão (que precisa ser abandonada) entre os *velhos conceitos* empíricos e "a capacidade de visualização de que o homem dispõe". Sobre todo o tema (e para uma indicação das fontes), ver Petruccioli (1988, p.25, 49, 137-8). Grifos meus.

3.
A arte da memória: renascimentos e transfigurações

A memória das histórias e antiguidades pode permanecer
entre os homens de três maneiras: por cartas e escritos, como
usam latinos, gregos, hebreus e muitas outras nações, ou por
pintura, como se usa quase no mundo inteiro.

José de Acosta, *Historia naturale e morale delle Indie*, 1596

Um fóssil intelectual

A arte da memória possui uma tradição muito antiga. Aristóteles já falava dos que controlam a imaginação mediante a vontade e "fabricam imagens com as quais preenchem os lugares mnemônicos". A essa arte fizeram referência explícita, e sobre ela teorizaram e elaboraram suas regras, Cícero, Quintiliano, Alberto Magno e Tomás de Aquino. Tais regras foram propostas de novo, de forma mais refinada, por inúmeros autores da idade moderna. Como tiveram ampla difusão, todos os homens cultos, até a época de Leibniz, tiveram conhecimento delas. No decorrer dos séculos, contudo, essa arte ganhou escopos diferentes: em princípio concebida como *técnica neutra*, utilizável no âmbito da retórica e da *ars praedicandi*, depois se carregou de significados metafísicos. Após o encontro com as tradições do lulismo, da cabala e do hermetismo, transformou-se no projeto de uma enciclopédia total, de um completo "teatro do mundo". Por um lado, mesclou-se com as pesquisas e as utopias relativas à criação de uma língua artificial e universal. Por outro, condicionou fortemente o problema das "classificações" na botânica, na zoologia e na química (Rossi, 1983; Yates, 1966).

A arte da memória desaparece, como técnica "separada", na época de Leibniz. Por um lado, se torna parte essencial do novo método científico de Bacon e Descartes e, por outro, vai confluir no grande projeto leibniziano de uma *ars combinatoria*. Uma das razões de seu desaparecimento se encontra também no fato de que a estima ou consideração pela memória declinou pouco a pouco. Em boa parte por razões objetivas: rubricas, horários, fichários, guias, dicionários, enciclopédias em ordem alfabética, manuais de todo gênero, excessos de papel e, mais tarde, bancos de dados, computadores, conexões entre computadores e bancos de dados tornaram supérflua e inútil a arte da memória. Tendo estado presente na cultura desde Simônides de Ceos até Leibniz, ela sobrevive, como uma espécie de fóssil inútil, nas páginas publicitárias da imprensa e nos cada dia mais raros cartazes de espetáculos que se referem a mnemonistas. Não só a "memória" como "artificial" deixou de fazer parte da cultura, mas, diversamente do que acontecia no tempo de Hume, passou da indiferença ao desprezo: teorizou-se explicitamente, na segunda metade do século XX, a contraposição entre memória e cultura e o caráter deletério, danoso e repressivo de toda e qualquer forma de aprendizagem mnemônica.

Nem todos consideram os fósseis dignos de interesse. Mas até o estudo de "fósseis intelectuais" pode nos ensinar muitas coisas. Não apenas sobre o passado, mas também sobre as razões pelas quais se extinguiram ideias que um dia foram vitais e sobre as características de um presente que carrega o passado dentro de si sem sequer reconhecê-lo como próprio. Dado que, com frequência, se prefere apregoar origens nobres no lugar das verdadeiras, em geral, as pessoas não se limitam a um reconhecimento falho. Constroem-se genealogias imaginárias e se eliminam da galeria dos antepassados os retratos dos personagens que tiveram comportamentos pouco recomendáveis, frequentando as más companhias dos magos, cabalistas, construtores de teatros do mundo e de alfabetos secretos e universais. Os historiadores das "disciplinas especiais" procederam exatamente assim e, com relevantes exceções, esqueceram a existência da memória. Historiadores da lógica e da linguística, estudiosos da escrita, egiptólogos, historiadores da química e das ciências naturais – como a botânica e a zoologia – basearam seus discursos na suposta eterna existência de uma comunidade imaginária de especialistas. Por exemplo, ligaram diretamente as lógicas clássica e medieval tardia com a de Leibniz, as classificações de Plínio com as de Lineu, o discurso sobre o Egito de Athanasius Kircher e de William Warburton com o de Champolion, as teorias linguísticas de Aristóteles com a de Descartes, o discurso dos alquimistas com o de Antoine Lavoisier.

Com esse sistema lograram apagar uma série de presenças embaraçosas, movendo-se ao longo de uma engrenagem bem lubrificada, conseguindo percorrê-la para trás sem encontrar fósseis, nem espécies extintas, nem esqueletos no armário.[1] Reduzido a uma espécie de mesa-redonda entre epistemólogos, químicos, egiptólogos, especialistas de botânica ou de linguística, o passado só serve para encontrar reiterações fáceis das verdades codificadas nos manuais universitários contemporâneos. Perde qualquer relevo e espessura teórica.

---

1 Entre os exemplos mais notáveis desse modo de proceder: Crosland (1962); Davi (1965); Iversen (1961); Cornelius (1965); Knowlson (1965).

Toda morte, no mundo das ideias, frequentemente comporta transfigurações. As páginas seguintes referem-se a algumas destas, ou então ao modo como técnicas antigas foram usadas para responder a novas questões. Aqui, gostaria apenas de lembrar que por toda eliminação, inclusive na história das ideias, pagam-se alguns preços. Além daqueles que tratei de indicar ao longo do livro, bastará um único exemplo. Recusando os aspectos "arcaicos" do pensamento leibniziano, rechaçando o exemplarismo de extração *luliana*, as extravagâncias da cabala, os sonhos da pansofia, toda a atmosfera meio turva do enciclopedismo dos dois séculos precedentes, o racionalismo setecentista envolveu na condenação, com relevantes sequelas históricas, inclusive os projetos de uma característica universal e de um simbolismo lógico elaborado por George Dalgarno e John Wilkins, levados adiante por Leibniz. Não por acaso, Immanuel Kant, à distância de quase cem anos do aparecimento da *Dissertatio de arte combinatoria*, de Leibniz, excluía radicalmente que as ideias compostas pudessem ser representadas mediante combinações de signos e comparava a característica de Leibniz com os sonhos não conclusivos dos alquimistas. Para que sejam retomados os projetos de Leibniz será preciso esperar dois séculos: até Augusto de Morgan e George Boole. Como lógico, Leibniz só será reavaliado no início do século XX por Louis Couturat e Bertrand Russell. Do bispo Wilkins se fala com certa simpatia, talvez pela primeira vez depois do Setecentos, no volume *The Meaning of Meaning*, de Karl Ogden e Ivor A. Richards, publicado em Londres em 1923.

A enciclopédia como sistema mnemônico

A arte da memória esteve sempre ligada a âmbitos disciplinares e a contextos diversos, sempre foi concebida em função de outra coisa: dos sermões e das orações; das perspectivas exemplaristas dos seguidores de Lúlio; do sonho de uma enciclopédia que fosse o "espelho" efetivo da realidade; das aspirações brunianas e comenianas a um saber hiperinclusivo e regenerador; da ajuda ao "método" e às demonstrações.

Se abrirmos qualquer texto do Quinhentos e do Seiscentos relativo à arte da memória, encontramo-nos diante de uma estranha mistura de temas: linguagens, figuras, símbolos, hieróglifos e alfabetos, línguas cifradas e escritas secretas, lógica e gramática, classificações detalhadas dos elementos e dos meteoros, das artes liberais e mecânicas, dos minerais e metais, das plantas e animais. A abordagem da lista precedente, num único livro e sob o mesmo título, está muito distante do nosso procedimento quanto a esses temas e se liga a três tradições filosóficas diferentes entre elas, porém, solidamente conectadas:

1) O interesse, bem vivo entre filósofos, literatos, médicos, pesquisadores de lógica e de retórica, doutos de várias extrações e natureza para a antiga *Arte da memória*;
2) A retomada, no Quinhentos, por parte de inúmeros seguidores da "seita luliana", dos projetos de Raimondo Lúlio para a constituição de uma *ars magna*;
3) O grande sucesso europeu da noção e da definição baconiana dos chamados *caracteres reais*.

Em cada uma destas três diferentes tradições, a construção de uma enciclopédia universal se coloca como a indispensável integração de um projeto mais amplo. A enciclopédia enquanto detalhada descrição da realidade é, de formas diferentes, essencial: 1) para as técnicas da arte da memória baseadas no uso das imagens; 2) para as doutrinas lulianas de uma unidade fundamental do saber ao qual corresponde a unidade do cosmos; 3) para a imagem do conhecimento (que foi própria dos lulistas, de Descartes e de Bacon) como uma árvore da qual as várias ciências se ramificam como outros tantos ramos que nascem de um mesmo tronco.

A arte da memória surge, em muitos autores do Quatrocentos, como um instrumento neutro que pode ser empregado para fins práticos e muito diversos. Mas em seu passado já se ocultavam interpretações e ambientes culturais de grande diversidade. No momento em que a arte da memória com derivação "ciceroniana" se encontra com a tradição do lulismo, a arte que se apresentara durante séculos como uma simples técnica utilizável nos sermões e orações fica sobrecarregada de significados metafísicos e se associa com ambiciosos projetos de reforma do saber. Entre os textos da *ars memoriae* tradicional e os dedicados a esse tema por Giordano Bruno ou Giulio Camillo, é possível captar uma diferença evidente. A transformação dos textos da arte da memória em verdadeiras enciclopédias está ligada a essas passagens.

No *Thesaurus artificiosae memoriae*, de Cosma Rosselli (1579), a arte da memória se torna um meio para a classificação de todos os elementos do universo. O "tesouro" mencionado no título do livro de Rosselli consta de uma minuciosa descrição dos elementos celestes, das esferas, do céu e do empíreo, dos demônios, dos instrumentos das artes mecânicas, dos símbolos, das escritas e dos alfabetos (ou "figuras artificiais"), das "figuras naturais" dos minerais, das plantas e animais. Em *Idea del teatro*, de Giulio Camillo (1556), Francesco Patrizi vê realizada a tentativa de um alargamento da retórica em direção à ontologia: Camillo é, a seus olhos, o filósofo que saiu primeiro dos "estreitíssimos preceitos dos mestres da retórica" e "alargou" a retórica "para todos os amplos lugares do Teatro do mundo inteiro". A metáfora do mundo como um teatro tem uma história antiga e obterá enorme êxito. No livro de Camillo, o uso dessa metáfora mostra, desde o título, a evidência da passagem do plano da técnica retórica para o do enciclopedismo: naquele teatro "para lugares e imagens devem ser dispostos todos os lugares que possam bastar para ter em mente e administrar todos os conceitos humanos, todas as coisas que existem no mundo" (Camillo, 1584, II, p.212).

A passagem vale também no sentido contrário. As artes da memória se configuram como enciclopédias. As enciclopédias se põem como instrumentos para a memória e remetem, em simultâneo, à tradição da *ars memorativa* e à do lulismo. Uma enciclopédia conserva, organiza ou transmite o saber, ou faz as três coisas ao mesmo tempo? A conservação dos conteúdos tem a ver com o modo como se organizam? Uma mudança na organização do saber serve à conservação, à transmissão ou a ambas? Quando, por volta de 1517, apresentava com entusiasmo o renascer da grande tradição do lulismo aos doutores da Europa, Cornélio Agrippa certamente não teria dúvidas em responder a tais perguntas. A arte de Lúlio, na perspectiva de Agrippa, 1) guarda em si toda ciência possível e evidencia seus princípios; 2) oferece o critério para uma ordenação racional do saber existente; 3) dá lugar a uma classificação enciclopédica dos elementos que constituem o mundo dos pensamentos e o mundo das coisas (Agrippa, 1617). A enciclopédia é o espelho do mundo. Suas subdivisões e partes não têm nada de artificial e estão em condições de reproduzir fielmente as subdivisões e as partições do mundo real. Para aprender as regras da Arte e para classificar as noções é, enfim, impossível prescindir da construção de um sistema mnemônico. Este último serve, em simultâneo, para a aprendizagem da Arte e sua aplicação.

Enrico Alsted, que foi professor de Comenius, editor de Bruno, seguidor de Lúlio e de Ramo, denomina a sua grande enciclopédia *Systema mnemonicum* (1610). A construção de um "sistema" das ciências deve reunir, num *corpus* único e consultável, os princípios de todas as disciplinas. A enciclopédia, que traz à luz as conexões profundas entre os saberes, serve principalmente para a construção de um novo método e a definição de um plano de estudos novo e racional. Somente em função desse grande projeto podem ser entendidas a adesão de Alsted à temática do lulismo e a sua insistência no valor da memória.

A memória é a técnica para a ordenação enciclopédica de conceitos. Num primeiro olhar, as ciências se apresentam como uma floresta desordenada. Por trás dessa confusão aparente existe uma árvore única, da qual partem ramos ordenados e a partir da qual podem ser exploradas as raízes ocultas. O problema do método se resolve sem resíduos no problema da ordem ou de uma classificação sistemática. Uma vez que a lógica é o instrumento do método,

> só a lógica é a arte da memória e não existe nenhuma arte da memória fora da lógica (...). Se a ordem é geradora da memória, a lógica é a arte da memória. Tratar da ordem é de fato tarefa da lógica. (Alsted, 1610, p.5)

A posição transcrita não é prerrogativa de Alsted. Vamos encontrá-la igualmente em Giovanni Amos Comenio e no grupo de enciclopedistas de Herborn (entre os quais Johannes Bisterfield ocupa uma posição preeminente), aos quais Leibniz olhará com grande interesse.[2]

Os sentidos da mente e o exame de consciência

No título, falei de "transfigurações". Uma das principais transfigurações que sofre a arte da memória é a que se verifica nas obras dos jesuítas e na cultura do período barroco. Nesta, o palácio organizado da memória tende a parecer cada vez mais com um labirinto extraordinário, com um gabinete de coisas raras e curiosas povoado por uma quantidade interminável de objetos e de imagens de objetos. E esse labirinto tende a se autorreproduzir e crescer sobre si mesmo. Aumenta por uma espécie de acumula-

---

2 Remeto, para uma análise mais ampla, ao já citado *Clavis universalis* (Rossi, 1983) e ao volume de Yates (1966).

ção exponencial de coisas e de símbolos de coisas. Pode de fato configurar-se como um pesadelo ou uma doença: perante as salas de um museu kircheriano, os salões do Vittoriale podem parecer semidesertos e pobres de objetos preciosos.

Porém, aquele labirinto assume duas formas, uma espacial e relativa ao mundo externo, e outra temporal e relativa ao mundo da interioridade. A primeira concerne ao *globus mundi*, a segunda, ao *globus intellectuallis*. Configuram-se dois universos labirínticos que convivem um ao lado do outro e entre os quais não faltam trocas recíprocas. Por um lado, existe o colecionismo, as *Wunderkammern*, a construção de um "universo em miniatura", a coleta e classificação de objetos, plantas, animais, fósseis, pinturas, esculturas, medalhas, objetos exóticos, relíquias;[3] por outro lado, temos o exame de consciência jesuíta que requer uma catalogação completa, submete a memória a provas difíceis, e que se configura como lembrança, em todos os seus complicados e ínfimos detalhes, de um mundo de ações, pensamentos, intenções, afetos, paixões e memórias que povoaram a alma num determinado lapso temporal.

Aos teatros enciclopédicos do mundo, às "coleções" que provocam estupor e maravilha e transitam por todos os aspectos do mundo correspondem, desse ponto de vista, os gigantescos manuais compostos por vários volumes *in-folio*, que classificam em centenas de parágrafos e em milhares de seções e subseções todos os eventos possíveis e todos os casos possíveis da vida. As *Resolutiones morales*, de Antonius Diana (publicadas em Palermo entre 1629 e 1654) ocupam dez volumes e tratam de 20 mil eventos. As *Instituciones morales* (Roma, 1600-1611), de Juan Azor, contêm 3.800 páginas. Numa grande taxonomia ordenada do universo dos comportamentos humanos adotam-se (abandonan-

---

3 Sobre esse tema ver primeiro o clássico Schlosser (1974, publicado originalmente em 1908). Importantes os estudos de Pomian (1982; 1984; 1986; 1989). Cf. também Lugli (1983) e a resenha de Battistini (1985, p.198-202).

do a velha ordem alfabética) classificações que remetem aos dez mandamentos ou aos sete pecados capitais. A essência do "modo casuístico de pensar" está numa lenta e contínua passagem dos casos mais evidentes para os mais obscuros, dos mais simples aos mais complicados.[4]

Essa passagem implica a introdução, no discurso, de referências cada vez mais amplas e detalhadas a circunstâncias particulares e a motivações específicas. Todos os possíveis comportamentos viciados ou virtuosos encontram espaço nesses grandes tratados: desde a dança inocente até o assassinato cruel; do comportamento sexual do casal até o dever de um servo de selar o cavalo para o patrão que se dirige a um encontro galante; ou o direito de uma esposa de negar-se a um marido que tenha a pretensão imoderada de ter três relações por noite. No labiríntico mundo da casuística, bem como nas enciclopédias universais e nos teatros da memória, nada pode ser negligenciado e nada é confiado ao acaso.

Nos *Esercizi spirituali* (1535), de Inácio de Loyola, a memória é concebida como ajuda nas orações e nas meditações, como um instrumento necessário ao exame de consciência, como uma espécie de armazém de imagens sacras a que a meditação recorre.

---

4 Jonsen; Toulmin, 1988, p.252. O método casuístico de analisar e resolver perplexidades morais é semelhante, de um ponto de vista metodológico (afirmam os autores, p.257), ao método com o qual os médicos analisam e resolvem os problemas do diagnóstico clínico. Nos dois casos, é de fato necessário dispor, preliminarmente, de uma taxonomia confiável de casos típicos bem analisados que possam servir como objetos paradigmáticos para tratar de casos novos ou incertos. O livro, que é bem informado também do ponto de vista histórico, dá indicações sobre muitos textos (jesuítas e não) dedicados ao tema, incluindo os textos que remetem ao puritanismo e que (do ponto de vista teórico) não diferem muito dos textos católicos. O volume apresenta um interesse notável, sobretudo por causa do "grande retorno" da casuística, que sem dúvida se verifica (sem que a maioria dos protagonistas tenha a menor consciência disso) em todas as discussões que têm por objeto a bioética e a ética médica, e que se desenvolvem somente à base de textos de ética escritos depois do início do século XIX.

A "composição visual do lugar" (*composición viendo el lugar*) consiste em "ver com os olhos da imaginação (*ver con la vista de la imaginación*) o lugar físico, por exemplo, um templo ou um monte onde se encontrem Jesus Cristo ou Nossa Senhora".[5] A composição pode dar lugar a imagens plásticas tão intensas a ponto de dar a impressão de poderem ser vistas, tocadas e percebidas pelos sentidos, tão fortes a ponto de provocarem emoções, pranto, tremor e mal-estar. A "vista da imaginação" permitirá ver, conforme dito no quinto exercício da primeira semana, o comprimento, a largura, a profundidade do inferno. Mas não basta "ver", pois a imaginação pode fazer tocar, perceber sons, sabores e cheiros. O inferno é considerado cinco vezes, em relação a cada um dos cinco sentidos:

> O primeiro ponto consistirá em ver com os olhos da imaginação as grandes chamas e as almas como em corpos ígneos. O segundo, ouvir com o ouvido prantos, clamores, gritos e blasfêmias contra Cristo Nosso Senhor e todos os seus santos. O terceiro, cheirar com o olfato fumaça, enxofre, fedor de privadas e podridão. O quarto, saborear com prazer coisas amargas, como lágrimas, tristezas e o verme da consciência. O quinto, tocar com o tato, ou seja, como as chamas tocam e queimam as almas. (Loyola, 1984, p.47-8)

O jesuíta que James Joyce deixa falar em *Retrato do artista quando jovem* faz referência explícita à "composição do lugar" e compara a imaginação com os "sentidos da mente":

> O horror desta estreita e tenebrosa prisão é aumentado por seu tremendo fedor. Todas as imundícies do mundo, todos os dejetos e as fezes do mundo vão terminar naquele lugar, tal imensa cloaca fedorenta. (...) Mesmo o ar de nosso mundo, esse ele-

---

5 Loyola, 1984, p.14. Para a reunião completa de seus escritos, cf. Loyola (1988).

mento puríssimo, se corrompe e se faz irrespirável, quando fica muito tempo fechado. Assim, considerem qual deve ser a corrupção do ar infernal. Imaginem um cadáver imundo e pútrido que tenha permanecido apodrecendo e se decompondo na tumba, uma massa gelatinosa de corrupção sufocante. Imaginem um cadáver similar preso nas chamas, devorado pelo fogo do enxofre ardente, que espalha uma densa e fumegante fumaceira de repelente e nauseabunda decomposição. E depois imaginem esse fedor revoltante multiplicado milhões e milhões de vezes por carcaças fétidas amontoadas pela treva fedorenta. Um enorme cogumelo humano apodrecido. Imaginem tudo isso e terão uma ideia do horrendo fedor do inferno. (Joyce, 1951, p.150-1)

Obviamente, não se trata apenas do olfato nem só do inferno. Por meio de uma série de incorporações da arte da memória no contexto da vida religiosa, também as cenas da história sacra, da vida e da paixão de Jesus se tornam realidades vivas, elementos bem parecidos com as situações do mundo real, com as quais os homens, para fugir do pecado e salvar suas almas, devem, por meio de exercícios, aprender a conviver cotidianamente. Figuração e imagens estão no centro do universo.

Todavia, que não nos esqueçamos que considerar a visão sentido privilegiado já fora associado por Cícero com as capacidades de retenção da memória:

O mais agudo de nossos sentidos é a visão e, em consequência, percepções recebidas pelos ouvidos ou formadas através da reflexão podem ser retidas mais facilmente se chegarem à nossa mente pelos olhos. (Cícero, De oratore, II. Cf. Yates, op. cit., p.5)

Portanto, não é o caso de insistir demais – como muitos fizeram tantas vezes – sobre a "visão imaginativa", sobre os "sentidos da mente" e sobre a "figuratividade" como categorias que constituem as formas típicas e características do período Barroco: como se esta última tivesse de algum modo o monopólio exclusivo das "imagens corpóreas", como se a *visão imaginativa* fosse algo que se apresenta pela primeira vez na história, no século XVII, como uma dimensão antes desconhecida.[6] Aquela afirmação ciceroniana certamente era conhecida por Petrarca, que também reiterava a maior tenacidade das coisas vistas em relação às ouvidas (*tenacior esse solet visorum quam auditorum recordatio*). O som da palavra "morte" chega duro e lúgubre ao nosso ouvido, mas justamente (até nesta época que é avessa aos bons usos) ainda persiste, em certos devotos e junto a ordens religiosas, o costume de fazer assistir à lavagem dos corpos dos defuntos no momento em que são preparados para a sepultura. Este uso tem um objetivo preciso: fazer que "o triste espetáculo, digno de compaixão, oferecido aos olhos sirva de advertência para a memória dos sobreviventes". As "imagens visuais" presentes no *Secretum* (que é o texto ao qual nos referimos) mostram a extraordinária acuidade da "visão imaginativa" de Petrarca e não têm nada a invejar, quanto à força e à intensidade, àquelas presentes nos textos de Pietro de Ravenna, de Inácio de Loyola e de James Joyce:

---

6 Entre muitos outros, também Barthes (1971, p.70) aceita esse batido lugar-lugar-comum e afirma que, segundo "os historiadores", na Idade Média, a audição é o sentido que estabelece o contato mais rico com o mundo, e que a visão "vem em terceiro lugar, depois do tato, ao passo que depois ocorre "uma reviravolta" e o olho "se torna o principal órgão da percepção". Quando depois fala, a propósito de Inácio, da "composição do lugar" (p.60-1), Barthes faz uma referência genérica à "tradição retórica" e não nutre mínima suspeita sobre a existência histórica de uma arte da memória. Muito oportunamente, Andrea Battistini polemiza contra "as oposições canônicas entre Renascimento e Barroco": "na insígnia – escreve – podem conviver, independentemente do divisor de águas dos dois séculos, tanto o culto engenhoso do artifício erudito quanto o fascínio arcano e iniciático do oráculo" (Battistini, 1985, p.561). O texto é uma discussão cuidadosa dos dois livros de Papini (1984a, 1984b). Sobre a "tradução em chinês" da mnemotécnica ocidental, cf. Spence (1987). Associado a essa temática, o ensaio de Piro (1988).

Não bastará aquela pequena palavra (morte) colhida distraidamente pelo ouvido ou a lembrança sumária da coisa em si. É preciso insistir mais, e com uma intensa meditação representar-se um por um os traços de quem morre: como, no instante em que as extremidades esfriam, o peito arde e difunde um suor penoso; os flancos tremem, diminui o sopro vital pela aproximação da morte. Além disso, os olhos que se afundam e se dispersam, os olhares velados por lágrimas, a testa encrespada e lívida, as bochechas caídas; os dentes amarelados, as narinas perfiladas e estreitas, espuma nos lábios, a língua presa e seca, o palato árido; o peso da cabeça, o peito arfante, o estertor lamentoso, o mau cheiro nauseante do corpo todo e, sobretudo, o horror da face sem consciência. Tristes imagens que, com mais facilidade, parecerão quase espontâneas e ao alcance da mão para quem tenha começado a observar com regularidade algum impressionante exemplo de morte. Com efeito, em geral, é mais tenaz a memória do que se viu do que aquilo que se ouviu. (Petrarca, 1977, p.35)

As imagens visuais "fortes" são construídas em função de uma memorização a longo prazo (como se diz hoje). Diversamente de outras imagens ocasionais, essas ficam para sempre alcançáveis sem que seja preciso, para isso, exercitar aquela *reminiscência* que deve rebuscar, "quase por meio de silogismos", no grande armazém da memória. Petrarca fala de "escrever" e de "imprimir" na alma; fala de "anotações" que conservem nelas as sentenças "quase com ganchos", de modo que a sentença possa emergir espontaneamente, do mesmo modo que o nome do remédio se associa logo, nos bons médicos, ao nome da doença. Não é necessário pensar que Petrarca tenha escrito alguma *Ars memorativa* que se tenha perdido. Nem é preciso se maravilhar muito pelo fato de que uma longa e tenaz tradição (que começa com Johanes Romberch, em 1520, e termina em meados do Setecentos) tenha visto em Francesco Petrarca um dos grandes mestres da arte da memória. Frances Yates tinha toda razão: há um aspecto de Petrarca pelo qual ele foi admirado na era da memória, mas que foi totalmente esquecido por seus especialistas modernos.[7]

---

7 F. Yates (1956) assinalou uma série de textos de arte da memória nos quais aparecem remissões explícitas a Petrarca. Lambert Schenkel (1610) chegava a firmar que a arte da memória foi "avidamente acolhida e diligentemente cultivada" por Petrarca. Em minha *Clavis universalis* (1983, p.307-9) comentei a passagem de Schenkel e mostrei que as referências a Petrarca se estendiam para além dos limites cronológicos fixados por Yates (início do século XVII) e estavam, por exemplo, presentes nos escritos de Jean Belot (1654 e 1669) e na edição italiana da *Encyclopédie* de d'Alembert e Diderot. Admitindo tais integrações, Yates voltou à mesma questão (1972, p.93-5), porém, continuando a fazer referência somente aos *Rerum memorandarum libri* "como a um tratado ético destinado à memorização não menos que os *Ammaestramenti degli antichi*, de Bartolomeo da San Concordio". Certamente é possível que as obras de Petrarca não tenham sido lidas e entendidas como eram por seus contemporâneos. A passagem do *Secretum* citada no texto reitera tal possibilidade. Mas outras passagens podem ser assinaladas em Petrarca (1977): "Imprima em minha memória, caso não lhe desagrade, algum sinal que me lembre doravante..." (p.37); "Toda vez que, ao ler, lhe aprecem sentenças salutares pelas quais você é estimulado ou refreado, não confie no vigor de sua inteligência, mas torne a colocá-las nos desvãos mais internos da memória e torne-as bem familiares a você, com cuidado, e assim, como os médicos experientes costumam ter na cabeça os remédios, em qualquer lugar ou instante em que surja uma doença a qual não permita adiamento, você também as tenha como que escritas no espírito" (p.103); "Trate de encontrar sempre algum preceito contra a raiva e contra os outros sentimentos (...); quando, por meio de leitura atenta isso lhe aconteça, ponha junto das sentenças úteis notas bem destacadas, as quais você possa reter na memória, como se fossem garras, quando quiserem ir embora (*imprime... certas notas quibus, velut uncis memoria volentes abire contineas)*" (p.107). Interpretar tais *notae* como simples anotações marginais e compará-las às fichas para apontamentos contemporâneas (como é feito no comentário ao texto) é um indício daquele "esquecimento" dos estudiosos modernos de que falava Yates.

Contudo, é possível prosseguir nas citações significativas, recorrendo ao *De remediis utriusque fortunae*. Uso aqui a edição *De'rimedi dell'una et l'altra fortuna di M. Francesco Petrarca*, traduzido por Remigio Fiorentino (1584, p.6r): "Você quis se tornar, a cada dia, mais douto e, nas coisas dignas de memória, mais adestrado. Onde sou testemunha de que você usa a memória pela qual não perde para ninguém e costuma usar no lugar dos livros. Coisa em que você era flexível desde tenra idade, agora ainda mais fácil há de ser em caso pare-

Figuras para os simples

Um dos pais da Igreja – escreve Calvino na *Istituzione della religione cristiana* [A instituição da religião cristã] – definiu como "horrível abominação" a presença da imagem de Cristo e de seus santos nas igrejas dos cristãos e um Concílio decretou que "não se deve pintar nas paredes aquilo que se venera". Os católicos, prossegue o texto, "estão bem distantes de respeitar tal proibição, quando não deixam nem um cantinho sem imagens". Não bastam os crucifixos de ouro e prata de que as igrejas estão cheias. Pintura e escultura só podem representar as coisas que se veem com os olhos e a majestade de Deus "não deve ser corrompida

cido". O Diálogo VIII entre Gáudio e a Razão tem como tema a memória e aí se transcreve a fala de Temístocles: "com razão disse àquele que lhe queriam ensinar a arte de bem memorizar, então encontrada em Simônides, que antes preferia aprender a arte de esquecer que a arte de lembrar" (p.19v). O texto prossegue assim: "E embora ele respondesse deste modo para sua glória, sendo para além da crença humana dotado desse dom da natureza, cuja memória estava cheia de várias imagens de coisas, sempre parece que cada um tenha tal vontade, e assim aprender as coisas que não devem ser aprendidas, e esquecer aquelas que mais deveriam permanecer na memória, e exercitando a memória somente naquelas coisas que não as saber seria muito útil, não contente com aquilo que lhe dera a natureza, ainda enlouquecer com a arte" (p.20r). O diálogo CI do livro segundo tem o título *Della memoria debole et inferma* (p.359r-60r): "Além disso – diz a Dor – tenho memória ruim". Responde a Razão: "Isso é de novo uma infâmia da velhice e não mais verdadeira que outras. Mas, admitamos que seja verdadeira, você pode ajudá-la com o estudo e o cuidado (...). Trate de não a estragar e de sustentá-la com a vigilância contínua. Faça aquilo que se faz com uma parede que está para cair, ponha esteios ao redor para segurá-la. A astúcia socorre todos os defeitos da memória e não suporta que coisa alguma a diminua".

Repor as sentenças nos desvãos da memória; escrever na alma; imprimir signos sobre ela; a mente que recorda cheia de imagens de coisas; o risco de loucura que pesa sobre os praticantes da *ars memorativa*; os remédios opostos da astúcia à fragilidade da natureza: as numerosas referências desse tipo talvez sejam insuficientes para explicar o nascimento e a persistência da tenaz tradição que vê em Petrarca um grande mestre da arte da memória.

por fantasmas que não têm nenhuma relação com ela". Os que adoram os simulacros estão, na realidade, estragados pela superstição (Calvino, II, XXX, p.10-13).

Por sua vez, Lutero, nos *Discursos à mesa*, via uma relação muito estreita entre as imagens, as superstições e os italianos:

> Se alguém quiser manter um local limpo, para que não se urine ali, como fazem os italianos igual aos cachorros, basta pintar ali uma imagem de Santo Antônio com a ponta de madeira e essa imagem afasta os que estão para urinar. Em suma, a Itália toda é uma superstição e os italianos vivem só com superstições, sem a palavra de Deus (...) e têm mais medo de Santo Antônio e de São Sebastião que de Cristo. (Lutero, 1968, p.243)

Um dos argumentos principais usados pelos católicos contra as acusações protestantes de idolatria remetia ao ensinamento antigo de Gregório Magno: mediante as imagens, até mesmo os que não conhecem as letras do alfabeto podem ler. Por isso, as "pinturas" têm perante os simples a mesma função que a leitura para os doutos. Esse conceito é sublinhado várias vezes e em muitos textos: o mal não está na essência de algo, mas no uso distorcido que os homens podem fazer dele. Se alguém afirma que se pode abusar das imagens até chegar à idolatria, será preciso responder que é possível abusar também da escrita e chegar a escrever proposições malvadas e heréticas; por isso, ninguém pensa em abolir a escrita. Da mesma forma, não faz sentido pensar em abolir as imagens porque alguém distorce seu uso.[8]

As imagens são uma "escrita viva". Os que não sabem ler podem, por meio delas, percorrer uma *historia picta*, absorver

---

8 Senese (apud Cantelli, 1986, p.346-56). Sobre a posição de Tomás de Aquino, que defende explicitamente o recurso às imagens mnemônicas, cf., por exemplo, *Summa theologica*, II, IIae, q. XLIX, ad 2m. Mas sobre a arte da memória na Idade Média, é preciso agora consultar os ensaios de Bolzoni (1984b, p.271-87; 1985, p.9-65).

ideias e receber mensagens morais. As teses que Francis Bacon enuncia com grande eficácia na primeira década do Seiscentos (e que Vico retomará) já se acham todas presentes na cultura da segunda metade do Quinhentos. A escrita usa as letras do alfabeto que derivam da convenção e variam de um país para outro, mas as *notae rerum* "significam as coisas sem a intermediação e ajuda das palavras". Bem antes da escrita alfabética, os homens utilizaram signos e imagens capazes de remeter imediatamente às coisas e às noções. As *notae* que são comuns a todos os povos mais antigos (em primeiro lugar os egípcios) e que ainda sobrevivem entre os atuais habitantes do Novo Mundo (mexicanos à frente) são anteriores às letras do alfabeto, pertencem a uma fase mais primitiva que a humanidade atravessou antes de chegar à civilização.

Porém, as crianças, os simples e os não doutos não se assemelham aos homens rudes das civilizações mais remotas e aos selvagens desprovidos que habitam o Novo Mundo? Conforme escreverá Michele Mercati em 1589:

> Não parece que invenção tão perfeita e sutil fosse tão cedo encontrada entre os primeiros homens, mas que eles inicialmente tratassem de demonstrar sua vontade aos ausentes com a pintura das coisas que viam, pois essa maneira simples de significar os conceitos procede primeiro do instinto natural, não havendo nenhum meio entre o intelecto que forma o conceito e as pinturas que o representam (...). Ainda hoje, encontram-se povos que não usam letras quase por todo o mundo novo (...) e é o caso de pensar que fossem ainda mais em tempos passados (...), e como tal modo de escrever fosse tosco e simples, ainda assim a interpretação era facílima, denotando cada figura aquilo que ela representava (...). Esta maneira de escrever não supõe nenhuma linguagem nem outro meio para ser entendida, mas basta somente a imaginação das coisas, à qual imediatamente seguem os conceitos e é comum a todos os homens.[9]

---

9 Mercati (1589, p.82-3). Cf. sobre o tema, Rossi (1969, p.99-102).

O debate sobre as imagens havia sido enfrentado no Concílio de Trento (na 25ª sessão, de 3-4 dezembro de 1563), exatamente 26 anos antes. Às conclusões desse debate e às decisões do Conselho se associam dois grandes e célebres tratados: *De picturis et imaginibus sacris,* de Giovanni Molano (Louvain, 1570), e o *Discorso intorno alle immagini sacre e profane* (Bolonha, 1581), do cardeal Gabriele Paleotti. Como demonstrou Gianfranco Cantelli, o *Discorso* de Paleotti não é apenas uma apologia das imagens contra a iconoclastia dos protestantes, nem somente uma defesa da tradicional tese católica das imagens como meio de comunicação adequado ao povo. Esse tratado contém igualmente uma teoria precisa sobre a natureza e as origens da escrita e sobre a linguagem das imagens muito similar que vimos na obra de Mercati.[10]

Uma distinção significativa e importante é a feita entre as imagens verdadeiras e próprias baseadas na imitação (ou seja, as imagens que "vistas, logo se reconhecem indiferentemente e servem para comunicação comum a todas as nações") e os emblemas e insígnias que exigem uma interpretação e que, por meio da coisa representada, pretendem exprimir um conceito. Na perspectiva de Paleotti, as imagens têm, portanto, caráter "natural", enquanto os brasões, emblemas e insígnias têm caráter "artificial".

A verdade religiosa não concerne apenas aos cultos e literatos. Ela deve alcançar todos os seres humanos, inclusive os incultos, as mulheres, as crianças, os selvagens. Assim, é preciso empregar as "pinturas" e a formação dos pintores, além daquela dos apologistas e dos pregadores, é coisa que diz respeito à Igreja. Convém usar imagens "naturais" e podem também ser utilizados "símbolos", por ser perfeitamente lícita a aspiração a pas-

---

10 Cf. Cantelli (1986, p.346-57). O *Discorso* de Paleotti foi reeditado, no volume *Tratatti d'arte del cinquecento tra manierismo e controriforma* (1961, II, p.117-509). Sobre Paleotti são importantes os estudos de Prodi (1959-1967; 1965).

sar do nível dos sentidos para o dos conceitos. Ao contrário, não é nada lícito usar "insígnias", porque estas se propõem traduzir um preceito universal numa imagem particular. Aqui, estamos diante de uma verdadeira "perversão" no uso das imagens, que é condenável nos planos cognitivo (pois não reconhece o limite expressivo das imagens), moral (porque liga um preceito universal a uma pessoa singular) e estético (por criar aproximações desarmônicas e grotescas, distantes de todo equilíbrio e de toda harmonia) (Cantelli, 1986, p.354-5).

> Identificam-se dois extremos e um meio: o primeiro extremo é pagão, pois atribui às imagens mais do que deve, adorando-as como Deus; o outro extremo concerne ao herético e similares (...) que lhe retiram mais do que se deve, expulsando-as de fato; o meio é o católico cristão, que não bane as imagens, e tampouco as adora como coisa divina, porém, mantendo nelas o olhar ao seu protótipo e assemelhados, modera a veneração, segundo convém e é prescrito pelos Cânones e Concílios sagrados. (Paleotti, 1961, p.131)

As teses de Paleotti (como sublinhou Cantelli) eram muito claras. Mas a situação era bastante confusa e o terreno da disputa sobre as imagens era, como o relativo à linguagem e aos povos mais antigos, cheio de armadilhas e de insídias. E como se articulava a tese de uma humanidade primitiva que usa formas de linguagem não articulada, faz uso de pinturas e não conhece a escrita? A tese de que as primeiras linguagens fossem "pinturas" não implica também a tese de que os homens fossem, então, privados de pensamento racional? E não acabava sendo perigosamente próxima às teses "lucrecianas" de uma humanidade que emerge da animalidade e da barbárie? Pode-se mesmo acreditar que o alfabeto seja uma invenção humana e derive de uma convenção? As mesmíssimas teses – daí também a ambiguidade da situação – podiam ser usadas para atacar a ortodoxia e para defender suas posições mais conservadoras.[11]

E qual relação se instituía entre aquelas imagens que, de algum modo, "falam sozinhas", e aquelas mais complicadas e ambíguas, por meio das quais são propostos conceitos? Dentro de que limites são propostos conceitos aos simples que não sabem ler? Paleotti, já vimos, condenava como perversões (nos planos cognitivo, moral e estético) os emblemas e as insígnias. Cinco anos depois da publicação de seu tratado, a *Ratio studiorum societatis Jesu*, em 1586, permitia, em determinadas ocasiões, o uso de emblemas e de insígnias e as recomendava, embora "com moderação", aos estudantes de retórica.[12] A proibição das Escrituras em língua vulgar tinha se associado à recusa sistemática de pregação aos leigos. Os *Índices*[13] de 1599 e 1564 impediam qualquer ulterior difusão das Escrituras em língua vulgar. Às proibições sobre as Escrituras em vulgar e a pregação aos leigos somava-se o convite a usar amplamente as imagens sacras. Mas, justamente por permitirem a todos uma aproximação à História Sagrada, as imagens são, aos poucos, consideradas "um instrumento útil de doutrinação ou, pelo contrário, um meio perverso de idolatria, que afasta da fé verdadeira e do conhecimento autêntico, desviando-a para formas sub-reptícias de saber e para uma piedade emotiva e dramática" (Palumbo, 1988, p.163).

Conforme viu com clareza um dos primeiros estudiosos do "conceitismo", no uso dos emblemas está presente uma duplicidade de tendências: por um lado, eles são associados aos hieróglifos egípcios e interpretados com base na distinção entre as "letras comuns" e as "letras sagradas", conhecidas só pelos sacerdotes e destinadas a poucos eleitos (Porta, 1602, p.2-3); por

---

11 Abordei esses temas com maior amplitude no volume *I segni del tempo: storia della Terra e storia delle nazioni da Hooke a Vico* (1979a, p.226-308).

12 Paleotti (1979); Battlori (1983, p.29).

13 *Index librorum prohibitorum*: lista de livros proibidos pela Igreja. [N. T.]

outro lado, são concebidos como um meio para comunicar aos iletrados as verdades da religião e da ética. No primeiro caso, uma linguagem esotérica; no segundo, uma linguagem pedagógica que dilui as dificuldades dos conceitos e cumpre a mesma função que tinham, na Idade Média, os baixos-relevos das catedrais (Praz, 1946, p.219).

A década de 1560 parece decisiva tanto para a proibição ao acesso às Escrituras quanto para o uso das imagens sacras. Genoveffa Palumbo tem o mérito (não negligenciável) de ter abandonado o terreno (bastante explorado) das disputas teóricas e de ter começado a estudar os "resultados práticos" daqueles procedimentos. Com efeito, analisou de perto a produção editorial mais "popular": aquela que a Igreja, enquanto proibia ler as Escrituras em vulgar, as oferecia sob a forma de catecismos que tinham fins divulgativos e eram ricamente ilustrados.

Propriamente nesses textos se manifestam as tendências dúplices das quais se falava e também está presente toda a ambiguidade de uma discussão que ficará aberta durante quase dois séculos. Vários catecismos foram escritos por jesuítas notórios. Uma primeira leitura dos textos dá a impressão de grande clareza. Mas, ao contrário, as imagens são alusivas e não fáceis de serem interpretadas: "levam adiante um outro discurso, mais ambíguo e difícil, que nem sempre se pode encaixar perfeitamente ao das imagens" (Palumbo, 1988, p.165).

Essa duplicidade de tendências também se manifesta na abordagem contrastante que se evidencia em diferentes obras. O primeiro catecismo ilustrado em língua italiana, de G. Battista Eliano, publicado em Roma, em 1582, tem um título significativo, *Dottrina christiana nella quale si contengono li principali misteri della nostra fede rappresentati con figure per istruttione de gl'idioti e di quelli che non sanno leggere. Conforme a quello che ordina il Sacro Concilio Tridentino nella sessione XXV* (Doutrina Cristã na Qual Estão Contidos os Mistérios Principais da Nossa Fé, Representados com Figuras para Instruir os Idiotas e Aqueles que não).

Os mandamentos, os pecados e os preceitos da moral surgem aqui acompanhados por ilustrações que representam simples cenas da vida cotidiana: um anjo acompanha algumas pessoas para ouvir as lições de um jesuíta, um diabo tenta afastar outras; um anjo mostra a verdadeira fé, um diabo empurra os camponeses para a idolatria etc. "Em que você vê nessa figura como o demônio induz uma pessoa à concupiscência, fazendo-a ver o que não é lícito desejar" (ibidem, p.190).

Basta confrontar tal texto com a *Dottrina christiana figurata d'immagini* (Augusta, 1614), do cardeal Roberto Bellarmino, para se dar conta da presença de uma alternativa aos direcionamentos de Eliano. O cotejo entre o texto e as ilustrações (também isso estudado analiticamente por Palumbo) é verdadeiramente iluminador. O texto da primeira pergunta/resposta é de fato brevíssimo: "O que quer dizer Cristão? Aquele que faz profissão de Fé e Lei de Cristo". Ao contrário, a imagem é bem mais complexa e elaborada que o texto:

No alto, há uma mulher, a Igreja, que na mão direita aperta duas chaves e com a esquerda segura um grande livro consagrado por uma tiara pontifícia. Ajoelhado a seus pés, um homem, o cristão, que, com uma das mãos, segura um círio aceso e estende a outra para o mesmo livro, como se fizesse um juramento. A cena é consagrada pelo Espírito Santo sob a forma de pomba e por uma grande cruz. Embaixo, à esquerda, a figura horrível de um demônio barbudo, cheio de serpentes até os olhos e circundado por pequenos livros; o demônio, em sua ambígua nudez, mostra também um seio feminino.[14]

---

14 Ibidem, p.165-6. Sobre o texto de Bellarmino ver um outro notável ensaio de G. Palumbo, hoje inserido no volume (que recebi durante a correção das provas) *Speculum peccatorum: frammenti di storia nello specchio delle immagini fra Cinque e Seicento* (1990). Sobre a pedagogia jesuíta e sobre uma meditação religiosa de tipo "imaginativo", já citei o importante estudo de Flor (1988).

Com as imagens da vida cotidiana retornam a iconografia bíblica e a antiga tipologia alegórica. Cenas que "falam sozinhas" são substituídas por hieróglifos complexos. Uma técnica colocada a serviço dos iletrados e dos "simples" se transforma num complicado simbolismo que, para ser decifrado, exige cultura e "acuidade". Muitos dos catecismos nascidos no âmbito jesuíta tinham o escopo, explicitamente declarado, de uma memorização rápida (Palumbo, 1989, p.75-9). Também no terreno da propaganda religiosa e da domesticação dos fiéis, as imagens (criadas para ser impressas de modo estável na memória dos fiéis) carregam o mesmo problema que se acha presente em muitos textos dedicados à *ars memorativa* e às línguas universais. A facilidade e a rapidez da aprendizagem continuam teorizadas e alardeadas como fins, porém, a complexidade das imagens torna a sua "decifração" cada vez mais difícil. São as imagens que precisam de um texto que as esclareça e explique o significado recôndito e não evidente. Inclusive nas ilustrações para os catecismos, bem como nos grandes Teatros da memória, na simbologia de Bruno e no frontispício da *Ciência nova* de Vico, o caráter "enigmático" das imagens se acentua fortemente toda vez que emerge a tentativa de uma representação simbólica e global do mundo físico e do mundo humano.

Guarda-roupa, armazéns, mansardas

A arte da memória como "técnica de conservação" vem historicamente *antes* das *nossas* distinções categoriais entre conservação, organização e transmissão do saber. Os "artistas da memória", do Quatrocentos ao Setecentos, se movem num terreno ambíguo, no qual convivem e se entrelaçam os objetos ideais que hoje indicamos com esses nossos particionamentos. Também o entrelaçar ocorre de modos diversos dos que nos parecem óbvios e os particionamentos não passam pelos confins que nos são familiares.

Buscar, encontrar, julgar, conservar, transmitir. A espécie humana faz pouco mais que isso. Hoje, pela cabeça de quem passaria conceber tais atividades como partes, firmemente conexas entre elas, de uma única disciplina? Francis Bacon (entre 1605 e 1623) concebe *a lógica* de modo muito diferente de um professor de lógica de nosso tempo. Pega aqueles cinco termos e, digamos, encaixa um dentro do outro. Mistura com a herança da tradição lógico-dialética e a herança da tradição da retórica. Divide a lógica na base das finalidades ou dos fins que se pretende atingir – o homem pode: 1) encontrar o que procurou; 2) avaliar o que encontrou; 3) conservar o que avaliou; 4) transmitir o que conservou. Portanto, a lógica se articula em quatro artes: 1) arte da busca ou da invenção; 2) arte do exame ou do julgamento; 3) arte da conservação ou da memória; 4) arte da elocução ou da transmissão. O célebre método indutivo teorizado no *Novum organum* certamente não pode ser identificado conforme muitos continuam a fazer com a "lógica" de Bacon. É só uma das duas partes (invenção dos argumentos e invenção das artes) nas quais se subdivide a arte da invenção, a qual é, por sua vez, apenas uma das quatro partes nas quais se articula a lógica.

Só se pode conservar aquilo que, uma vez encontrado, foi considerado digno de conservação. Exceto nos casos de colecionismo indiscriminado de alguns doentes mentais, efetuam-se escolhas e elementos são conservados visando a uma transmissão. A ordenação das coisas e das noções serve (essa é também a opinião do Lorde Chanceler) tanto para encontrar como para conservar ou transmitir.

Bacon fala da memória como de um "rico guarda-roupa" (Bacon, 1975, p.262) e critica Aristóteles porque, com sua acepção redutiva de "lógica", convidou os homens "a trocar um rico guarda-roupa por um par de tesouras". A ideia da memória como um armazém é muito antiga, e igualmente tão antiga é a ideia de uma arte que ajude o armazenamento com acuidade, fazendo as opções necessárias mediante rápida percepção das mercadorias acumuladas. O armazém, em todos os textos da *ars memorativa*, é apresentado como bastante ampliável. Em lugar das poucas coisas que ali conservamos, é possível conseguir, mediante a Arte, nele acumular uma quantidade imensa de noções.

A conexão entre organização e conservação é parte integrante do discurso sobre a memória e inerente a ele. Para os artistas da memória e para os autores de enciclopédias, conservar na memória os objetos naturais é a mesma coisa que classificá-los, colocá-los em ordem, construir tabelas e, a partir disso, pronunciar seu "verdadeiro nome". Isso não quer dizer que antes se classifica e depois se lembra. No interior da secular tradição que remete às artes da memória como a uma herança positiva, conservar e organizar constituem uma coisa única.

Inclusive nas fontes menos habituais – quando as técnicas da memória tiverem se tornado, na cultura europeia, apenas uma lembrança distante – poderemos reencontrar a persistência das antigas imagens e dessa conexão:

> Em minha opinião, o cérebro de um homem, na origem, é como uma mansarda vazia: ela deve ser preenchida com muitos móveis escolhidos por nós. O incauto aí armazena todas as mercadorias que encontra pela frente: as noções que poderiam ser-lhe úteis acabam por não encontrar mais o seu lugar ou, na melhor das hipóteses, se confundem com uma quantidade de outras coisas, ficando muito difícil encontrá-las. Ao contrário, o estudioso atento seleciona cuidadosamente o que armazena na mansarda de seu cérebro. Ali só arruma os instrumentos que podem ajudá-lo no trabalho, mas desses mantém um vasto sortimento, e se esforça por organizá-los na ordem mais perfeita. É um erro iludir-se que aquele quartinho tenha paredes elásticas e possa ampliar-se sem limites. (Doyle, 1957, p.13-4)

Uma passagem como essa tem um valor exemplar. Porque exprime – em nível de cultura difusa – o que muitos neurobiólogos contemporâneos consideram o antigo e ainda não bem erradicado "mito" das imagens "armazenadas" e "impressas" no cérebro. Sobre esse ponto não faltam juízos peremptórios: a metáfora do armazém que, mais tarde, no decorrer do Oitocentos, se ligou firmemente à hipótese das "localizações" cerebrais, "provavelmente dominou o pensamento desde sempre, isto é, desde quando os seres humanos começaram a escrever sobre si" (Rosenfield, 1989a, p.11); "antes de meados deste século, as concepções sobre os mecanismos da memória eram derivadas de representações metafóricas que, em veste mais ou menos moderna, de novo propunham antigas teorizações elaboradas por Platão e Aristóteles" (Oliverio, 1990, p.15).

Apoiando-se nas descobertas do Nobel Gerald M. Edelman (Edelman, 1987), Israel Rosenfield considera que a pesquisa neurocientífica contemporânea tenha elaborado dois tipos diversos de respostas para o problema da memória e da lembrança. A primeira resposta se inspira na doutrina oitocentista da localização das funções cerebrais e simulações por meio de computador. Segundo essa concepção, o mundo é "elaborado" em percepções, as quais seriam depois confrontadas com as imagens apreendidas e memorizadas (similares às informações codificadas na memória dos computadores). Ao contrário, a segunda resposta nega que percepção e reconhecimento sejam funções cerebrais independentes; afirma que o cérebro "categoriza" os estímulos de acordo com a experiência passada e com os desejos e necessidades do presente. Nos encontros iniciais com o ambiente, experimentamos vários modos de categorizar os estímulos. Os que conduzem a um comportamento útil ou significativo são reforçados (Rosenfield, op. cit., p.15-6).

Nessa perspectiva, a lembrança não é a reativação de traços ou de imagens fixas:

É uma reconstrução ou construção imaginativa baseada na relação de nosso comportamento diante de uma inteira massa ativa de reações e de experiências passadas organizadas; e perante um pequeno detalhe relevante que surge comumente em forma de imagens ou em formas linguísticas. Assim, é difícil que a lembrança possa ser exata, mesmo nos casos mais rudimentares de mera repetição de memória, tampouco é importante que assim deva ser. (Bartlett, 1964, p.213)

O cérebro não é uma máquina; cada cérebro singular "é algo vivo, dinâmico, que não se repete, sempre único". Os genes determinam sua arquitetura, mas as informações genéticas "não são suficientes para estabelecer ligações entre os milhares de neurônios, para determinar as conexões entre as células que estão na base dos mapas cerebrais, das redes intercomunicantes que determinam as atividades cognitivas e intelectivas. Estas seguramente se estabelecem, tendo por base e sob a influência de informações e estímulos, a partir da interação com o mundo externo" (Edelman; Hellerstein, 1988, p.17). O mecanismo das CAM (*cell adhesion molecules*, ou moléculas de adesão celular, do inglês), descobertas por Edelman e colegas no final dos anos 1970, cria diversidades nas conexões anatômicas do cérebro de um indivíduo: "portanto, são o contexto e a história do desenvolvimento celular que determinam em boa parte a estrutura do cérebro".[15]

---

15 Rosenfield, op. cit., p.197. As três teses fundamentais da teoria de Edelman são assim enumeradas por Rosenfield na p.191: "1) durante o desenvolvimento do cérebro no embrião, entre as células cerebrais (neurônios) se forma um modelo de conexões altamente variável e diverso de indivíduo para indivíduo; 2) após o nascimento de cada indivíduo, se fixa um esquema de conexões neurais, mas certas combinações de conexões são escolhidas em detrimento de outras em consequência dos estímulos que o cérebro recebe por meio dos sentidos; 3) tal seleção ocorreria particularmente em grupos de células cerebrais que estão conectadas entre si em fichas ou 'mapas', e esses 'mapas' têm um 'diálogo' entre eles para criar categorias de coisas e

Sem dúvida, é verdade, como escreveu Oliverio, que as pesquisas dos últimos anos sobre as relações entre estrutura cerebral e memória privilegiam uma concepção holística do cérebro e negam a existência de uma sede específica para as lembranças e seu caráter de entidades fixas e imutáveis (Oliverio, 1990, p.10), mas também é verdade que "muitos neurocientistas modernos ainda aceitam a ideia de que de algum modo o cérebro armazene lembranças fixas" (Rosenfield, 1989b, p.326).

O livro de Rosenfield, publicado em 1988, tem o tom e o andamento de um manifesto em defesa de um novo "paradigma". Rosenfield pensa que a neurobiologia se encontra perante um dilema que exige uma escolha radical: na linha das de Ptolomeu e Copérnico ou entre John Ray e Charles Darwin. As dúvidas que podem ser levantadas dizem respeito, em primeiro lugar, à parcialidade da história relatada; em segundo, à intromissão meio forçada de Freud no interior da "linha dominante"; em terceiro, à própria existência de um contraste tão definitivo e radical.

Uma lembrança não é mesmo, como acredita a teoria usual, sempre a mesma representação que vem a ser de novo retirada de seu reservatório. Ao contrário, a cada vez se cria uma representação nova (...) daí que os fantasmas, que acreditamos ter conservado na memória, se transformam de forma imperceptível.

O retorno das imagens-lembrança é deslocado de centro e eixo da vida mental para seu conteúdo contingente e acidental. O que é essencial não é tanto a imagem como ocupante da consciência,

---

acontecimentos". Como esclarece, com a habitual nitidez, Alberto Oliverio, a teoria de Edelman "pressupõe que uma experiência selecione um grupo particular de neurônios em vez de outros, independentemente de seu lugar no córtex: isso comporta também que diversos indivíduos, isto é, vários cérebros, registrem experiências utilizando neurônios e redes nervosas diferentes, em vez de fazer referência a redes nervosas idênticas, localizadas nos mesmos lugares específicos" (Oliverio, 1990, p.65).

mas linhas organizativas dentro das quais esses conteúdos se colocam e dos quais são produtos.

A primeira dessas passagens foi extraída de *La quadruplice radice del principio di ragion sufficiente*, publicada por Arthur Schopenhauer, em 1813. Na segunda passagem, estamos discorrendo sobre Alfred Binet (1857-1911).[16] Como se colocam afirmações desse tipo (que parecem escritas por Rosenfield) no quadro histórico traçado por Binet? Talvez não seja verdade, como Rosenfield crê, que a tese que vê "traços permanentes cuidadosamente arquivados e catalogados" nas lembranças tenha sido posta em crise só há poucas décadas. O mito do "armazém da memória" nunca foi ("até poucas décadas") tão monolítico e persistente como se tentou nos fazer acreditar.

As revoluções científicas (como não se cansa de repetir o seu mais conhecido e discutido teórico) seguem vias difíceis e são eventos de fato muito raros.

O tempo interior e a finalidade da *ars memorativa*

Nossos pensamentos mergulham suas raízes em antigas imagens fantásticas. A nossa concepção do mundo nasceu de uma precedente visão do mundo, que era dominada pela imaginação e pela fantasia. Sublinhando com ênfase essa temática, Patrick Hutton falou de uma "nova arte viquiana da memória" e afirmou a existência de uma passagem da arte da memória indo da própria retórica para a psicanálise.[17] Referindo-se às "transfigura-

---

16 Cf. Schopenhauer (s.d., p.172) e Meletti (1991, p.363). O livro traça um quadro complexo (que tem seu centro no pensamento de Théodule Ribot), da crise da psicologia da imagem e das relações entre "psicologias" e "metafísicas".

17 Hutton (1987, p.378). Num ensaio intitulado "The Art of Memory and its Relation to the Unconscious" (1988), Jean-Philippe Antoine leva ao extre-

ções" da arte da memória, claro que é difícil não pensar em Freud
e, sobretudo, não pensar na grande retomada, ao longo do Oitocentos e do Novecentos, da antiga ideia de uma correspondência entre as fases da vida do indivíduo e as do gênero humano.
No interior daquele paradigma, o tema da memória acabará por
se impor com força explosiva (Freud, 1982, IV, p.93-100). Mas
creio que seja difícil sustentar a tese, presente em Hutton, que
vê na psicanálise uma espécie de nova arte da memória. As "lembranças de cobertura" não são de fato traços reais de lembranças, mas "elaborações" que sofreram influência das potências psíquicas da idade madura e que nos defendem de imagens
dificilmente toleráveis. O fato de as lembranças da infância as-
sumirem, de modo bem geral, o significado de lembranças de
cobertura, faz que essas mesmas lembranças, aos olhos de Freud,
tivessem uma notável analogia com as lembranças das infâncias
dos povos, tal como se acham depositadas nas lendas e nos mitos".[18] É difícil associar a tradição da arte da memória com a psicanálise, pois esta tende, na realidade, a decifrar os motivos pelos
quais houve esquecimento e a decodificar as razões no interior
das lembranças de cobertura.

As técnicas predominantemente "espaciais" da arte da memória logo pareceram insuficientes diante da empreitada de uma
viagem para trás, voltada não para a superfície do mundo dos objetos que povoam o mundo, mas para as profundidades do chamado tempo interior. A memória, depois de Vico, vai se configurar, com força sempre maior, como um modo para remontar
até imagens esquecidas e sepultadas pelo tempo. A autobiografia não será mais, conforme ainda é em Vico, o relato de uma

---

mo a "comparação" entre a arte da memória e a psicanálise. Insiste no caráter "sexual" de muitas imagens e na proximidade destas com as imagens
dos sonhos. Conclui que é uma pena que Freud não tenha podido ler os
manuscritos de arte da memória conservados em Pádua, Florença e Roma.
18 Cf., mais adiante, o capítulo "O paradigma do retorno do passado"

formação intelectual. Será, como em Rousseau e depois em outros inúmeros autores, a redescoberta de emoções, imagens e sensações esquecidas:

> Todos os papéis que eu havia juntado para suprir minha memória e guiar-me nesta empresa passaram para outras mãos e não mais voltarão às minhas. Tenho apenas um guia seguro com que posso contar e é a sucessão dos sentimentos que marcaram a sucessão do meu ser, e, por meio deles, a dos acontecimentos que foram sua causa e efeito. (...) Posso incorrer em omissões nos fatos, em transposições, em erro de datas, mas não me enganar sobre aquilo que senti, nem sobre aquilo que meus sentimentos me induziram a fazer; eis aqui a substância de tudo. (Rousseau, 1978, p.304. Cf. 1959-1969, I, p.278)

Essa passagem é, sob vários pontos de vista, iluminadora. A sucessão dos sentimentos coincide com a memória e é o único guia seguro. Depois de Rousseau, vão emergir com força cada vez maior outros temas que contribuirão para fazer que pareça sem sentido a antiga empresa de uma *ars memorandi*. Esta, despojada de qualquer pretensão filosófica, vai se configurar como pura técnica para a memorização, vai se tornar, como tal, irrelevante para a cultura. A memória aparecerá, cada vez mais, como uma realidade vaga, fragmentada e incompleta; o passado será concebido como "reconstruído" e organizado sobre a base de uma coerência imaginária. O passado imaginado se torna um problema não só para a psicologia, mas também (e se gostaria de dizer principalmente) para a historiografia. A memória involuntária precede a memória voluntária e a condiciona. Somente a sobreposição e o entrelaçamento casual, no período contemporâneo, de emoções e imagens que pertencem a tempos diversos, constituem a memória:

> É um esforço vão tentar evocar o nosso passado; são inúteis as tentativas da nossa inteligência. Encontra-se escondido para além

de seu domínio e de seu alcance, em algum insuspeito objeto material (na sensação que este nos daria). Depende do acaso que encontremos esse objeto antes de morrer ou que jamais o encontremos. (...) Então me parecia colher tal causa comparando entre si as diversas impressões de alegria, que tinham em comum isso: eu as sentia, em simultâneo, num momento atual e num momento distante, quando o tilintar da colher no prato, a desigualdade das vidraças, o sabor da madalena levavam a combinar o passado com o presente, a tornar-me titubeante em definir em qual dos dois me encontrava.[19]

O tempo recordado será concebido como expandido ou contraído, dependendo da vivacidade das imagens evocadas. A memória, como foi dito, "coloniza" o passado e o reordena tendo por base as concepções e as emoções do presente:

> Falou-se sobre isso muitas vezes. Mas o passado é sempre novo: como a vida procede, ele muda, porque vêm à tona partes que pareciam afundadas no olvido, enquanto outras desaparecem por serem agora pouco importantes. O presente dirige o passado como um regente de orquestra dirige os seus músicos. A ele ocorrem estes ou aqueles sons, e não outros. E por isso o passado às vezes parece tão longo e, outras vezes, tão breve. Ressoa ou emudece. No presente, só reverbera a parte que é chamada para iluminá-lo ou ofuscá-lo. Depois, serão lembrados com intensidade antes a suave recordação e o lamento que o novo acontecimento. (Svevo, 1968, p.252)

Os *Esercizi spirituali*, de Inácio de Loyola (que são análogos aos exercícios corporais, "como passear, caminhar, correr"), constituem "uma luta ferrenha contra a dispersão das imagens que invadem as mentes como um voo desordenado de moscas". Exer-

---

19 Proust, 1970, p.180, 284. Sobre tais temas e para um confronto firme entre as noções de tempo e memória em Bergson e em Proust agora se pode ler Poggi (1991).

citar-se serve para "distrair a mente de toda distração". Esses dois juízos pungentes sobre a obra de Inácio[20] valem, em geral, para todos os Artistas da Memória. Nenhum teórico da arte da memória jamais teria aceitado uma única das teses "modernas" que listei acima e, sobretudo, nunca teria aceitado considerar relevantes ou significativas as lembranças involuntárias. A memória como *arte* serve para introduzir ordens e regularidades nas mentes, tem o escopo de organizar os pensamentos e os discursos. Libera a mente das imagens flutuantes que a ocupam e substitui as imagens naturais por imagens artificiais ou construídas. Os movimentos involuntários não fazem parte de uma espécie de ginástica mental projetada para fins precisos; ao contrário, são elementos que perturbam enormemente o ritmo dos exercícios. A arte da memória desaparece da cultura europeia não só por causas externas. O seu fim se enreda com o emergir de uma concepção nova da memória e do tempo.

Os profissionais das imagens

A história é sempre rica de coisas inesperadas. Várias vezes me referi à intensidade e à força das imagens. Em muitos tratados de *ars memorativa* estão presentes figuras que hoje chamaríamos de pornográficas. A imagem, conforme se viu, deve de fato golpear com força, imprimir-se na mente e na imaginação por causa de sua força, de seu caráter estranho, inusitado ou até escandaloso. Ainda hoje discutimos, quando fazemos referência à

---

20 A primeira avaliação é de Barthes (1971, p.73-4). Na *Introduzione,* que já foi citada, da tradução dos *Esercizi spirituali,* de Inácio de Loyola, Giovanni Giudici captou com muita agudeza este mesmo ponto: "Considerando o escopo dos Exercícios (...) não é também a sua repetição obsessiva (com toda a minúcia de suas ramificações que se diriam modeladas segundo uma lógica de computador) um modo de *distrair* a mente e o próprio corpo de quem as recebe *de toda distração* a respeito da finalidade proposta?" (Loyola, 1984, p.11)

cultura de massa, sobre a força das imagens ou seu excesso ou sobre a perturbação que elas podem provocar.

No mundo contemporâneo, mesmo depois do apagamento ou da remoção das artes da memória, existem ainda pessoas que estão intensa e profissionalmente interessadas em fixar noções e, sobretudo, imagens na memória (jamais tão inflacionada como hoje) de seus ouvintes. Recorrem à semiótica, à epistemologia, às formas simbólicas, à psicologia comportamental, à psicologia do profundo, à antropologia cultural, mas, como muitos psicólogos e psiquiatras, nada conhecem da milenar tradição da *ars memorativa*. Com o escopo de induzir comportamentos condicionados por determinadas noções e imagens, elaboraram técnicas muito sofisticadas baseadas na noção de dupla codificação ou traços e baseadas na codificação de integração. As últimas, herdeiras inconscientes da técnica inventada pelo mítico Simônides, devem ser procuradas hoje não entre os cada vez mais raros "malabaristas" da memória, mas entre os teóricos e os agentes da publicidade.

Alguns deles redescobriram o efeito exercido pela "força e violência das imagens", visando a uma memorização mais eficaz. Um par de sapatos cor-de-rosa teve sua propaganda entre poças de sangue de um desastre rodoviário. O leitor pode se retrair, horrorizado por uma fotografia, "mas a sua atenção se detém sobre algo tão chocante que não pode não permanecer impresso nele". Uma forma de "terrorismo associativo", de algum modo, tomou o lugar da técnica dos reflexos condicionados e dos apelos ao inconsciente. "Violência e sadismo tomam o lugar do erotismo abusivo". Os teóricos da *ars memorativa* haviam se limitado a este último, embora não faltasse a possibilidade de fazer emergir, naquela tradição, a presença de temas que têm a ver com o sadismo e a violência.[21]

---

21 Sobre essas recentes imagens "horríveis", cf. Rossini (1987). Entre os primeiros trabalhos científicos sobre o uso da imagem: Ducharme e Fraisse

Na interminável literatura sobre as imagens, ressurge continuamente, da Idade Média até hoje, o antigo ensinamento de Gregório Magno: é preciso recorrer à força da imagem porque *"in ipsa etiam ignorantes vident quid sequi debent, in ipsa legunt qui litteras nesciunt"*. De algum modo, no "estilo de pensamento" dos publicitários sobrevivem, e com força, algumas convicções antigas: 1) que as imagens são uma força de linguagem universal particularmente adequada aos iletrados, às crianças, aos não doutos; 2) que a transmissão do saber mediante "pinturas" tem funções persuasivas, servindo assim para dar lugar a convencimentos que se traduzem em comportamentos; 3) o que de fato conta não é a coerência das argumentações e o caráter irrevogável das demonstrações, mas a força das sugestões. Daí deriva aquela dose de distanciamento pejorativo que está presente nos intelectuais em relação aos "manipuladores das consciências"; e aquela dose de cínico senso de suficiência em relação às "ilusões" dos professores que caracteriza os modernos, sempre mais numerosos, aguerridos e agressivos construtores de imagens persuasivas.

Coube a mim tecer considerações similares a essas em 1986.[22] Não sabia eu, então, que as antigas técnicas da memória tinham reaparecido, de forma quase pura, em muitas das escolas atuais que preparam para o "marketing". Numa das mais conceituadas escolas desse tipo, além das técnicas para o *self-management* e para a chamada "leitura dinâmica", são ensinadas as técnicas da memorização. Quem já acompanhou os cursos dá demonstrações, diante da plateia de novos inscritos, dos resultados que podem ser alcançados exercitando-se por um período inferior a três se-

---

(1965); Denis (1979); Paivio (1969); Paivio; Csapo (1969). Sobre a inutilidade das imagens bizarras e extravagantes, ver: Delin (1969, p.169-70); Bower (1970); Wortman; Sparling (1974). Sobre a eficácia das imagens publicitárias: Lutz; Lutz (1977).

22 Cf. Rossi, 1987, p.196-246, e cf., neste livro, o Capítulo 3.

manas. As coisas que são ensinadas fazem referência, nos programas, ao arquivo mental, à fotografia mental, à memorização de fórmulas e símbolos, às capacidades (tantas vezes exaltadas no Quinhentos e no Seiscentos) de repetir velozmente e de um ponto qualquer, tanto para a frente como para trás, longas listas de números e de vocábulos. Adotando na tradução estratagemas oportunos, creio que seria difícil distinguir entre um relatório de tais sessões e um dos tantos relatos de exibições de artistas da memória do Quinhentos.

A estas mesmas conclusões leva o exame de qualquer dos livros de arte da memória publicados (e vendidos com sucesso notável) na década de 1980. A Igreja ou o Palácio que continham os lugares agora se chama Arquivo Mental Ordenado e é constituído (mais prosaicamente) por uma grande cômoda cujas gavetas são divididas em compartimentos: "Com um mínimo de trabalho – garante o autor –, o arquivo pode ser constituído por 10 mil gavetinhas diferentes; vamos lhes dar as 10 primeiras, estabelecidas por convenção, e as sucessivas 40 ou 90 ou 9.990 vocês poderão construir por conta própria". Diante da construção das imagens, "é necessário deixar saída livre para o próprio hemisfério cerebral direito e para suas atividades (...). As associações voluntárias são de fato eficazes como reforço mnemônico só se forem ridículas e divertidas, ilógicas e absurdas, exageradas e desproporcionais, de fundo erótico" (Screm, 1988, p.74, 83). Inclusive, o título do livro tem o som levemente milagreiro dos textos do Quinhentos: *Como desenvolver uma memória excepcional em 21 dias.*

De novo, em relação ao século XVI, existem: a referência ao hemisfério direito; a caixa registrada que deve ser escutada para "ativar a memorização"; os exercícios respiratórios; um pouco de *training* autógeno; os autoencorajamentos ("estou tranquilo e sereno", "sou senhor de mim mesmo" etc.) que algum dia foram dispensáveis; a caixinha de plástico preto que encerra livro e fita. Tudo por 35 mil liras.

4.
Vicissitudo rerum

Tudo o que já ocorreu no passado continuará no futuro;
porém, mudam-se os nomes e as superfícies das coisas, de
modo que não as reconhece quem não tem bom olho.

Francesco Guicciardini, *Ricordi*

Mas, qualquer que seja o ponto desta noite que espero, se a
mudança for real, eu que estou na noite espero o dia, e os que
estão no dia esperam a noite: tudo o que existe está aqui ou lá,
perto ou longe, agora ou depois, cedo ou tarde.

Giordano Bruno, *Il candelaio*

Idola theatri: o ciclo e a flecha

Na construção, desenvolta e um tanto alegre, dos grandes
afrescos de época, em que se especializaram muitos dos maiores
e menores teóricos do pós-moderno, está presente a tese de que
a modernidade é "dominada pelo desenvolvimento histórico do
pensamento como incessante e progressiva iluminação", e que o

moderno é definível como "a era do tempo linear" e da "superação".[1] Os pós-modernistas não descobriram, como de hábito, nada de novo. Eles se limitam a simplificar ao máximo certas afirmações de caráter muito geral, presentes em alguns clássicos do pensamento contemporâneo (por exemplo, em Karl Löwith e Mircea Eliade) sobre a contraposição entre os tempos cíclicos das idades arcaica e clássica, e o tempo linear do Cristianismo e da modernidade. Porém, as coisas ditas com grande *pathos* hermético-religioso por Eliade e com ordenada e amarga profundidade por Löwith são traduzidas num estilo ítalo-parisiense que as banaliza inapelavelmente e as torna apetitosas aos comensais de boca grande, digeríveis com dificuldade por qualquer outro.[2]

É possível usar os clássicos da filosofia como livros de sabedoria para consolar-se das angústias e contrariedades da existência? As opiniões, também sobre esse ponto, são bastante díspares

---

1 Para essas definições e as respectivas indicações bibliográficas remeto a Rossi (1989d, p.52-76).

2 A convicção de estar assistindo a uma grande virada ou revolução é seguida com frequência de considerações de tipo autobiográfico. A nossa "percepção comum" do tempo da política, nos informa Danilo Zolo, sofreu uma transformação profunda. Não mais nos sentimos imersos "naquela particular *Stimmung* historicista e progressista que, por um lado, concebia a dimensão temporal em termos quase exclusivamente políticos e, por outro, via na política o instrumento para a realização de um tempo novo, o tempo da liberação e da emancipação coletiva". Após nos ter explicado por que não é mais possível dizer-se trontiano (ou próximo do pensamento de Mario Tronti), Zolo (que escreveu um ótimo livro sobre Neurath) não é tocado pela suspeita de que aquela "percepção comum" fosse insuficiente, esquemática, teoricamente pobre, nutrida por categorias teológico-religiosas, fundada em dicotomias simplistas, historicamente desinformada. Que o tempo da modernidade seja "unitário", "contínuo", "direcional" ou "clássico", e que tenha sido sempre assim, surge como fato indiscutível e comprovado. Com tais bases e acolhendo as conclusões de uma ampla literatura de divulgação "prigoginiana", Zolo prefere acreditar que "no arco de poucos anos" tenha entrado em crise "não só a ideia progressista e historicista de política, mas, antes ainda, a própria concepção 'clássica' de tempo" (Cf. Zolo, 1989, p.141-8).

entre os filósofos. Contudo, inclusive os mais refratários ao estilo espiritualista de pensamento são obrigados a fazer, em raras ocasiões, algumas concessões. Toda vez que me aconteceu de ler algo a respeito da "grande dicotomia" entre visão antigo-clássica do tempo e visão linear-progressiva da "era da modernidade", consolei-me, confesso, recorrendo a um texto que me é familiar:

> Os ídolos do teatro ou das teorias são muitos, podem ser muitos mais e talvez o sejam no futuro. (...) As fábulas deste teatro têm as mesmas características do teatro dos poetas: as narrações inventadas para os cenários são mais graciosas e elegantes que as verdadeiras narrações, que derivam da história e correspondem aos desejos de cada um. (Bacon, *Novum organum*, I, 62)

De fato, não creio que a modernidade possa ser colocada sob a categoria do tempo linear. Creio na presença simultânea e na coexistência difícil, em nossa tradição, de uma concepção linear e de uma concepção cíclica do tempo; e acredito, ainda – por conseguinte –, que, em nossa tradição, operam diferentes imagens do progresso ou do crescimento do saber.

Tentando evidenciar essa contínua e persistente presença simultânea, não me servirei sequer das páginas sobre o tempo cíclico e seus "retornos" ou "recorrências" do tempo que, conforme escrito em todos os manuais, estão presentes em Maquiavel, Guicciardini, Vico e Nietzsche. Em vez disso, vou referir-me, além de aos de Bruno e de outros autores bem conhecidos deste ponto de vista, a textos menos habituais. Em particular a dois autores, Francis Bacon e Isaac Newton, que, em geral, são assim apresentados: o primeiro, como um dos maiores teóricos da ideia de um progresso linear e precursor da ideologia da revolução industrial; o segundo, como o maior teórico de uma concepção estática da natureza, que vê em *nosso* tempo apenas uma imperfeita e "sensível" medida do regular e constante fluxo do "tempo absoluto, verdadeiro e matemático".

A roda do tempo

As páginas de Giordano Bruno são, nas origens da era moderna, um documento impressionante da coexistência de convicções que concernem ao crescimento do saber e de afirmações sobre o caráter cíclico do tempo. Bruno acredita que, entre Eudoxo e Copérnico, pelo acrescentar-se de "práticas" a "práticas", tenha de fato crescido o conhecimento do mundo. Considera também que os matemáticos "sucessivamente de tempos em tempos, somando luz a luzes", tenham fornecido princípios suficientes para justificar uma adesão às ideias de Copérnico. Em Bruno também se encontra presente a tese lucreciana de um afastamento paulatino dos homens daquele estado bestial originário, no qual não eram mais virtuosos ou inteligentes do que são hoje os animais:

> Nascidas as dificuldades, ressurgidas as necessidades, foram aperfeiçoados os engenhos, inventadas as indústrias, descobertas as artes; e sempre, dia após dia, por meio da pobreza, da profundidade do intelecto humano, excitam-se novas e maravilhosas invenções.[3]

A celebração do lento acúmulo do saber por meio do trabalho das gerações não excluía uma visão cíclica do tempo.[4] Bruno aplica à Europa de sua época a antiga profecia de Hermes. Sobre a civilização pesam a velhice, a desordem, a falta de religião. As trevas, a morte, a derrubada de todos os valores, a autoridade dos demônios tomarão o lugar da luz, da vida, da santidade:

> As trevas hão de prevalecer sobre as luzes, a morte será considerada mais útil que a vida, ninguém levantará os olhos para o

---

3 Bruno (1927, II, p.152). Quanto ao acima referido: Aquilecchia (1958, p.39-40).
4 Sublinhei esta presença simultânea em meu livro *I filosofi e le macchine 1400-1700* (1971a, p.81-4).

céu, o religioso será julgado insano, o ímpio será considerado prudente, o furioso, forte; e o péssimo, bom (...). Somente os anjos perniciosos irão permanecer, os quais, misturados com os homens, forçarão os miseráveis à audácia contra todo mal, como se justiça fosse; provocando guerras, rapinas, fraudes e todas as demais coisas contrárias à alma e à justiça natural; e esta será a velhice e a desordem e a falta de religião no mundo. (Bruno, 1958, p.785-6)

O fim das trevas, a *renovatio mundi* reconduz a um rejuvenescer que é a recuperação da antiga face do mundo. A reapropriação, por parte dos homens, das Leis e da Magia, exige novos sofrimentos:

Depois que tais coisas ocorrerem, então o senhor e pai, Deus, governador do mundo, provedor onipotente, por dilúvio de água ou fogo, de doenças ou pestes, ou outras manifestações de sua justiça misericordiosa, sem dúvida acabará com tal mancha, chamando o mundo para sua antiga face. (ibidem, p.786)

Lutero é o anjo do mal e a intenção de Bruno, conforme foi escrito, é subverter a relação entre cristianismo e sabedoria egípcia e romana, chamar o mundo para sua antiga face, remontar às raízes, retomar uma unidade perdida.[5] Talvez seja exagerada a tese de Yates, que considera Giordano Bruno "um mago integral, um 'egípcio' e um hermético do tipo mais extremo que vê no heliocentrismo de Copérnico um anúncio do retorno da religião mágica" (Yates, 1969, p.484). De qualquer modo, é certo que Bruno partilhava, com a tradição do hermetismo, uma concepção cíclica do tempo, e interpretava o progresso rumo à verdade

---

5 Ciliberto (1986, p.178-9, 162-5). Do mesmo autor, cf. agora *Giordano Bruno* (1990). Sobre a história e a cosmologia, cf. também Papi (1968); Ingegno (1978). O livro de Bernart (1986) reconsidera também o problema da *ars memorativa*. Sobre a circulação do pensamento de Bruno no Seiscentos e no Setecentos, ver Ricci (1991).

como um "retorno" à verdadeira filosofia que permaneceu sepulta nas trevas por muito tempo. A "roda do tempo (...) se move perto do próprio centro e aí existe o moto *manens moveor*". Nela, "o movimento concorre com a quietude" e se verifica "quietude do todo e movimento, segundo as partes". Na roda do tempo, "outras partes sobem até o cimo, outras descem do cimo" (Bruno, 1958, p.1089),[6] como acontece na "revolução anual do mundo", na qual "de costumes e efeitos muito diversos por meios opostos se retorna ao mesmo" (ibidem, p.1072). Enquanto remetia ao dito do *Eclesiastes* (*"Quid est quod est? Ipsum quod fuit. Quid est quod fuit? Ipsum quod est. Nihil sub Sole novi"*), Bruno afirmava que todas as coisas

> Não podem ser nada além do que foram, nem serão outras diferentes do que são (...) e só acontece separação ou conjunção ou composição ou divisão ou translação. (ibidem, 1085)

Vicissitudo rerum

Francis Bacon, como foi dito, é em geral considerado o precursor do progresso tecnológico e o entusiasta, apóstolo meio desprovido, da civilização industrial. Em sua filosofia, pelo contrário, surge várias vezes a imagem da cultura como aparição fugaz e se acham presentes todos os grandes temas ligados a uma concepção cíclica do tempo: o retorno da barbárie, o ciclo ou a roda do tempo, que faz refluir os detritos de naufrágios precedentes em novos lugares e próximo a povos cada vez mais diferentes. Nem tudo o que chegou até nós tem valor. O leito no qual

---

6 Dado que me aconteceu de ler complicadas elocubrações sobre a metáfora do "subir" e do "descer", penso que seja o caso de lembrar que essa metáfora tem certamente algo a ver com o movimento dos ponteiros dos relógios das torres. Como é sabido, eles marcam o tempo subindo e descendo.

corre o rio do tempo está cheio de detritos de valores perdidos. O grande número de séculos pelos quais já passamos se reduz, aos olhos dele, "a bem pouca coisa":

> (...) na verdade, nos 25 séculos pelos quais passeiam a memória e o saber dos homens, podem ser escolhidos apenas seis que foram fecundos de ciências e úteis para o seu progresso. Como a Terra, também o Tempo possui seus desertos e trechos desolados. Na realidade, podem ser enumerados apenas três períodos ou revoluções do saber: com os gregos, com os romanos e, agora, conosco, ou seja, com as nações da Europa ocidental. A cada um desses três períodos, com esforço, podem ser atribuídos dois séculos. (Bacon, 1975, p.589; *Works*, I, p.186)

Em 1609, num texto destinado à imprensa, uma série de afirmações presentes em escritos inéditos tinha sido reformulada numa perspectiva bem mais geral. Até se tornar uma espécie de filosofia ou divisão geral da história e de seu andamento, consolidando-se numa visão de florações cíclicas e de decadências dos Estados e dos corpos políticos. Está presente a imagem de uma depravação inerente ao homem que dá início, nos intervalos, a eras desoladas. Além disso, impõe-se uma outra ideia: as tábuas dos náufragos que constelam a história podem tornar a emergir em lugares diferentes de onde afundaram, em tempos e locais diversos. Enfim, está presente o tema da *vicissitudo rerum*, ao qual Bacon dedicará um de seus ensaios:

> As próprias obras da sabedoria, embora se destaquem entre as coisas humanas, estão sempre encerradas em períodos particulares. Acontece de fato que, a uma floração momentânea dos reinos e dos Estados, sigam-se perturbações, sedições e guerras; nos estrépitos das quais primeiro se calam as leis e os homens retornam às depravações naturais, e se vê a desolação também nos campos e nas cidades. Não muito tempo depois (se tais furores são contínuos), também as letras e a filosofia são com certeza reduzidas a

destroços: e, assim, seus fragmentos só se encontram em poucos lugares, como as tábuas dos náufragos, e sobrevêm os tempos de barbárie (até que as águas do Parnaso afundem sob a terra). Por fim, pela vicissitude natural das coisas, as tábuas tornam a emergir e permanecem: talvez não nos mesmos lugares, mas próximo de outras nações. (Bacon, 1975, p.470, *Works*, IV, p.648)

O ensaio *Of Vicissitude of Things* começa com a citação do *Eclesiastes*: "Nada de novo existe sobre a terra e toda novidade não passa de uma forma de esquecimento", e encerra com a sensação de vertigem que deriva "de fixar longamente o olhar no vertiginoso turbilhão das vivências humanas". A matéria flui sem parar e só as coisas que permanecem constantes e imutáveis – a distância entre as estrelas fixas e a regularidade perpétua do movimento diurno – impedem que os indivíduos tenham a duração de um instante. Grandes sudários sepultam no esquecimento homens e países. Aos grandes dilúvios e terremotos sobrevivem apenas poucos montanheses ignorantes, que não sabem propagar nada do passado. O olvido é completo, como se ninguém tivesse sobrevivido. Os povos das Índias ocidentais são mais jovens que os do Velho Mundo e é provável que uma série de dilúvios locais tenham destruído as populações precedentes. A verdadeira religião é construída sobre rocha, mas as outras são "sacudidas no tempestuoso mar do tempo", por causa do nascimento contínuo de novas seitas.

As guerras marcham paralelamente do Oriente para o Ocidente, e do Norte para o Meio-dia. Os grandes Estados se despedaçam e viram frangalhos, e então a guerra é inevitável:

> Na verdade, os grandes impérios enfraquecem e destroem, durante o próprio domínio, o vigor dos povos subjugados, iludindo-se em podê-los proteger sempre com as próprias forças; mas quando eles decaem, a ruína é inevitável, e os vencidos se transformam em presa fácil. Assim ocorreu na queda do Império Romano, igualmente na dissolução do império de Carlos Magno, quando

cada ave veio carregar uma pena; e é provável que o mesmo venha a acontecer com o império espanhol, se lhe coubesse decair a potência. (Bacon, 1948, p.263-71; 268-9)

A vida dos Estados se desenvolve segundo um ciclo que investe em potência militar, economia, cultura:

> Quando um estado é jovem, florescem nele as armas; alcançada a maturidade, floresce então a cultura; depois, ambas por algum tempo; e enfim, nos períodos de decadência, prevalecem as técnicas e o comércio. A cultura tem o seu período de infância quando está nos primórdios, ainda infantil; mais tarde, floresce juvenil e promissora; madura, se demonstra sólida e concentrada; até que, ao envelhecer, se torna árida, exaurindo-se. (ibidem, p.271)

Conforme mostrou Bernard Cohen, Bacon usa o termo *revolutio* no sentido "astronômico", bem tradicional, de um movimento que se realiza continuamente sobre si mesmo. Não pensa em *revolutio* como um evento traumático que gera situações novas. Uma imagem sua da "marina" nos dá plenamente o sentido do horizonte no qual se move: o fluxo e o refluxo da maré. Ao movimento de fluxo e refluxo ainda se associa o termo *revolutio*:

> Os homens prudentes e severos... pensam que com o passar dos tempos e das idades do mundo (*per temporum et aetatum mundi revolutionis*) as ciências tenham os seus fluxos e refluxos (*fluxus et refluxus*), e que, em determinados tempos, eles crescem e florescem, enquanto em outros declinam e se detêm, e assim, quando chegam a certo grau de desenvolvimento, não possam avançar ulteriormente. (Bacon, 1975, p.605; *Novum organum*, I, 92)

Contudo, Bacon, que valoriza muito esta tese, atribuindo-a, poucas linhas adiante, a "homens graves e com juízo severo", não a considera aceitável. Não é verdade que não se possa avançar ulteriormente. Ele não acredita que não existam razões para esperança, pois sabe que todos os que manifestam esperanças são sempre considerados impotentes e imaturos, logo se diagnosticando inícios felizes e um final confuso. O entusiasmo pelas empreitadas não deve frear a severidade dos juízos. É preciso deixar de lado "os ventos leves da esperança" e aprofundar as razões que nos autorizam a nutri-la. Para não passar por ingênuo, convém usar "a sabedoria política que desconfia por princípio e prevê sempre o pior nas coisas humanas". O discurso sobre as razões para esperar, a *ostensio spei*, é uma parte não secundária da preparação das mentes e da *Instauratio Magna*. Leitores apressados, com frequência, dela se esqueceram. Porém, da metade do aforismo 92 até o de número 114, o texto do *Novum organum* é inteiramente dedicado a enumerar as 21 razões que autorizam a sustentar "esperanças razoáveis" num futuro difícil e incerto.

Algumas delas são bastante aleatórias. E listas com razões para se ter esperança surgem quando o presente é pouco aceitável, e o futuro, muito incerto, quando é preciso "preservar-se do desespero" no início de uma grande aventura. O texto do *Novum organum*, como todos sabem, é precedido por uma ilustração que representa um Oceano dentro do qual, atravessando os limites das Colunas de Hércules, se aventura, pela primeira vez, a caravela do saber.

> Agora, publicamente, temos de expor as conjecturas que tornam aceitáveis nossas esperanças: como fez Colombo antes de sua admirável navegação atlântica, quando aduziu as razões de sua confiança em poder descobrir novas terras e continentes, além dos já conhecidos. Seus argumentos, inicialmente recusados, foram depois comprovados pela experiência e se tornam causa e começo de grandes eventos. (Bacon, 1975, p.605)

A metáfora da viagem arriscada implica, por necessidade, a do naufrágio possível. O *Advancement of Learning* de que fala Bacon não se parece com uma teoria oitocentista do progresso. Bacon, como é notório, amava muito os aforismos e sabia ser grande autor de frases. A ideia de uma repetição, colhida em Políbio e Maquiavel, com certeza não é um tema marginal em sua reflexão:

> No mundo, repetem-se os mesmos casos, e o que uma vez foi útil, tornará a ser útil de novo. (Bacon, 1965, II, p.120; *De augumentis,* II, 12)

Nihil erit quod non fuit

Uma visão cíclica lograva coexistir, nas páginas de Francis Bacon, com uma visão cristã da história e com a recusa da ímpia tese aristotélica da eternidade do mundo.[7] Mas no interior da tradição libertina, os apoiadores da eterna repetição e dos retornos do tempo vão recorrer a Pomponazzi, Bruno, Cardano e Campanella.[8]

Em *De fato*, Pomponazzi tinha falado da ordem das coisas como coincidentes com suas vicissitudes. Tal ordem está presente no infinito nos séculos infinitos que compõem a eternidade do mundo. A terra, antes fértil, se torna estéril, os grandes e ricos se tornam humildes e pobres, e o mesmo ocorre no curso da história: "Vimos os gregos dominarem os bárbaros e, agora, os bárbaros dominam os gregos e, assim mudando, transcorrem todas as coisas". À pergunta "que jogo é este?", convém responder que "é o jogo de Deus" (apud Garin, 1976, p.112). No capítulo 12 do *De incantationibus* surgia o tema do total desaparecimento da lembrança:

---

7 Tenho um ensaio sobre *Francis Bacon e l'eternità del mondo* publicado numa antologia em memória e honra de Giovanni Solinas, amigo inesquecível e importante estudioso. Sobre esse assunto, ver os ensaios de Luca Bianchi, citado mais adiante.

8 Ingegno (1980) e Ernst (1991), bem como os estudos indicados nas notas seguintes.

É necessário que ocorram tais gêneros de mutações, dilúvios e incêndios, e que o mundo sempre seja renovado por essas mudanças alternadas, cuja memória foi eliminada pela velhice e sempre será eliminada. Na verdade, como afirma Salomão em *Eclesiastes* (1,11), não existe memória de nossos predecessores e não haverá mais lembrança das coisas futuras ao lado dos que virão mais tarde. (Pomponazzi, 1970, p.290-1)

Dado que o movimento dos corpos celestes domina os ciclos da natureza e da história, também as leis, as religiões e os milagres das religiões estão submetidos a esses ciclos e conhecem "começo, crescimento, estabilidade e declínio, conforme acontece com todas as coisas" (ibidem, p.282). Nem as leis nem as religiões estão destinadas a durar eternamente.[9]

Também Nicolau Maquiavel (no início do quinto livro de *Histórias de Florença*) fizera referência à "natureza" e à "necessidade", falando das passagens, das "províncias", da ordem e da desordem, e depois outra vez, da desordem e da ordem:

Não concedendo a natureza, às coisas mundanas, o deter-se, e como lhes chega à sua perfeição última, não podendo mais subir, convém que desçam; e de modo semelhante, quanto à necessidade, não podendo mais descer, convém que subam; e assim, desde sempre, o bem desce até o mal; e do mal se sobe até o bem. Porque a virtude gera quietude; a quietude, ócio; o ócio, desordem; a desordem, ruína. E, de modo semelhante, da ruína nasce a ordem; da ordem, a virtude; e, desta, glória e boa fortuna.

A "ondulação semicíclica" presente nesse texto[10] remete ao movimento que se verifica na roda do tempo, em que (para usar

---

9 *Theophrastus redivivus* (1981, II, p.409): "Secundum eundem Pomponatium, nullae sunt leges aut quae perpetuo durent et non aliquando desinent".

10 Cf. Sasso (1987, I, p.54). Sasso sublinha "a ambiguidade, a incerteza, a indecisão (de Maquiavel) entre as 'razões' humanas, e as causas naturais,

as expressões que havia empregado Giordano Bruno) "outras partes sobem ao topo, outras descem", dado que "tudo o que ascende há de voltar para baixo, como se vê em todos os elementos e coisas que se acham na superfície, regaço e ventre da natureza".[11]

A tese da eternidade do mundo foi defendida pelos "libertinos" a partir de uma visão cíclica da história, que faz as vicissitudes perpétuas dos processos que ocorrem na região sublunar dependerem da eterna revolução dos corpos celestes. No *Theofrastus redivivus*, redigido por volta de 1659 e pertencente ao rol dos chamados manuscritos clandestinos que circulam amplamente no decorrer do Setecentos, a eternidade do mundo (capítulo 4 do segundo tratado) "é provada com argumentos extraídos do movimento eterno dos céus e dos elementos, e pela perpétua vicissitude das coisas inferiores que sempre se comportam do mesmo modo".[12]

O movimento dos céus é eterno e, portanto, eterna é a causa de todas as coisas móveis. Caso o moto celeste se detivesse, cessaria a série perpétua das gerações e corrupções que perseveram com ordem constante por um tempo infinito, de modo que é estúpido questionar ou negar a eternidade do mundo. Conforme ensinam Sêneca, Marco Aurélio e inúmeros outros autores, repetem-se as coisas terrenas e celestes, e o mesmo ensino se extrai do texto sagrado do *Eclesiastes*. A tese do caráter cíclico do tempo e da eternidade do mundo é exposta nesses textos com tanta clareza que não pode ser posta em dúvida. É verdade

---

entre os motivos psicológicos e a 'necessidade' da natureza" (p.55). O movimento de fluxo e refluxo do mar é um dos motos naturais (a propósito do qual se pode falar em descer e subir) que possuem andamento alternado. A essa metáfora Francis Bacon fará referências várias vezes, aplicando-a às vivências da história.

11 Bruno, 1958, p.1089, 945. Sobre "descer" e "subir", cf. a precedente nota 6.
12 *Theofrastus redivivus*, I, p.241. Sobre o tema consultar Garin (1970); Gregory (1979); Paganini (1985); Canziani (1985).

que a narrativa mosaica da criação parece ensinar diversamente, "mas perante afirmações contrárias, convém seguir a melhor e mais provável, e é muito mais verossímil e provável que o mundo seja eterno em vez de uma criação" (*Theophrastus redivivus*, p.242, 261, 265).

As vicissitudes e as revoluções se desenvolvem no interior de uma natureza que permanece. *Semper manente mundo*, ocorrem perpétuas mutações e alterações de todas as partes singulares do universo. No *De die natali liber*, Censorino afirma que existe um tempo único e máximo que ele designa por *Aevum* e que é "imenso, sem origem nem fim, que sempre foi e sempre será da mesma forma". Em seu interior, não é lícito distinguir entre passado e futuro porque, sendo ambos sem fim, não é possível entre eles um confronto ou uma *collatio*:

> Em vão nos cansamos perscrutando dentro do primeiro tempo oculto. Deste redemoinho imenso de tempos não se pode identificar nenhuma memória, nenhum monumento pode ser trazido à luz. Para dizer com uma única palavra tudo aquilo que disso pode ser dito: desapareceu como se dissolvido no nada.[13]

O tema do retorno e do ciclo dos tempos assume aqui tons nihilistas. Quando Henry de Boulanvillier aproximar a herança da tradição libertina da visão dramática da história da Terra, elaborada por Thomas Burnet,[14] esses tons ulteriormente se acentuarão:

---

13 *Theophrastus redivivus*, p.312. Para a citação, p.266. Com aspectos que lembram de perto os assumidos depois por Vico, no *Theophrastus* discorre-se sobre o tempo fabuloso ao redor do qual não se pode ter nada de verdadeiro, de certo, de conhecido. Os historiadores, vagando pelos espaços desse tempo fabuloso e caminhando quase cegos entre as trevas, distinguiram e designaram épocas das quais servir-se como um fio de Ariadne num labirinto (ibidem, p.314).

14 Algumas referências a Thomas Burnet no Capítulo 5.

Existe uma coisa que me toca nesta ideia: a consideração de que não só os homens serão destruídos, mas que sua memória será tão completamente perdida que, na sucessiva duração dos tempos – admitindo que existam criaturas na Terra –, estas não saberão quase nada do que aconteceu conosco e menos ainda hão de saber do que sabemos ter acontecido antes do Dilúvio. Um pensamento como esse faz de fato sentir a inutilidade de nossos trabalhos e, principalmente, a inutilidade da glória que é buscada com tanto ardor e, com frequência, em detrimento dos dois únicos bens reais que nos é dado possuir sobre a Terra: a existência e o conhecimento, duas coisas às quais, em geral, damos menos atenção que a todas as outras. (Boulanvilliers, 1949, p.137)

Os ciclos cósmicos e a sabedoria dos antigos

Aquele que ordenou o universo estabeleceu também a posição "primitiva e regular" das órbitas celestes. A admirável disposição do Sol, dos planetas e dos cometas "pode ser apenas obra de um Ser onipresente e inteligente". O mundo não pode ter saído do Caos por obra das simples leis da natureza. Mas, uma vez que o Criador do mundo introduziu ordem nele, este pode durar por muitas eras em virtude dessas mesmas leis (*"being once form'd, it may continue by those Laws for many ages"*). Existem, todavia, irregularidades no sistema pouco relevantes (*"inconsiderable irregularities"*), que podem ser derivadas da recíproca ação dos planetas e cometas; e que tenderão a aumentar até que o Sistema tenha necessidade de uma reforma (*"which will be apt to increase till this System wants a Reformation"*) (Newton, 1779-1785, III, p.171-2; 1721, p.377-8; 1978, p.602).

O Deus de Newton – que havia criado um universo capaz de existir por muitas eras e *não* para a eternidade, e que exigia reformas de tempos em tempos – parecia a Leibniz um péssimo relojoeiro. Em vez de construir um relógio perfeito, tinha construído um relógio que exigia reparos frequentes. A máquina do universo newtoniano pode cair na desordem, obrigando Deus a consertá-la com meios extraordinários. O fato de as forças ativas diminuírem no universo e terem a necessidade de novos impulsos, respondia Clarke a Leibniz, não significa que o universo seja imperfeito ou desorganizado: é apenas uma consequência da natureza das coisas dependentes. Quem sustenta essas teses, retrucava Leibniz, não conhece nem as leis da natureza nem a beleza do universo. Cada parte se decompõe, mas a perfeição não pode diminuir no universo em seu conjunto. A máquina newtoniana do mundo se move mal e para sozinha, feito um relógio que exige intervenções extraordinárias e que Deus deve recarregar de vez em quando:

> Espero que muitos na Inglaterra não tenham a opinião do senhor Newton ou do senhor Clarke sobre a filosofia e que não apreciem (...) essa imperfeição do universo que obriga Deus a remontá-lo de vez em quando (...). A filosofia desses senhores me parece absolutamente indigna da sabedoria e da grandeza do Autor das coisas.[15]

O fato de a força ativa diminuir constante e naturalmente no universo material e, portanto, precisar de novos impulsos, rebatia Clarke, não é um defeito do universo: depende só do fato de que a matéria não tem vida, é inerte e inativa. O mundo de Newton, de vez em quando, precisava ser recriado, consertado ou reordenado. Sobre a cosmogonia de Newton e sobre o tema da "reordenação" do universo, os estudiosos não se detiveram muito. Isaac Newton foi e é quase sempre apresentado como expoente de uma ciência mecanicista, cujo objeto é um mundo ab-

---

15 *Correspondance Leibniz-Clarke* (1957, p.120-1, 103). Cf. Koyré (1962); também para as informações bibliográficas, Laborda (1986).

solutamente estático; ele é regularmente exposto baseando-se na tradicional (e certamente fundamental) distinção entre tempo relativo e tempo absoluto. Mas não faltaram, também nesse terreno, análises mais sutis e capazes de pôr em xeque as verdades contidas nos manuais de história da ciência ou nos livros de cientistas-filósofos, como Ilya Prigogine.

O peso exercido nas discussões do século XVII pelas disputas dos séculos XIII e XIV sobre a eternidade do mundo foi, recentemente, bem documentado (Bianchi, 1987). David Kubrin, que encarou explicitamente o tema da cosmogonia, demonstrou que, no coração da filosofia natural newtoniana, se aninha com força (embora cautelosamente expressa) uma concepção cíclica do tempo. Newton é conduzido às especulações cosmogônicas – afirma Kubrin – justamente por sua recusa da tese da eternidade do mundo. Em antítese àquela ideia, partilhou com muitos de seus contemporâneos a tese de um progressivo declínio dos poderes e das regularidades do cosmos.

Na carta para Henry Oldenburg, de 7 de dezembro de 1675, Newton (mesmo reiterando sua aversão às hipóteses e às disputas carentes de significado que delas derivavam) aproximava princípios elétricos e magnéticos do princípio da gravidade. Distinguia no éter um fundamental "corpo fleumático" e "outros diversos espíritos etéreos". Chegava a afirmar que "talvez toda a estrutura da natureza pudesse ser nada mais que éter condensado por efeito de um princípio de fermentação", e que "talvez fosse provável que todas as coisas tivessem origem no éter". Tendo por base essa hipótese, a atração gravitacional da Terra podia ser causada "não pelo corpo fundamental do éter fleumático, mas pela condensação de algo que é muito leve e sutilmente difuso nele, alguma coisa talvez de natureza oleosa ou borrachenta, tenaz e elástica". Tal espírito etéreo pode penetrar e "se condensar nos poros da Terra". O grande corpo desta última "pode condensar continuamente tantas partes deste espírito a ponto de fazê-lo descer muito rapidamente do alto por uma troca".

Durante essa descida, o espírito pode levar junto os corpos que ele permeia com uma força proporcional às superfícies de todas as partes sobre as quais age. Com efeito, a natureza cria uma circulação que, por causa da subida lenta de tanta matéria fora das vísceras da Terra, em parte constitui a atmosfera, mas sendo continuamente empurrada para cima por novos ares, das exalações e dos vapores que surgem da parte mais baixa, no final (excetuando uma parte dos vapores que retorna como chuva) se dilui de novo nos espaços etéreos e talvez lá, com o passar do tempo, amoleça e se afine até voltar ao seu primeiro princípio.[16]

A hipótese fundamentada na imagem da Terra semelhante a uma grande espuma que se embebe de uma substância etérea ("princípio ativo"), da qual se liberta lentamente, baseia-se no pressuposto de uma natureza que "age constantemente com movimento circular". A natureza gera fluidos a partir dos sólidos e sólidos dos fluidos, substâncias fixas das voláteis e voláteis das fixas, coisas leves das pesadas e vice-versa. Existem substâncias que sobem do interior do planeta e "formam os líquidos superiores da Terra, os rios e a atmosfera", e, em consequência, "outras substâncias descem por uma troca com as primeiras".

O que vale para a Terra pode valer para o Sol. Talvez também ele absorva bastante desse espírito "com o escopo de conservar o próprio esplendor e impedir os planetas de afastarem-se ulteriormente". Quem quiser, pode pensar também que "os vastos espaços etéreos entre nós e as estrelas constituem um depósito

---

16 Newton, 1978, p.253. Conforme Pala observa (referindo-se à carta para Edmundo Halley de 20 de junho de 1686), Newton usará essas frases em sua polêmica com Hooke sobre a prioridade da descoberta da lei de gravitação, como prova de que desde então tinha começado a refletir sobre o problema. Para o que vem antes no texto (ibidem, p.252). Os textos aqui citados, aos quais também Kubrin se refere, pertencem a *An Hypothesis Explaining the Properties of Light*, que é uma carta para Oldenburg, de 7 de dezembro de 1675. Cf. Newton (1959, p.364). Cf. também Kubrin (1967).

suficiente para esse alimento do Sol e dos planetas" (Newton, 1978, p.253; 1959, p.366).

Em 1675, Newton confiava a uma "matéria de éter" a tarefa de renovar o movimento e a atividade do cosmos. Nos *Principia*, de 1686, delega essa mesma tarefa aos cometas:

> Visando conservar os mares e os fluidos dos planetas, parecem ser necessários os cometas, de cujas exalações e vapores pode ser continuamente substituída e refeita a umidade, embora esta seja sempre consumida por causa da vegetação e da putrefação, convertendo-se em terra árida. Na verdade, todos os vegetais crescem continuamente a partir dos líquidos e, em seguida, uma boa parte se transforma por putrefação em terra sólida, e o limo desce continuamente dos líquidos putrefatos. Em consequência, a massa de terra sólida aumenta constantemente e os líquidos, exceto que os tenham outros acréscimos, deveriam decrescer em continuação e, por fim, faltar. Além disso, suspeito que provenha principalmente dos cometas o espírito que constitui uma parte mínima, mas sutilíssima e ótima do nosso ar, sendo exigido para a vida de todas as coisas. (Newton, 1965, p.700-701. Cf. ed. Londres, 1687, p.506)

Nas *Queries*, de 1706, à edição latina de *Ottica*, o tema da decadência do universo e da necessidade de princípios ativos que o conservem em vida emerge em primeiro plano: "Uma vez que vemos que a variedade do movimento que encontramos no mundo é sempre decrescente, existe a necessidade de conservá-lo e renová-lo mediante princípios ativos" (apud Kubrin, 1967, p.337).

> Uma vez decidido que o cosmos declinava – conclui Kubrin –, Newton procurou um mecanismo mediante o qual o Criador pudesse periodicamente renovar a quantidade de moto e a regularidade dos movimentos dos corpos celestes. Encontrou tal mecanismo nos cometas. (...) Essa visão do cosmos não explicava só a renovação da quantidade de moto, mas também a contínua e cíclica

recriação do sistema, e o seu sucessivo desenvolvimento no tempo até o momento da nova criação.[17]

Francis Bacon havia apresentado a sua grande reforma do saber como uma *instauratio*, como o cumprimento de uma velha promessa. A nova ciência operativa teria permitido restaurar aquele poder sobre a natureza que o homem perdeu depois do pecado. Bacon pensava que as "fábulas antigas" fossem não um produto de sua época, nem o fruto da invenção dos antigos poetas, mas semelhantes a "relíquias sagradas e árias leves inspiradas por tempos melhores, extraídas das tradições de nações mais antigas e transmitidas às flautas e às trompas dos gregos" (Bacon, 1975, p.448; *Works*, VI, p.627). A ideia de que o saber seja *ressuscitado*, que ele esteja de algum modo *oculto* nos tempos mais remotos da história humana, que antes da filosofia dos gregos tivessem sido captadas algumas verdades fundamentais, a seguir eliminadas e perdidas é, com certeza, um tema "hermético" que atravessa, porém, boa parte da cultura do Seiscentos e que reaparece também nos autores em que menos esperaríamos reencontrá-lo. Como, por exemplo, nas *Regulae* de Descartes, decidido apoiador da superioridade dos modernos:

> Estou convencido de que as primeiras sementes da verdade (...) estavam cheias de vigor na tosca e simples antiguidade (...). Os homens tinham então ideias verdadeiras sobre filosofia e matemática (...). Eu estaria propenso a acreditar que esses autores tenham em seguida escondido esse saber, assim como os antigos fizeram com suas invenções, temendo que seu método perdesse o valor uma vez divulgado. (Descartes, *Oeuvres*, X, p.204)

Em *De mundi systemate* (escrito entre 1684 e 1686), Newton remontava a tese copernicana não só a Filolau e Aristarco, mas a

---

17 Kubrin, 1967. Os manuscritos teológicos de Newton são uma fonte essencial: cf. Newton (1950, 1974).

Platão, Anaximandro e Numa Pompílio; e retomava a tese da sapiência antiga dos egípcios:

> Para simbolizar a esfericidade do universo tendo no centro o fogo solar, Numa Pompílio fez construir o templo de Vesta de forma circular e quis que se mantivesse no centro uma chama eterna. Porém, é verossímil que tal ideia tenha sido difundida pelos egípcios, os mais antigos observadores dos astros. Na verdade, parece que justamente deles e dos povos vizinhos tivesse sido transmitida aos gregos, gente mais filológica que filosófica, toda a filosofia mais antiga e mais sã: inclusive o culto de Vesta tem algo em comum com o espírito dos egípcios, representando, com ritos sacros e hieróglifos, mistérios que ultrapassavam a compreensão popular. (Newton, 1983, p.28-9)

Nos *Scolii classici*, Newton manipula sagazmente seus autores, escolhe com cuidado as citações e pretende mostrar que os filósofos antigos tinham conhecido os fenômenos e as leis da astronomia gravitacional (Casini, 1981, p.16). Embora de forma simbólica, já se sabia nos tempos mais remotos da história que a força da atração diminui em razão do quadrado da distância:

> Os antigos não explicaram suficientemente em que proporção decresce a gravidade, afastando-se dos planetas. Todavia, parece que a simbolizaram com a harmonia das esferas celestes, indicando o Sol e os outros seis planetas (...) por meio de Apolo com a lira de sete cordas e medindo os intervalos entre as esferas mediante os intervalos dos tons (...). No oráculo de Apolo, segundo Eusébio (...) o Sol é chamado rei da harmonia heptatônica. Com esse símbolo, quiseram indicar que o Sol age com a sua força em direção aos planetas (...) proporcionalmente ao inverso do quadrado da distância. (Newton, 1983, p.143-4)

Certamente, houve excesso na representação de Newton como pensador "hermético", mas não há dúvida que Newton estava convencido de *redescobrir* verdades de filosofia natural que já tinham surgido em tempos remotos da história, que haviam sido reveladas pelo próprio Deus, obscurecidas depois do pecado, e que os sábios antigos tinham, por sua vez, redescoberto parcialmente. O grande livro da natureza já fora decifrado. O progresso da astronomia foi concebido por Copérnico, Kepler, e pelo próprio Galileu, também como um *retorno*.[18]

A astrologia, o tempo, o progresso

É verdadeiramente difícil aceitar como ainda válida a drástica contraposição presente em Karl Löwith ou em Mircea Eliade entre o tempo linear da modernidade e o tempo cíclico dos gregos.[19] As relações entre as duas visões se complicaram muito: mostraram a presença de um emaranhado em que se havia teorizado uma dicotomia rígida. A coexistência entre as duas imagens do tempo certamente foi difícil, a incompatibilidade entre elas sem dúvida foi percebida por muitos. Mas isso não basta para

---

18 Cf. McGuire e Rattansi (1966). Para uma interpretação mais equilibrada, cf. Casini (1981). O autor publicou e anotou o texto dos acréscimos às proposições 4-9 dos *Principia*. Tais acréscimos foram passados por Newton a David Gregory, o qual os utilizou, sem indicar o autor, nos *Astronomiae physicae et geometricae elementa*, de 1702. De tal modo "superando os resultados da *querelle* e o triunfo dos modernos, os comentários clássicos entraram como contrabando no Iluminismo. Ninguém, exceto Gregory, sabia que Newton havia autorizado tal 'fuga' de seus pensamentos privados" (Casini, op. cit., p.30). Para um distanciamento das interpretações "hermetizantes" da revolução científica, me permito remeter a meu ensaio de 1974, *Tradizione ermetica e rivoluzione scientifica*, no volume *Immagine della scienza* (1977). Sobre Newton, Maurizio Mamiani publicou uma série de livros importantes. Aqui me limito a lembrar da apreciável *Introduzione a Newton* (1990).

19 Zambelli (1986, p.12-28). O tema do retorno está intimamente associado ao da eternidade do mundo. Cf. sobretudo Bianchi (1984, 1987). Riquíssimo em indicações é o longo capítulo *"De aeternitate mundi"*, no volume de Sasso (1987, I, p.167-399).

eliminar o fato histórico da presença simultânea das duas imagens numa mesma cultura ou num mesmo pensador.

A redescoberta da ciência grega e árabe tinha obrigado a Escolástica medieval a assimilar uma visão do mundo física completamente estranha à vaga cosmologia bíblica e à Alta Idade Média. Conforme evidenciou Tullio Gregory, uma série ampla de tratados teológicos assume a tarefa de reinserir a teoria bíblica do apocalipse no esquema da cosmologia aristotélica. Na "explosão" de textos astrológicos que caracteriza o ocidente latino, se impõe uma concepção do mundo e uma visão da história em que "a causalidade da história constitui um ponto central essencial e uma doutrina aceita universalmente" (Gregory, 1984, p.558).

"Nenhum sábio questiona – escreve Tommaso – que todos os movimentos naturais dos corpos inferiores são causados pelo movimento do corpo celeste: isso é provado pela razão dos filósofos, resulta claramente da experiência e está confirmado pela autoridade dos santos" (idem, ibidem). O uso da tradição astrológica greco-árabe no sistema cristão comportou "polêmicas, condenações, concordâncias ambíguas", mas a nova concepção do mundo físico

> implicava a retomada da concepção do tempo histórico, característica da astrologia da antiguidade tardia e do mundo árabe: os grandes acontecimentos que ritmam a história da humanidade, as migrações dos povos e a sucessão dos reinos, o nascimento dos profetas e das religiões, são designados no céu. (...) A história está dividida em períodos que refletem o período das figuras celestes segundo arcos de tempo (como o arco da vida), dos quais é possível conhecer e prever o nascimento, o desenvolvimento e o fim. (ibidem, p.559)

O tempo e o rio do tempo; os "retornos", as "revoluções" e os fluxos e refluxos do tempo; seus períodos de florescimento e os "trechos desertos e desolados"; as épocas propícias ao saber e aquelas infecundas; as grandes epidemias, as invasões dos bárbaros, o naufrágio das culturas e as tábuas do naufrágio que chegaram até nós; as vivências alternadas e os retornos das coisas humanas: essas imagens e os temas filosóficos que a elas estão ligados voltam com insistência numa série de textos desde o início da era moderna. Em alguns deles, tais imagens coexistiam com a ideia de que o saber possa crescer ou avançar.

Hoje, quase ninguém acredita no progresso como ele era teorizado por muitos filósofos e literatos do Setecentos e do Oitocentos tardio. A propósito de autores como Condorcet, Turgot, Saint-Pierre, Spencer e Comte, falou-se, não por acaso, de "fé" no progresso e de uma "procura da lei do progresso". Essa fé (que morreu definitivamente com a Primeira Guerra Mundial) repousava principalmente em três convicções: 1) na história está presente uma lei que tende, por meio de graus, fases ou etapas, à perfeição e à felicidade do gênero humano; 2) tal processo de aperfeiçoamento, em geral, é identificado com o desenvolvimento e com o crescimento do saber científico; 3) ciência e técnica são a principal fonte do progresso moral e político, constituindo a confirmação desse progresso.

Não partilhamos nenhuma dessas três convicções; todavia, continuamos a projetá-las no passado e a atribuir nossa ideia "oitocentista" do progresso a todos os autores que falaram, de diversas maneiras, em saber que cresce ou avança. Tendemos a fazer isso também a propósito dos autores cuja imagem do crescimento coexistia com uma visão crítica da história. A imagem do progresso (e do progresso científico) presente na Europa, entre a era de Giordano Bruno e a de Newton, tem características bem diversas das imaginadas por filósofos que amam as grandes classificações. Não conheço nenhum autor que, entre o Quinhentos e o início dos Setecentos, estivesse disposto a subscrever as três afirmações que acabei de listar.

Quando se discorre sobre o mito do "renascimento", com frequência deixa-se escapar "a tensão entre esperança de novidades extraordinárias e angústia de catástrofes" (Garin, 1976, p.21-2). Creio que tal tensão, de formas diferentes, esteja presente também na filosofia de Bacon e em grande parte da cultura dos grandes expoentes da era da Revolução Científica. Acredito também que essa tensão tenha algo a ver com a que está presente nas imagens opostas (ambas bem antigas) da "flecha do tempo" e do "ciclo do tempo".[20] Para retomar o título de um livro famoso, sou levado a crer que se trate, tanto no primeiro como no segundo casos, de uma "tensão essencial".

---

20 Cf. o Capítulo 5 a seguir e Gould, 1989, p.20-8.

5.
O paradigma do retorno do passado

As crianças sentem um prazer acima do comum em se esconder e se mover furtivamente entre moitas quando existem outras pessoas por perto. É parecido com porquinhos se escondendo: um resíduo hereditário do estado selvagem.

Charles Darwin, *Caderno N*

Não que tivesse se transformado em outra pessoa, naturalmente, nem que sentisse ter assumido, mesmo de modo parcial, a identidade de um antepassado remoto. E afinal, quão remoto? Não. Antes, sentia conviver com uma multidão de pessoas pertencentes ao passado, que lhe tinham invadido o cérebro, a mente.

Patricia Highsmith, *La casa nera*, 1978

Premissa

O tempo possui uma direção e uma flecha. Escorre de alguma coisa para outra coisa. Na visão linear do tempo, é proibida qualquer repetição. Trabalha-se somente com eventos singulares, individuais, não repetíveis, cada um se posicionando num ponto determinado da flecha. Porém, muitos afirmaram que pedaços do passado se reapresentam no presente, dando lugar a renascimentos ou a retornos. Na ideia do retorno está implícita a de uma volta e de uma repetição, de uma não unicidade e não repetibilidade dos eventos, de possíveis uniformidades ou leis do devir. A metáfora da flecha se mistura, de modos imprevistos e complicados, à do ciclo.

Ciclos econômicos e ciclos naturais

Nas últimas décadas, entre os estudos que foram dedicados à concepção do tempo, os de Krzysztov Pomian[1] ocupam um relevo particular. Também eles servem para mostrar a esterilidade das dicotomias muito fáceis e das soluções apressadas. Pomian insiste com firmeza sobre a identificação, corrente no século XIX, entre o tempo linear, cumulativo e irreversível, e o tempo da história. Essa identificação está na base da distinção entre "povos históricos" e povos que não o seriam, bem como está na atribuição a alguns deles da qualificação de *Naturvölker*; é um componente forte do eurocentrismo. Por um lado, justifica um sentimento de superioridade em relação ao passado; por outro, uma dose notável de "confiança no futuro".

Filósofos, artistas e literatos discutem tais temas. Os historiadores profissionais "não se deixam comover muito", pois consideram bem evidente a concepção linear do tempo: o tempo linear "parecia particularmente adequado à pesquisa deles e à apresentação de seus resultados, dava efetivamente um sig-

---

1 Pomian (1984a). Nesse volume, foram reelaborados (por vezes com modificações consistentes) alguns dos verbetes escritos por Pomian para a *Enciclopedia einaudi*. Além do volume, a seguir serão feitas referências aos verbetes *Ciclo* e *Periodização*.

nificado novo à cronologia (...), fazia dela um quadro ideal no interior do qual podiam ser distribuídos os acontecimentos, pondo assim em evidência a lógica interna do devir histórico" (Pomian, 1984a, p.71; verbete *Ciclo*, p.1174). A crise dessa concepção linear do tempo, segundo Pomian, se verifica no final do Oitocentos e nos primeiros anos do Novecentos, quando são postas em xeque as ideias de progresso e da objetividade do historiador, quando (fora dos ambientes dos historiadores profissionais) proliferam filosofias e ideologias da história "que reinserem o tempo cíclico a partir de um prognóstico quanto ao futuro histórico". Na "história dos historiadores", se verifica uma transformação profunda que os levará "a substituir o tempo puramente linear por uma síntese desta com o tempo cíclico", e a rediscutir o caráter de disciplina idiográfica ou nomotécnica da historiografia (Pomian, 1984a, p.74; verbete *Ciclo*, p.1177).

Pomian vê com clareza a ambivalência presente no conceito moderno de tempo, que é impossível colocar a modernidade sob o *signo unívoco* da unilinearidade do tempo, que (também no chamado "século do progresso") a cronosofia do progresso "jamais foi a única cronosofia", e que continuam a coexistir concepções unilineares e concepção cíclica do tempo. No decurso do século XIX, afirma, embora a cronosofia do progresso "ocupe um lugar de primeiro plano", sempre se manteve viva a ideia de um tempo cíclico (Pomian, 1984a, p.130-1; verbete *Periodização*, p.624). No que se refere à presença das concepções cíclicas do Oitocentos, Pomian torna exclusiva a referência à doutrina dos ciclos econômicos. Ele não leva em consideração outros setores do saber. Em seu livro, diversamente do que, em geral, ocorre com livros publicados na França, existe um índice de nomes. O fato de nesse índice as referências a James Hutton, Charles Lyell e Charles Darwin serem meramente acidentais e estar ausente o nome de Sigmund Freud mostra que, no que concerne ao Oitocentos, ele não considerou nem os discursos sobre o tempo presente nas ciências naturais nem aqueles explícita ou implicitamente presentes nas chamadas ciências do homem.

Em *Theory of the Earth* (1795), Hutton se refere aos eventos "históricos" só para consolidar a sua máquina cíclica do mundo: "Tendo estudado as revoluções dos planetas, garantimos que existe um sistema em virtude do qual eles estão destinados a prosseguir suas revoluções". Da mesma forma, a "sucessão de mundos", que está presente na história natural da Terra, serve para extrair a conclusão de "que existe um sistema *in natura*", e que esse sistema "é uma fábrica, construída com sabedoria, para obter um escopo digno do poder que está evidente em sua construção" (Hutton, 1795, I, p.3, 200. Cf. Rossi 1979a, p.141-2).

Nos três volumes dos *Principles of Geology* (1830-1833), ainda hoje considerados o monumento que fundou a geologia como disciplina moderna, Charles Lyell se move no interior de uma concepção cíclica do tempo e chega a afirmar que

poderiam retornar os gêneros animais cujos traços são conservados nas antigas rochas de nossos continentes. O iguanodonte poderia reaparecer nos bosques, e, o ictiossauro, no mar, ao passo que o pterodátilo poderia de novo esvoaçar nos sombreados bosques de samambaias.[2]

Em seu livro sobre a flecha e o ciclo do tempo, Stephen Jay Gould não só colocou em crise os esquemas construídos pela "historiografia oficial" dos professores de geologia. Mostrou que naqueles discursos sobre os "tempos longos" da natureza, que tiveram efeitos explosivos no mundo das ciências naturais e no da cultura, está consolidada – e em muitos aspectos e períodos dominantes – uma concepção cíclica do tempo. As conclusões peculia-

---

2 Lyell, 1830, p.123. Sobre o tempo cíclico na geologia do Seiscentos, ver Ito, 1988.

res de Gould são de grande relevo. Ele afirma tê-las alcançado graças a "taxonomias restritivas" e a um "método fora de moda"; e contrapõe o seu "procedimento míope" e fundamentado na leitura interna de poucos e bem selecionados textos ao que foi usado por mim em *I segni del tempo*, o qual, em substância, termina onde o livro de Gould começa.[3] A miopia pode ser uma vantagem seletiva para uma população de relojoeiros. Gould montou e remontou seu relógio como nenhum outro teria sabido fazer e extraiu dessa sua atividade também teses de caráter geral. No âmbito destas últimas, aqui interessa, sobretudo, sublinhar a insistência (que está no centro de seu livro) na presença *simultânea* nas ciências da Terra e da vida da concepção unilinear e da concepção cíclica do tempo. A simultaneidade se configura, para Gould, não como acidental, mas como necessária. A ambivalência do conceito de tempo, fundado também na era moderna sobre grandes metáforas contrapostas, lhe parece especialmente fecunda: os organismos seguem a flecha do tempo da contingência histórica, enquanto os minerais seguem o ciclo do tempo de uma lógica geométrica imanente. As complexas semelhanças da genealogia orgânica "são retenções passivas de antepassados comuns, contingências de percursos históricos, não de documentos de regularidades imanentes". A complexa semelhança das formas minerais "documenta um desenvolvimento separado rumo ao mesmo resultado sob as regras imanentes da ordem natural".

Os dois tipos de semelhança, por conexão genealógica (flecha) ou por incidência separada das mesmas leis (ciclo), "conjugam em comum suas forças quando tratamos de desembaraçar a complexidade da natureza". Os biólogos evolucionistas reconheceram há um bom tempo a distinção entre a flecha e o ciclo como *a* operação fundamental de sua profissão. Designam com o termo *homologia* a retenção passiva de formas de um antepas-

---

3 Gould, 1987, p.16, e cf. p.3-4. Cf. a tradução italiana *La freccia del tempo, il ciclo del tempo*, 1989.

sado comum ao longo da flecha do tempo. Com o termo *analogia* designam a evolução ativa de formas similares que se verifica ao longo de linhas separadas, uma vez que "princípios funcionais imanentes especificam uma série limitada de soluções aos problemas comuns enfrentados por organismos no curso do tempo" (embora estritamente semelhantes no desenho aerodinâmico, as asas das aves, dos morcegos e dos pterodátilos são análogas porque não existe nenhum antepassado comum e o voo evoluiu independentemente ao longo de três linhas separadas; e a detalhada semelhança dos ossos dos braços nos homens, nos chimpanzés e nos babuínos, ao contrário, não documenta uma lei da natureza imposta sobre produções separadas, mas a simples herança de um ancestral comum).

Desse modo, prossegue Gould,

> todo taxonomista lhe dirá que você deve, antes de tudo, separar as similaridades análogas das homologias, negligenciar as analogias e basear suas classificações apenas nas homologias, dado que elas documentam os caminhos da origem, mas todo morfólogo funcional passará sobre as homologias com simples repetições do mesmo experimento, e buscará analogias capazes de dizer-nos algo sobre os limites da variedade, quando estirpes superadas fazem evoluir estruturas para uma função similar.

Analogia e homologia, história e otimização funcional, transformação e imanência das leis recebem, de tempos em tempos, atenção especial segundo os objetivos e os interesses dos estudiosos (Gould, 1987, p.197-9).

Ciclo temporal e ciclo biológico

A ideia de que um passado "primitivo" possa, de algum modo, ressurgir no homem do presente aparece, na grande maioria dos casos, baseada num pressuposto metafísico com amplitude considerável: a de uma analogia, correspondência ou paralelismo entre a vida do indivíduo singular e a vida da espécie humana. Também a história das espécies, como a vida do indivíduo, seria seccionada em fases ou estágios: infância, adolescência, maturidade, velhice.

A afirmação de tal correspondência ou paralelismo é muito antiga, jamais desapareceu e segue viva, sob formas diversas, na cultura. Remonta pelo menos a Agostinho e chega até nós na morfologia da história universal de Oswald Spengler ou nas teses sobre o caráter alternativo dos ciclos históricos de Arnold Toynbee. A história dessa analogia entre a vida do singular e a vida da espécie é muito complicada e só foi explorada em parte. Inclusive porque tal analogia, desde sua origem, atua tanto nas teorias do progresso quanto nas teorias da decadência e porque remetem para ela, como para um pressuposto comum, visões do mundo e filosofias da história não só diferentes, mas, às vezes, totalmente incompatíveis.

Pascal pensa que todos os homens desempenham nas ciências um progresso contínuo, à medida que o universo envelhece; e considera ainda que "toda a série dos homens, no curso dos séculos, deve ser considerada um mesmo homem, que existe sempre e aprende continuamente" (1954, p.543). Pascal é um dos primeiros teóricos da ideia do progresso, enquanto Spengler é um dos mais notáveis defensores do declínio ou ocaso das civilizações. Ambos se referem ao nascimento e à morte, à juventude e à velhice do gênero humano. Ambos remetem a um ciclo temporal modelado por um ciclo biológico.

Infância, adolescência, maturidade e velhice se tornam termos que se aplicam não só aos indivíduos, mas também a grupos humanos e ao seu devir na história. Para esclarecer as vivências dos povos e das "nações", nos serve aquilo que sabemos sobre o crescimento dos indivíduos. Os primeiros homens das nações "gentis" ou pagãs são, aos olhos de Vico, "os infantes do nascente gênero humano" (Vico, *SN*, 186, 187).[4] O mundo infantil foi de nações poéticas porque nas crianças é muito vigorosa a memória e vívida ao extremo a fantasia. As crianças têm uma extraordinária potência imitativa e nomeiam todos homens, mulheres e coisas com os nomes que usaram a primeira vez para designar um homem, uma mulher ou uma coisa (Vico, *SN*, 206, 215).

O ritmo da história, o plano segundo o qual ela se realiza é o mesmo que opera na mente do homem singular. As idades dos deuses, dos heróis e dos homens correspondem às três fases do senso, da fantasia e da razão. Os homens "a princípio sentem sem se dar conta, depois captam com ânimo perturbado e comovido, enfim refletem com mente pura" (Vico, *SN*, 378). O que vale para o indivíduo vale para a história. A imagem do primitivo "abestalhado", do homem das origens é construída sobre uma imagem da criança; e sobre esta, por sua vez, se reflete a imagem do primitivo e do selvagem. As mentes dos primeiros homens não eram "abstratas", "reduzidas" ou "espiritualizadas", e estavam "completamente imersas nos sentidos, embotadas nas paixões, todas enterradas nos corpos" (Vico, *SN*, 378).

O paralelismo entre o desenvolvimento do indivíduo e da espécie está solidamente associado ao problema da relação entre estruturas formais similares e semelhanças ligadas a uma ascendência comum. Este último problema pode ser reproposto – e de fato foi – em terrenos bem diversos. Muito tempo antes da notória discussão sobre ciências idiográficas e ciências nomotécnicas, das reflexões sobre os métodos das ciências histórico-sociais e das disputas sobre hermenêutica, muitos anos antes da voga do haeckelismo e das afirmações sobre inconsciente coletivo, tal problema já se tinha posto com referência ao mundo humano e ao conhecimento histórico.

---

4 As siglas SNP e SN remetem a *Scienza nuova prima* e a *Scienza nuova terza*. Os números (conforme usam todos os estudiosos) remetem aos parágrafos das edições organizadas por Fausto Nicolini.

Sabe-se mais sobre a natureza das crianças – escreveu certa vez o pouco historicista Descartes – quando se conhece de que maneira elas se formam no ventre das mães. Com efeito, existe um tipo de conhecimento que se baseia na determinação das origens, dos modos como uma coisa gera outra, das relações que unem, no tempo, um fenômeno ou uma série a outro fenômeno ou a outra série.

A história, a narração diacrônica dos processos, o "nascimento em determinados tempos" servem para explicar, segundo Vico, "a natureza das coisas" (Vico, *SN*, 147). A história dos homens é entrelaçada por motivações, propósitos, ações, medos, esperanças, linguagens, leis e costumes, fábulas, ritos, mitos, instituições. De cada um desses elementos pode ser estudado e determinado o nascimento, indagando sobre as complicadas relações que se mesclam no interior daquela lista, bem como sobre os modos pelos quais fábulas, ritos, mitos e ideias abriram caminho no mundo e nele se difundiram.

Aos olhos de Giambattista Vico, esse tipo de abordagem do mundo humano-histórico era necessário, mas não suficiente para construir uma nova ciência. Para transformar um monte amorfo de dados no material de um novo saber, é necessário "reencontrar dentro da natureza de nossa mente humana e na força de nosso entendimento" princípios universais, "que devem ser de cada ciência" (Vico, *SNP*, 40, 332). É preciso estar em condições de adotar, junto com o ponto de vista diacrônico, o sincrônico. É necessário ver a história mover-se contra um fundo, aceitar a ideia de que a história "corre em tempo", se move ou "decorre" sobre uma "história ideal eterna" (Vico, *SNP*, 29, 90).

Existe ciência quando o saber dos dados e dos detalhes, o conhecimento daquilo que é individual e *certo* consegue associar-se ao saber dos conceitos e dos princípios, ao conhecimento daquilo que é típico e *verdadeiro*. A associação deve ser tão profunda a ponto de dar lugar não a uma mistura provisória, mas a uma mescla indissolúvel. Saber do certo e saber do verdadeiro devem se converter um no outro: cada *verdade* tem de ser *testada* e cada *certeza* tem de ser *verificada*. A simples constatação empírica do "foi e será" deve converter-se na afirmação teórica do "deveu, deve e deverá" (Vico, *SN*, 139, 349). O que significa – no máximo – que todo dado que resulta do conhecimento histórico-genético deve poder inserir-se no interior de uma estrutura atemporal e formal; e que (reciprocamente) cada elemento daquela estrutura formal deve poder ser documentado como resultado de um saber histórico. As verdades não testadas não são verdades. Os dados não verificados são dados ilusórios.

A "filologia", ou seja, a descrição empírica dos eventos que aconteceram no tempo, vê apenas uma metade do mundo. A "filosofia", ou seja, a análise das "maneiras eternas" ou das leis formais do devir, vê apenas a outra metade. Uma Nova Ciência do homem e da história exige que as duas metades sejam (após longa separação) reunidas, vivam juntas, se tornem uma coisa só:

> Essa mesma dignidade demonstra que falharam tanto os filósofos que não combinaram as suas razões com a autoridade dos filólogos, quanto os filólogos que não trataram de confirmar sua autoridade com a razão dos filósofos; caso tivessem feito isso (...) nos teriam alertado quanto à importância de meditar sobre esta Ciência (Vico, *SN*, 140).

Somente essa convicção, esse pensar em dois níveis permite, na opinião de Vico, captar simultaneamente a variedade e a persistência, o devir e as repetições, as novidades e as identidades, os significados novos e o reapresentar-se de significados idênticos em diferentes situações histórico-temporais. Traduzindo Vico em linguagem do século XX, é necessário, perante uma ciência do mundo humano-histórico, ser ao mesmo tempo historicista e estruturalista. Ou seja, é preciso indagar ao mesmo tempo, com o mesmo interesse e o mesmo rigor, sobre as "origens" e as "perpetuidades" (Vico, *SNP*, 23, 90).

Na nova ciência, "a ordem das ideias deve proceder segundo a ordem das coisas". Ocorrem formas típicas ou ideais que revelam "a ordem das coisas humanas":

> A ordem das coisas humanas assim procedeu: primeiro foram as selvas, depois as tocas, a seguir as vilas, cidades e finalmente as academias (...). A natureza dos povos primeiro é crua, depois severa, benigna, a seguir delicada, finalmente dissoluta (...). E esta, com a dignidade antecedente, oferece uma parte dos princípios da história ideal eterna, sobre a qual correm ao mesmo tempo todas as nações em seus surgimentos, progressos, estados, decadências e fins (Vico, *SN*, 238, 239, 241, 245).

Contam-se histórias que têm início e fim, que começam e terminam, que procedem segundo um modelo linear e cumulativo, que se parecem com as biografias dos indivíduos. Porém, também podem ser contadas histórias e biografias colocando-as contra um fundo e fazendo referências frequentes a esse fundo a às regularidades que o governam. Os começos e os finais das histórias singulares se inserem nesse fundo e adquirem um significado que antes estava de algum modo escondido. O tempo se move para a variedade, a diferença, o imprevisto. Não é possível (exceto em setores muito restritos do saber) prever como irá acontecer no futuro. Mas é possível reconhecer isso e reconhecer, ao mesmo tempo, a existência de invariantes que revelam uma ordem inteligível das mutações e variações. Uma lista de mutações pode ser transformada numa trama de significados.

Só se pode conhecer a realidade genética e historicamente, mas a própria possibilidade de tal conhecimento implica um apelo ao princípio da recorrência dos processos da história. A doutrina das repetições não foi elaborada por Vico num momento de distração. Não pode ser afastada da *Scienza nuova*, nem ser qualificada como uma concessão às filosofias tradicionais da história. Vico faz coexistir uma concepção unilinear e uma concepção cíclica do tempo. Considera que ambas são necessárias para uma nova ciência das nações.

De fato, não pensa que se deva *escolher* uma das duas: "a natureza das coisas não é nada senão o seu nascimento em certos tempos e com certas características e, sempre que essas características estejam de uma forma, então dessa forma – e não de outra – nascem as coisas" (Vico, *SN*,147. Cf. 233, 332).

"Ideias uniformes nascidas entre povos que não se conhecem devem ter um motivo comum de verdade" (Vico, *SN*, 144). Certamente não é casual que Vico seja considerado um grande "pai fundador" por personagens que praticam diferentes formas de saber: historiadores, sociólogos, antropólogos, linguistas. Seu nome foi invocado repetidas vezes tanto por muitos seguidores do historicismo quanto por numerosos defensores do estruturalismo.

Recapitulação

Como se sucedem uma à outra as civilizações e as visões do mundo e as formas de vida político-social que se seguem no curso da história? Existe algo em comum entre essa sucessão e o modo como se articulam as diversas fases da vida mental de cada indivíduo? Existem regras, formas ou leis comuns para uma e outra sucessão? Existem leis de desenvolvimento que regulam *juntas* a vida dos indivíduos, no decurso de sua breve existência, e a vida das civilizações, bem mais longa e, todavia, não eterna? Faz sentido a busca de uma "ciência da mente do homem", que contenha os "princípios" do devir do mundo das nações (Vico, 1725, p.34-5)? Pode-se passar, como pretendia Vico, de uma consideração da mente do "homem singular" para a de uma "mente humana das nações"?

Para quem, como Vico e Comte, der respostas positivas a tais perguntas, abrem-se muitas interrogações. Algumas das quais estão no centro de muita filosofia da história, de muita antropologia e de muita psicologia do Oitocentos e do Novecentos. Nos estágios mais avançados das vidas individuais e das civilizações, se encontram, e em que medida, traços das etapas precedentes? Quanto da mentalidade da criança ainda existe na do adulto? Quanto da mentalidade primitiva ainda se acha presente no homem civilizado? Quanto sobrevive dentro de nós de uma passada vida interior dominada por uma visão mágico-animista, por uma percepção do todo como animado e vivo? Tais "resíduos" podem constituir a base para um processo de "regressão"? Oferecem a possibilidade de "recuperação" de uma idade inocente? Existem indivíduos, como os doentes mentais, que "regridem" à infância ou à mentalidade primitiva? E a cultura dos iletrados ou dos "não doutos", está de algum modo ligada às formas de pensar e às categorias das crianças e dos primitivos? Será verdade, para usar num contexto e com um significado muito diverso as palavras solenes de Hegel, que "os momentos que o Espírito parece ter atrás de si, ele os tem inclusive em sua profundidade presente" (Hegel, 1963, p.190)? E como se indaga no interior daquela "profundidade", em busca daqueles momentos que pareciam perdidos?

O animismo, que considera todos os seres como "existências de uma vida análoga à nossa" e assimila todos os fenômenos a atos produzidos por uma vontade humana, parece a Comte "uma tendência primordial". Animismo e fetichismo permitem aproximar o mundo da criança dos mundos primitivo e animal:

> Suponhamos o caso de uma criança e de um primitivo, de um lado, e de um cachorro e de um macaco, de outro; eles contemplam pela primeira vez um relógio: excetuando as expressões, não haverá nenhuma diferença imediata na concepção espontânea por ele provocada. Esse admirável produto do engenho humano parecerá a todos eles um animal, tendo gosto e inclinações próprias. Daí resulta, sob esse ponto de vista, um fetichismo radicalmente comum. Somente a criança e o primitivo, diversamente do cachor-

ro e do macaco, terão o privilégio exclusivo de poder sair dessa situação (Comte, 1864, p.30).

Comte acreditava no progresso. Concebia o estágio teológico como uma infância, um período durante o qual "a inteligência se dispõe a preferir ingenuamente as explicações mais ilusórias". A história se configurava como uma passagem das ilusões para a ciência e do erro para a verdade. O chamado "pai do positivismo" – já se disse com propriedade – considerava a criança uma réplica do homem primitivo; o jovem, uma réplica do homem medieval; e o adulto, representante do cientista positivo (Boas, 1973, p.58). Assim como na era do pensamento positivo sobrevivem formas religiosas e metafísicas, o pensamento mágico sobrevive na psicologia infantil. Comte oferecia uma versão simultaneamente histórica e psicológica da doutrina da recapitulação.

Na antiga analogia entre a vida do indivíduo e a vida da espécie humana, estava presente uma implicação destinada a um sucesso extraordinário em terrenos culturais muito diversos: embriologia, fisiologia, morfologia, antropologia humana e antropologia criminal, teorias sobre a raça, psicologia da infância, teorias sobre o cérebro, psicanálise freudiana e junguiana, teorias sobre a educação, hipóteses sobre a origem dos tumores. Também a teoria da recapitulação remonta ao mundo antigo. Em 1793, vamos encontrá-la formulada com clareza por K. F. Kielmeyer: "A força que produziu a série dos organismos da Terra (...) é, por natureza e lei, a mesma que hoje produz a série das fases do desenvolvimento de cada indivíduo organizado".[5]

O desenvolvimento do organismo singular – afirmava Johann Friedrich Meckel em 1821 – "obedece às mesmas leis do desen-

---

5 Kielmeyer (1930, p.262). Kohlbrugge (1911) compilou uma lista de 72 autores que, entre 1797 e 1866 (começando com Goethe e terminando com Haeckel), fazem referências ao paralelismo ou à recapitulação.

volvimento de toda a série animal, e os animais superiores; no curso de sua evolução, passam basicamente pelos mesmos estados orgânicos permanentes que pertencem a níveis de organismos inferiores".[6]

As diferentes posições assumidas por Darwin em relação às teses de Karl Ernst von Baer e às teorias sobra a recapitulação foram estudadas, em todos os seus matizes, por Stephen Jay Gould e Ernst Mayr.[7] Mayr insistiu na cautela de Darwin quanto às generalizações e falou de um Darwin "profundamente curioso" com a ideia, sustentada por Louis Agassiz, de uma correspondência entre "as fases de desenvolvimento de todos os animais vivos e a ordem de sucessão de seus representantes extintos em eras geológicas passadas".[8] A citação, presente na obra de Mayr – e que vem aqui citada em nota[9] –, não evidencia a indubitável mudança de avaliação presente no pensamento de Darwin entre

---

6 Meckel (1821, p.345). Mayr (1990, p.417), que reproduz essa passagem, adverte que "não existe nenhuma implicação evolutiva nesta concepção de um paralelismo entre os estudos da ontogênese e os estágios da perfeição da escala do ser". Esta última é, de fato, concebida por Meckel como estática, e o termo "evolução" conserva o velho significado de um desdobramento de potencialidades já presentes num tipo.

7 Gould (1977, p.70-74) e Mayr (1990, p.415-22). Cf. também Lovejoy (1968).

8 "Nesse sentido" – prossegue o texto –, "os representantes mais antigos de cada classe podem ser considerados tipos embrionários de suas respectivas ordens ou famílias vivas". Cf. Agassiz (1962, p.114); Mayr (1990, p.419).

9 "Agassiz (sustenta) que os animais antigos, em certo grau, se parecem com os embriões de animais de hoje que pertencem à mesma classe; e (sustenta) também que a sucessão geológica das formas extintas tem um andamento quase paralelo ao do desenvolvimento embriológico das formas atuais. Devo concordar com Pictet, ao considerar que a verdade dessa doutrina está muito longe de ser provada. Todavia, espero de fato vê-la confirmada no futuro. (...) Com efeito, essa hipótese de Agassiz combina admiravelmente com a teoria da seleção natural". Cf. Mayr (1990, p.419), no qual se remete à p.422 da tradução italiana da sexta edição de Darwin (1967), que, porém, apresenta um texto diferente desse agora citado. As diferenças entre a primeira e a sexta edições aparecem em Darwin (1973, p.413).

1859 e 1872. Para se dar conta de tal mudança, basta confrontar os textos da primeira e da sexta edições de *Origem das espécies*:

> Agassiz sustenta que os animais antigos se parecem em algum grau com os embriões dos animais de hoje da mesma classe, ou que a sucessão geológica das formas extintas é, em alguma medida, paralela ao desenvolvimento embriológico das formas atuais. Devo acompanhar Pictet e Huxley ao pensar que a verdade de tais doutrinas está bem longe de ser provada (*"is very far from proved"*). Embora eu espere vê-la confirmada em breve, pelo menos em relação aos grupos subordinados. Porque essa doutrina de Agassiz combina bem (*"accords well"*) com a teoria da seleção natural. (Darwin, 1950, p.286-7)

Na edição de 1872, muitas restrições parecem ter caído. Então, Darwin: 1) manifesta doses bem menores de cautela; 2) além da referência a Agassiz, acrescenta a de "muitos outros juízes altamente competentes"; 3) elimina as referências às graves reservas de Pictet e de Huxley sobre o caráter meramente hipotético da teoria; 4) modifica a expressão *accords well* para a mais enfática *accords admirably well*:

> Agassiz e muitos outros juízes altamente competentes sustentam que os animais antigos se parecem em certo grau com os embriões dos animais de hoje pertencentes à mesma classe, e que a sucessão geológica das formas extintas é quase paralela (*nearly parallel*) ao desenvolvimento embriológico das formas existentes. Essa tese (*this view*) combina admiravelmente com nossa teoria. (Darwin, 1902, II, p.120)

Agassiz (como Meckel) considerava que os estágios da ontogênese *repetissem as formas adultas* dos animais de nível organizativo inferior. De fato, não parece fácil (como tentaram fazer muitos darwinistas) colocar Darwin entre os defensores de von Baer e entre os adversários de Agassiz. Ulteriores discussões e esclarecimentos devem ser deixados aos especialistas em Darwin, que manifestou sua adesão às teses do "retorno do passado" não só no texto *Taccuini* (ao qual remetemos no início deste capítulo), mas também em "A Biographical Sketch of an Infant" (iniciado no final de 1839 e publicado em *Mind*, em 1877):

> Podemos talvez deixar de suspeitar que os indefinidos, mas absolutamente reais medos das crianças, totalmente independentes da experiência, sejam com efeito herdados de perigos reais e de superstições abjetas dos antigos tempos selvagens? Isso se encaixa bem no que sabemos sobre a transmissão dos caracteres bem desenvolvidos no passado, isto é, que eles surgiriam na primeira fase da vida, para desaparecer em seguida. (Darwin, 1982, p.101)

A doutrina da recapitulação encontrou sua expressão mais notável e popular, com o nome de "lei biogenética fundamental", nos escritos de Ernst Haeckel publicados entre 1866 e 1899. Convém lembrar que uma das obras de divulgação de Haeckel, *L'enigma dell'universo* (1899), vendeu 100 mil cópias no ano de sua publicação, teve dez edições em vinte anos e foi traduzida em 25 línguas. Segundo essa "lei fundamental", a ontogênese, ou seja, o desenvolvimento individual dos embriões, é uma recapitulação, abreviada e incompleta, da filogênese e do desenvolvimento evolutivo da espécie. Para retomar os termos de Haeckel: "A ontogênese é a breve recapitulação da filogênese (...). No curso de seu rápido desenvolvimento, um indivíduo repete as mais importantes mudanças de forma que evoluíram em seus antepassados durante o seu vagaroso desenvolvimento paleontológico" (Haeckel, 1866, p.300). Haeckel: 1) se referia a ancestrais adultos; 2) se referia a um processo de "aceleração"; 3) via na filogênese "a causa mecânica" da evolução; 4) concebia a história da vida segundo o modelo da ontogênese; 5) afirmava a existência, naquela história, de uma lei do progresso e do aperfeiçoamento. Ele misturava temas colhidos ao mesmo tempo em

Goethe, Lamarck e Darwin. Apesar de seus entusiasmos darwinianos, movia-se no ambiente da "biologia" lamarckiana e (por todas essas razões) era, conforme escreveu Jacques Roger, "um pré-darwiniano" (cf. Roger, 1983, p.157-8; Gould, 1977, p.7).

Friedrich Engels vai aderir plenamente às teses de Haeckel:

> Como a história do desenvolvimento do sêmen humano no útero materno não representa nada além de uma breve repetição da história do desenvolvimento, há milhões de anos, do organismo dos animais, nossos antepassados, a partir dos vermes, assim também o desenvolvimento espiritual do pequeno homem só representa uma repetição, ainda mais abreviada, do desenvolvimento intelectual de nossos ancestrais, pelo menos os mais próximos. (Engels, 1950, p.215)

Uma teoria como essa – sublinhou Stephen J. Gould – ambicionava revelar os mais importantes segredos do passado. Oferecia nada menos que uma completa árvore genealógica de todas as diversas formas de vida presentes na Terra. Prometia demonstrar não apenas a ascendência animal do homem e a linha de tal ascendência, mas também o modo de origem de suas faculdades mentais, sociais e éticas. Além disso, tal teoria dava a todos os defensores de uma desigualdade inata entre as raças dois argumentos fascinantes: 1) as crianças das raças superiores *primeiro* passam pelas condições permanentes dos adultos das raças inferiores e *depois* as superam; 2) se os adultos das raças inferiores são como as crianças brancas, daí deriva que eles podem e devem ser tratados como tais.[10] Nessa perspectiva, as raças hu-

---

10 Gould, 1977, p.126. Gould, que é também um brilhante divulgador, confrontou esses temas em três ensaios: "La misurazione dei corpi: due casi della natura scimmiesca degli indesiderabili" (1986, p.102-33); "Razzismo e teoria della ricapitulazione"; "Il criminale come errore di natura, ovvero la scimmia antropomorfa dentro alcuni di noi" (1984, p.201-14).

manas podiam de fato ser ordenadas tendo por base uma classificação hierárquica: a variedade era interpretada como desenvolvimento progressivo rumo ao ponto mais alto da escala animal (o adulto "caucasiano"); as raças inferiores se tornam expressões de "interrupções" evolutivas: "Podemos dizer, em linhas gerais, que a raça etíope se formou no início da adolescência caucasiana, e a raça mongólica, na adolescência da caucasiana: tais *tempos de interrupção* constituem outros tantos graus de desenvolvimento dentro da unidade da espécie humana" (Serres, 1860, p.765).

A ideia de uma desaceleração ou de uma interrupção do processo evolutivo e a consequente aproximação entre criança-primitivo-doente mental encontra-se em inúmeros textos. Aos olhos de Cesare Lombroso, cujas obras contribuem enormemente para a difusão desses temas, o adulto normal chega à civilização subindo, no curso do próprio desenvolvimento individual, ao longo da escala filética. Nas célebres páginas de *L'uomo delinquente* (1887) se afirma a tese de que aquilo que qualificamos como ação delituosa, em referência a adultos civilizados, é, ao contrário, comportamento normal nos animais, nas crianças e nos adultos de populações primitivas: tendência para a fúria, ciúme, vingança, crueldade, preguiça, predisposição para a linguagem com gírias e tendências imitativas associam crianças e primitivos. O chamado criminoso nato permanece fixado em seu passado animalesco. Ele é uma espécie de fóssil vivo, que documenta o ser do homem num passado remotíssimo. É um ser atávico, que reproduz em sua *persona* os instintos ferozes dos primitivos e dos animais inferiores.

Freud, Jung e o recapitulacionismo

A ideia de uma analogia estrutural entre a vida do indivíduo e a vida da espécie estava destinada a se tornar uma espécie de lugar-comum em contextos muito diferentes. A essa analogia vão remeter, como pressuposto indiscutível, os evolucionistas darwinianos e os seguidores de Spencer, os darwinistas sociais e muitos estudiosos de psicologia, bem como não poucos estudiosos dos mundos primitivo e mágico.[11] Em contextos diversos, como é notório, as ideias assumem significados diferentes, mas a diversidade dos contextos não impede que se abram, entre uma e outra disciplina, canais e passagens nem sempre identificáveis com facilidade; não impede sobretudo que um conjunto de ideias se coloque como uma espécie de paradigma para a cultura.

Em referência a Johann Gottfried Herder, Owsei Temkin mostrou quanto suas posições, por volta de 1774, eram próximas àquelas presentes num fisiólogo como Ignaz Doellinger. Mas também nas *Ideen*, que começaram a surgir dez anos mais tarde, era estabelecido um triplo pluralismo entre: 1) a ontogênese e as idades do homem; 2) a sucessiva criação de espécies; 3) a história da humanidade por meio da sucessão das civilizações (Temkin, 1977, p.387).

Na segunda metade do Oitocentos, somente a ideia de seleção natural teve, conforme afirma Gould, uma "influência invasora" comparável à exercida pela teoria da recapitulação. Sigmund Freud se formara, como biólogo, na época do triunfo inquestionável do recapitulacionismo. A essa perspectiva, como demonstrou Frank Sulloway, manteve-se extremamente fiel. No *Post scriptum*, de 1911, ao *Caso clínico do presidente Schreber*, considera que esteja próximo o momento em que as teses enunciadas pela psicanálise quanto aos conteúdos individuais poderão ser integradas pela antropologia e pela referência à filogênese. Nas neuroses não se encontra só a criança, mas também "o homem primitivo, o selvagem como nos aparece à luz das pesquisas arqueológicas e etnológicas".

---

11 Sobre esse emaranhado de posições, consultar (inclusive pela riqueza da informação bibliográfica) os dois livros de Vergata (1991a, 1991b).

As cenas de observação do coito dos genitores, de atos de sedução sofridos na infância, de ameaças de castração *podem* ser adquiridas mediante uma experiência pessoal – encontramos escrito no *Caso clínico do Homem dos Lobos* (1914) –, mas constituem sem dúvida "um patrimônio herdado, uma herança filogenética". O desenvolvimento do Eu e o desenvolvimento da libido – reiterados na *Introdução à psicanálise* (1915-1917) – "são, no fundo, heranças, repetições abreviadas do desenvolvimento que a humanidade percorreu desde os seus primórdios, num arco de tempo longuíssimo". Onde sua própria história é demasiado rudimentar, o indivíduo, transpondo a própria experiência, "bebe da experiência da pré-história". É "absolutamente plausível" que aquilo que nas análises é contado como fantasia, "tenha sido algum dia realidade nos primórdios da família humana". A "fantasia" cobre "com a verdade pré-histórica as lacunas da verdade individual". Mais que qualquer outra fonte, a psicologia das neuroses "conserva antigos testemunhos da evolução humana".[12]

Termos como "repetições abreviadas" e "transposição" (na direção do passado da espécie) da própria experiência individual valem para dimensionar o peso da obra de Freud no paradigma do retorno. Quanto ao haeckelismo de Freud – que, não por acaso, intitulava o quarto capítulo de *Totem e tabu* (1912-13), *A recorrência infantil do totemismo* – insistiu longamente Sulloway. Às muitas e significativas passagens freudianas que ele assinalou, acrescente-se agora o texto da *Síntese das neuroses de translação* (1915), cujo manuscrito foi reencontrado em 1983 (e publicado em 1985) por Ilse Gubrich Simitis (Freud, 1986). O objetivo desse texto, a partir de uma intuição de Sàndor Ferenczi, é "asso-

---

12 As melhores páginas sobre o tema ontogênese-filogênese em Freud foram escritas por Sulloway (1982, p.218-25; 285-93; 419-34). Sobre o tema herança arcaica-inconsciente coletivo, cf. Frey-Rohn (1984). As passagens citadas no texto remetem a diversos textos de Freud (1982, VI, p.406; VII, p.569; VIII, p.510, 526).

ciar os tipos de regressão neurótica com as etapas da história filogenética da humanidade": o aparecimento cronológico da doença nos indivíduos constitui uma série que repete filogeneticamente um percurso histórico. "A reflexão filogenética nos faz supor que algumas crianças carreguem consigo o sentimento de medo que é próprio do início da época glacial" (ibidem, p.75, 73).

Por volta de meados dos anos 1930, ao final da vida, Freud tinha plena consciência de que "a atitude atual da ciência biológica não quer ouvir falar de propriedades adquiridas pelos descendentes por herança" (Freud, 1982, XI, p.420). Porém, jamais renunciou ao seu lamarckismo de fundo, à ideia que a herança arcaica "não abrange só disposições, mas também conteúdos, marcas mnésticas do que foi vivido por gerações precedentes" (ibidem).[13]

Mas o discurso poderia ser alargado com a concepção freudiana completa da história, na qual coexistem uma visão cíclica ou circular e uma concepção evolutiva e progressista. Tal coexistência (que parece particularmente evidente nas páginas de Moisés e o monoteísmo) está ligada, conforme demonstrou Giorgio Fubini, à ambivalência de Freud em relação ao cristianismo e ao judaísmo. Para a primeira concepção, a história é o relato da necessidade fatal de libertar-se do pai, é a vivência de uma sucessão de assassinatos, cada um dos quais é uma repetição do primeiro. Para a segunda, a história é também emersão da obscuridade do inconsciente e integração do removido na consciência.[14] Um dos poucos pontos sobre o qual se pode ser "otimista" quan-

---

13 Gubrich Simitis, que atua no interior das perspectivas freudianas, fala a esse respeito, de "surpreendente teimosia (...) que limita com a idiossincrasia" (p.106-107). Considera também que seja hora de submeter os aspectos decididamente caducos do evolucionismo de Freud ao mesmo tipo de crítica sem reservas a que foi submetido o seu "energismo".

14 Fubini (1990). Fubini fala de "uma profunda ambiguidade e duplicidade não resolvida". E escreve: "A concepção linear e positiva da história, que Freud absorve da própria época, se reflete em sua ideia do Cristianismo como supe-

to ao futuro da humanidade era, para Freud (como é sabido), a convicção de que a débil voz do intelecto conseguirá, por fim, após inúmeras e repetidas recusas, encontrar audiência.

Para além das grandes diferenças que separam os dois maiores teóricos da psicanálise, a presença de "marcas mnésticas" está igualmente no centro da reflexão de Carl Gustav Jung. A pré-história ancestral se torna bem mais importante que a pré-história infantil (Frey-Rohn, 1984, p.144): em nível profundo, atuam "imagens primordiais", estão presentes núcleos de significados que têm caráter impessoal e coletivo e transcendem a experiência do indivíduo (Jung, *Simboli della trasformazione Opere*, V, p.55). Imagens arcaicas – num segundo momento, chamadas por Jung "arquétipos" – se repetem nos sonhos e nas fantasias, se representam idênticas, como motivos eternamente recorrentes, nos mitos, no folclore, nas fábulas, têm autonomia própria e não dependem da vontade ou consciência dos indivíduos. O inconsciente "associa os indivíduos" e "os une aos homens do passado e à sua psicologia" (ibidem, p.179). O inconsciente é "coletivo" e é ao mesmo tempo "um sedimento da experiência" e "um *a priori* da experiência" (Jung, *Psicologia dell'inconscio*, VII, p.96).

---

ração do Judaísmo, ou seja, na teoria segundo a qual Paulo teria finalmente trazido à luz e resolvido o que, no Judaísmo, era 'colocado em ação', mas ao mesmo tempo removido e renegado, ou seja, o assassinato do Pai. Assim, é no que concerne ao desenterrar do que havia sido oculto que o Cristianismo supera o Judaísmo e constitui um progresso que se inscreve na história da civilização. Todavia, também desta vez, judeu emancipado, Freud se repaga de sua própria concessão, fazendo-a agir como um crédito: de fato, o Cristianismo, identificado como religião do Filho (que suplanta e substitui o Pai), restitui o devido, confluindo de novo no Judaísmo, desde o momento em que não se subtrai à fatalidade de ter de se desembaraçar do Pai. Sob esse aspecto, a libertação paulina da humanidade das neuroses do sentido de culpa (...) fracassa e o Cristianismo torna a repetir a dinâmica típica do Judaísmo, caracterizada pela presença simultânea da pulsão parricida e do respectivo senso de culpa" (Fubini, 1990, p.439-40).

Enquanto o inconsciente pessoal "alcança o seu limite nas primeiríssimas lembranças infantis, o inconsciente coletivo contém a época pré-infantil, ou seja, as lembranças da vida ancestral".

Ao passo que o inconsciente individual é preenchido por "imagens vividas", o inconsciente coletivo é preenchido por formas "que o indivíduo não viveu pessoalmente" (ibidem, p.78). Tais estruturas psíquicas coletivas são "como os instintos, comuns a toda a humanidade" (Jung, *Determinanti psicologiche del comportamento umano*, VIII, p.140), e se configuram como *hereditárias*, como "esquemas ou possibilidades funcionais herdadas" (*Tipi psicologia*, VI, p.308). O inconsciente coletivo "contém a poderosa massa hereditária espiritual do desenvolvimento humano, que renasce em cada estrutura cerebral individual" (*La struttura della psiche*, VIII, p.176). O inconsciente coletivo é, portanto, "o depósito da experiência atávica de muitos milhões de anos, o eco da pré-história, ao qual cada século agrega uma pequeníssima contribuição de variações e diferenciações". O depósito histórico "se exprime na estrutura do cérebro e do simpático" e é, desse ponto de vista, "uma imagem do mundo sem tempo, de certo modo eterna, contraposta à momentânea imagem do mundo de nossa consciência". A face interior do mundo "atua de modo prepotente sobre nós num presente sem tempo" (*Psicologia analitica e concezione del mondo*, VIII, p.407).

A existência de um paralelismo entre o pensamento fantástico e mitológico das idades arcaicas e o pensamento da criança, entre o conteúdo dos sonhos e o mundo das "raças humanas inferiores" surge para Jung (por volta de 1916) "sugerida pela experiência". O conhecimento de anatomia comparada e a história do desenvolvimento mostram que a estrutura e as funções do corpo humano resultam de uma série de mutações no embrião que correspondem a mutações similares na história da raça: "a suposição de que, em psicologia, a ontogênese corresponda à filogênese é totalmente justificada" (Jung, 1916, p.27-8).

Diversamente do que acontecia em Freud, a pré-história da espécie passa a preponderar, decididamente, sobre a pré-história do indivíduo: "As bases inconscientes dos sonhos e das fantasias, só nas aparências, são reminiscências infantis. Na realidade, trata-se de formas de pensamento primitivas ou arcaicas, baseadas em instintos que, como é natural, se manifestam com maior nitidez na infância, não depois" (Jung, *Símbolos da transformação*, 1912-1952, in *Opere*, V, p.42). Não obstante que, no melhor livro que me coube ler sobre as relações entre Jung e Freud, Haeckel nunca seja mencionado, o terreno das divergências era, uma vez mais, a importância a ser atribuída à ontogênese ou à filogênese. A reação de Freud perante as teses de Jung serve para nos dar a percepção do terreno "biológico" sobre o qual se desenrolava a disputa e a medida da incidência sobre ambos os pensadores do recapitulacionismo: onde quer que se acredite, nas análises, "reconhecer as consequências de certas impressões infantis", ao contrário, poder-se-ia ver "a manifestação de uma disposição herdada em modo filogenético". Nada – escrevia Freud em 1918 – "me atormentou mais do que tal dúvida, e nenhuma incerteza, mais que esta, me impediu de publicar minhas conclusões". Freud coincidia com Jung ao reconhecer a presença de uma "herança filogenética". Limitava-se a considerar "não correto do ponto de vista metodológico (...) recorrer a uma interpretação filogenética antes de ter exaurido as possibilidades da ontogênese" (Freud, 1982, VII, p.575, 570).

Podemos nos perguntar em que consistia essa "correção". O que significa que as possibilidades de pesquisa tenham se esgotado? Como se estabelece que é necessário renunciar a mover-se no plano das histórias dos indivíduos singulares e recorrer a um outro nível de explicação? Na realidade, a escolha da palavra "correção" e a preferência manifestada por Freud pelas interpretações ontogenéticas estão ligadas a pressupostos com grande amplitude, que concernem à imagem os escopos, as finalidades da psicologia. Apesar de seu interesse pela psicologia das massas e pela história das origens, apesar de seu lamarckismo, Freud continuou sempre a pensar que o objeto da psicologia devia ser, em primeiro lugar, as pessoas e os problemas das pessoas.

Retorno e psiquiatria

A ideia de que específicos *conteúdos* mentais (concernentes não ao passado do indivíduo, mas ao da espécie) estejam presentes nas mentes, sejam de algum modo recolocados no armazém da memória individual e possam, em consequência, nela *ressurgir* é muito diferente da tese de *dispositivos* ou de *mecanismos* presentes, desde o nascimento, em indivíduos de uma espécie. Em outras palavras, uma coisa é sustentar a hipótese "lamarckiana" de que a memória genética funcione como a cerebral (afirmando que a informação originária do ambiente se insere no patrimônio genético individual), outra coisa é reconhecer a existência de mecanismos construídos hereditariamente, que são o resultado de processos evolutivos e que forneçam informações sobre o ambiente. Estas últimas, na perspectiva de Konrad Lorenz, derivam de duas fontes: a filogênese e a ontogênese. Aderir ao paradigma do retorno implica, neste caso: 1) a distinção entre mecanismos mais antigos e mecanismos evolutivamente mais recentes; 2) a afirmação de um desaparecimento de mecanismos mais antigos e de um possível retorno no presente.[15]

Com relação a esses problemas, não poucas das teses "inatistas" que foram mais tarde atribuídas a autores do Novecentos (em seu ápice), na verdade, já surgem em textos da segunda metade do Oitocentos. Sobre a *tabula* imaginária da alma, escrevia William Preyer em 1881, foram escritas anteriormente ao nascimento, em caracteres invisíveis ou ilegíveis, as mar-

---

15 Cf. Fantini (1988), em que se faz referência a Lorenz (1965).

cas deixadas por inscrições traçadas durante um número incalculável de gerações. Quanto mais se observa uma criança, prosseguia, mais se conseguem decifrar as inscrições, a princípio ilegíveis, que ela carrega consigo no mundo. Errou-se ao pensar que o homem aprende a sentir, querer, pensar sozinho, apenas mediante a atividade de seus sentidos: "Na psicogênese, a herança é tão importante quanto a herança pessoal, e nenhum homem é um simples *parvenu* (...). Cada um deve reconstituir e revitalizar as disposições hereditárias adquiridas pela experiência e pela atividade de seus antepassados" (Preyer, 1884, p.xi). Diversamente do que acontece com muitos animais (por exemplo, quanto à percepção do espaço), os mecanismos, hereditariamente presentes no homem, não se encontram "prontos para funcionar", são mecanismos "imperfeitos" que são aperfeiçoados e tornados eficazes por meio da experiência. O mecanismo hereditário humano é "plástico e pode se desenvolver de modos diferentes justamente porque, ao nascer, não é tão avançado no desenvolvimento, conforme acontece em outras espécies" (ibidem, p.149).

A insistência sobre dispositivos e seus mecanismos, em vez dos conteúdos específicos da mente, trará de volta muitos dos discursos sobre o primitivo e seu reaparecer no presente, não longe dos problemas que eram enfrentados nas perspectivas de tipo "viquiano". Precede no tempo uma forma de pensamento baseada na metáfora, na identidade parte-todo, numa lógica da participação; e no interior dessa visão evolutiva está o pensamento abstratizante ou lógico-racional. A formação dos conceitos, o nexo entre o indivíduo, a espécie e o gênero, afirmava Hermann Uesener numa passagem várias vezes usada por Cassirer, não são procedimentos necessários do espírito humano.

Aquém do domínio da lógica e da gnoseologia válida para nós, houve longos períodos de desenvolvimento histórico nos quais o espírito humano se cansava em passos lentíssimos rumo à concepção e ao pensar e se submetia a uma lei do representar e do falar essencialmente diversa da nossa (apud Cassirer, 1975, p.23-4).

A vastíssima literatura sobre a magia e o mundo mágico, de Lucien Lévy Bruhl a Ernesto De Martino, se nutre amplamente dessas impostações de fundo.

A elas remete também um grande número de textos de psiquiatria nos quais se volta ao primeiro plano, diversamente do que acontecia em Uesener e Cassirer, isto é: o tema da imprevista reaparição do passado distante. O paradigma do retorno do passado atravessa, feito um fio vermelho, uma boa parte da psiquiatria. Certamente, não devemos nos maravilhar de encontrá-lo teorizado num dos maiores psiquiatras italianos do Oitocentos tardio. Num texto de Eugenio Tanzi (1889) dedicado aos neologismos dos alienados, lemos que as tendências do homem primitivo ainda se acham presentes no homem contemporâneo, que a doença mental ressurge do fundo da memória orgânica até alcançar de novo a consciência da qual os hábitos mentais da civilização a tinham expulsado, que os "rudimentos ocultos" daquele mundo não foram completamente apagados pela civilização. Lemos ainda que os mitos e as fábulas "ainda não extintos cochilam e agonizam em nossos cérebros incivilizados", que existiu um passado da espécie humana no qual "o mito ocupou o lugar da lógica, da ciência, da poesia", que a criança, o paranoico e o primitivo são similares porque fecundam ou "animam" a natureza, que a ideia delirante é "tão intrínseca ao homem que para alguns povos constitui a expressão mais elevada do pensamento normal", e, enfim, que as ideias delirantes são apenas ideias "caídas em desuso, a ponto de surpreender-nos como uma novidade monstruosa quando reaparecem no delírio dos loucos" (Tanzi, 1889, p.356; 1990, p.1, 6, 7, 32, 33).

Se abrirmos um manual de psiquiatria ainda em uso (a primeira edição é de 1967), encontramos escrito: "o pensamento do esquizofrênico é um pensamento mágico, que adota o animismo do primitivo, a sua impermeabilidade à experiência, a sua adesão aos valores metafísicos e aos arquétipos simbólicos" (Ey; Bernard; Brisset, 1972, p.509). Se, em vez de um manual, recorremos a uma monografia de alto nível, as coisas não mudam muito. Num dos mais conhecidos volumes de Silvano Arieti, se afirma que muitas daquelas que somos levados a considerar formas de irracionalidade são, ao contrário, "formas arcaicas de racionalidade". A cultura "conservou esquemas de pensamento que pertencem a fases muito precoces da evolução". No inconsciente sobrevivem "todos os antigos mecanismos, que estão prontos a voltar à superfície no estado de sono e em condições patológicas, cujo exemplo mais típico é a esquizofrenia" (Arieti, 1973, p.179, 250, 253).

Porém, o texto mais significativo é muito mais recente que o de Arieti. Num dos esplêndidos e trágicos retratos de pacientes traçados no livro *Awakenings* (1973, ampliado em 1987), Oliver Sacks relata a experiência de Frances D., que, atingida em 1920 por um ataque grave de encefalite letárgica (a epidemia, iniciada em 1916, durou dez anos e devastou a vida de quase cinco milhões de pessoas), foi tratada com L-dopa entre 1969 e 1972. Alguns violentos impulsos, apetites e paixões, relata Sacks, foram identificados por Frances não como fenômenos estranhos ao seu "verdadeiro *self*", mas como

> liberações, mascaramentos, revelações ou confissões de partes dela própria, profundíssimas e antiquíssimas, criaturas monstruosas emersas de seu inconsciente e de inimagináveis abismos psicológicos ainda mais profundos do inconsciente, paisagens pré-históricas e talvez pré-humanas, cujos aspectos lhe eram, ao mesmo tempo, radicalmente estranhos e misteriosamente familiares (Sacks, 1987, p.101).

Esse tipo de experiência, afirma Sacks, se repete com frequência em pacientes pós-encefálicos, no auge de suas reações ao tratamento com L-dopa. Nessas reações se apresentam não só movimentos e excitações involuntárias, tiques complicados e maneirismos, mas também "comportamentos e repertórios comportamentais de tipo primitivo ou até pré-humano".

Durante a epidemia aguda, no pós-guerra, havia médicos que tinham falado em "ruídos de zoológico". Em 1969, os ruídos que assustavam os visitantes do Mount Carmel Hospital de Nova York (onde Sacks trabalhou por muito tempo e onde estavam internados cerca de 200 pacientes pós-encefálicos) "eram barulhos de um zoológico, ruídos de uma selva, ruídos de uma bestialidade no limite do imaginável". A pergunta recorrente dos visitantes era: "vocês têm animais selvagens, fazem vivissecções, há um zoológico lá em cima?". Não se trata, continua Sacks, das imitações observáveis nas regressões psicóticas:

> O que assistimos aqui são verdadeiros instintos e comportamentos ancestrais, evocados das profundidades filogenéticas que todos nós ainda trazemos em nossa pessoa (...). Entre as miríades de minúsculas lesões excitatórias do tálamo, hipotálamo, rinencéfalo e tronco cerebral superior, deve haver alguma que estimula ou inibe tais comportamentos latentes, demonstrando-nos que as origens mais remotas do homem remontam, de fato, a um milhão de anos.

Remetendo ao capítulo sobre atavismo na *Origem das espécies* e ao título de seu livro, Sacks fala, a esse respeito, de "uma segunda e talvez mais sinistra forma de despertar" (ibidem, p.420-1).

Ressurge a recapitulação?

Certamente, não faltaria a chance de referir-se, no que concerne a tais temas, a numerosas fontes literárias. Muitas delas foram estudadas em trabalhos dedicados ao tema da herança e da "degeneração", tanto na cultura psiquiátrica quanto na literária (sobretudo francesa) da segunda metade do Oitocentos.[16] Mas de formas diversas, e também em escritores menos "filosófica" ou "cientificamente" engajados, esses motivos ainda hoje estão presentes. Um exemplo bastará. Angústia e terror não nascem só do imprevisto, do insólito, do absurdo. Aninham-se nas coisas óbvias do cotidiano, naquele mundo de pequenos gestos e de pequenas coisas que pode gerar inquietações imprevistas, tornar-se fonte de assombros invencíveis. No âmbito desse universo, que nenhum dos contemporâneos soube analisar melhor que Patrícia Highsmith, inclusive a confusa sensação do retorno de um passado remotíssimo pode complicar a familiaridade com o mundo, pôr em crise a experiência-sempre-presente de "sentir-se em casa" no mundo, da mesma forma que pode comprometer a identidade da pessoa. Diane Clarke encontra na praia um velho cesto de vime com o fundo rasgado. Consegue consertá-lo perfeitamente.

Só 15 minutos tinham se passado desde que voltara! Como havia conseguido? Depois de virá-lo, pressionou a palma da mão direita contra a base do cesto, que emitiu um sonoro rangido. Era elástica. E também robusta. Diane passou a examinar os fios sabiamente entrelaçados, as palhinhas, todas com o diâmetro mais ou menos de um lápis, perfeitamente entrelaçadas; e de novo se perguntou como tinha conseguido.

Foi neste ponto que se percebeu tomada pelo terror. Primeiro, foi apenas uma vaga suspeita, uma suposição, uma pergunta. Será que um parente ou antepassado não muito remoto no tempo teria sido um hábil cesteiro? Tinha avós e bisavós que sabiam bordar e fazer crochê, mas a arte do cesteiro era bem mais primitiva.

Sim, os homens fabricavam cestos há milhares, se não um milhão de anos antes de Cristo. A arte do cesteiro sem dúvida precedeu a do ceramista.

---

16 Cf., por exemplo, Borie (1981) e Nicasi (1986). O trabalho mais amplo e informado (inclusive do ponto de vista bibliográfico) é agora de Pick (1989).

Sim, mas como fizera para consertar aquele cesto? Podia ser que a antiga arte do cesteiro, praticada por tanto tempo pela raça humana, tivesse simplesmente aflorado nela nessa manhã de domingo, em pleno século XX? (Highsmith, 1989, p.53, 58)

A filogênese como "causa mecânica" da ontogênese (essa era a pretensa descoberta de Haeckel) foi amplamente ridicularizada. Hoje sabemos que as guelras presentes no embrião humano não repetem as de um peixe adulto, mas representam um estado embrionário e comum a todos os vertebrados. Essas guelras (vários outros fenômenos do mesmo tipo) *constituem a prova de uma ascendência comum, não de um paralelismo entre a ontogênese e a filogênese* (Gould, 1977, p.204). Conforme esclareceu Gould, o termo "recapitulação" (diversamente do que ocorreu nas fontes oitocentistas) foi estendido muito além de seu significado de repetição, na ontogênese, dos *estágios adultos*, até fazê-lo coincidir com a afirmação da presença de uma informação filética na ontogênese. Tese, esta última, que dificilmente pode ser contestada por quem se declarar evolucionista. Por seu lado, Mayr sublinhou o fato de muitos autores (Darwin incluído) terem rechaçado a afirmação segundo a qual a ontogênese é a recapitulação dos *estágios adultos* dos genitores e adotaram "uma visão mais branda da recapitulação, que sustenta, simplesmente, que o embrião, durante a ontogênese, passa por uma série de estágios correspondentes aos dos genitores, o que, com frequência, resulta correto"; e concluiu afirmando: "não existe recapitulação de tipos ancestrais, mas, ocasionalmente, no curso da ontogênese se verifica a recapitulação dos caracteres singulares ancestrais e de percursos de desenvolvimento".[17]

---

17 Gould (1977, p.70) e Mayr (1990, p.420-1). Para o modo em que é tratado, num manual de biologia contemporânea, o tema da recapitulação, cf. Futuyama (1984, p.141-2).

Aqueles que, como diletantes, leem com frequência livros científicos, se encontram perante a tese do retorno sem que dos textos resulte clara a posição assumida pelos autores diante da tese do "paralelismo" e da recapitulação. Isso acontece tanto em textos que levantam hipóteses especialmente ousadas, obras de autores muito discutidos, como em páginas escritas por autores que fazem parte de sólidas comunidades científicas. Gostaria de limitar-me a dois exemplos colhidos na primeira e na segunda categorias de escritores.

Num livro muito discutido, Julian Jaynes perguntou-se: como se explica que o fenômeno "ouvir vozes" seja tão universal em tantas culturas? A única explicação possível lhe pareceu "a existência de alguma estrutura do cérebro, normalmente desativada, que é ligada em situações de estresse". As estruturas cerebrais que estão na base das vozes alucinatórias pertencem a épocas remotas do "cérebro bicameral", quando "o limiar de estresse pelas alucinações era muito mais baixo do que acontece em pessoas normais ou nos esquizofrênicos de hoje". A mente bicameral "está na fonte da religião e dos próprios deuses". A esquizofrenia é, ao menos em parte, "um vestígio da bicameralidade, uma recaída parcial na mente bilateral". As alucinações descritas pelo jurista alemão D. P. Schreber, em suas memórias, mostram a semelhança "entre suas alucinações e as relações que os homens antigos tinham com seus deuses". "As alucinações dos esquizofrênicos são similares às orientações dadas pelos deuses na Antiguidade" (Jaynes, 1984, p.122, 481, 490, 491).

Nosso corpo – afirma Lynn Margulis –, num bem-sucedido livro de alta divulgação:

> Contém em si uma verdadeira história da vida na Terra. As células conservam um ambiente rico em carbono e hidrogênio, como o da Terra quando a vida teve início. Vivem num meio constituído por água e sal, que lembra a composição dos mares primitivos: tornamo-nos o que somos graças à associação de parceiros

bactéricos num ambiente aquoso (...). Nosso DNA deriva, ao longo de uma sequência ininterrupta, das mesmas moléculas que estavam presentes nas células primordiais, formadas às margens dos primeiros oceanos quentes e pouco profundos. Nossos corpos, como os de todos os seres vivos, conservam em si o ambiente de uma Terra passada. Coexistimos com bactérias de hoje e hospedamos em nós vestígios de outras bactérias, incluídas simbioticamente em nossas células. (Margulis; Sagan, 1989, p.7, 10)

Num certo sentido (eis a conclusão), "a essência da vida é uma espécie de memória, a conservação física do passado e do presente". As bactérias que hoje dispensam o oxigênio

nos contam como era o mundo sem oxigênio nos quais surgiram pela primeira vez. Os peixes fósseis nos falam de porções extensas de água que duraram de modo ininterrupto por centenas de milhões de anos. As sementes que precisam de temperaturas próximas do ponto de congelamento para germinar nos lembram invernos gelados. Nossos embriões representam fases da história animal em diversos estados de desenvolvimento. (idem, p.62).

Os vestígios da evolução não coincidem necessariamente com estruturas (exemplo do cóccix). Podem também ser processos:

Logo após o nascimento, todas as crianças tentam apertar os dedos que lhe aparecem pela frente. Essa resposta universal, que consiste em agarrar-se a alguma coisa, deve ter servido para salvar de quedas os primatas ancestrais, permitindo-lhes agarrar os cabelos das mães e os ramos mais próximos. Analogamente, a sensação de cair, que, de vez em quando, têm os que estão para adormecer e que são levados a acordar de repente, poderia ser uma resposta psicológica que vem da época em que a vida de nossos antepassados se desenrolava nas árvores. Tanto nos movimentos instintivos dos recém-nascidos quanto nas tendências psicológicas dos adultos existem rudimentos e reminiscências dos nossos ancestrais macacos. (idem, p.220)[18]

Conclusões

> Voltará toda noite de insônia: minuciosa.
> Esta mão que escreve renascerá do mesmo
> Ventre. Exércitos de ferro construirão abismos
> (David Hume de Edimburgo disse o mesmo).
> Não sei se voltarão num segundo ciclo
> Como voltam cifras de uma fração periódica,
> Mas sei que uma obscura rotação pitagórica
> Noite após noite, me deixa num lugar do mundo
> Que pertence aos subúrbios...

Em *A noite cíclica*, J. L. Borges refere-se aos *Diálogos sobre a religião natural*, em que Fílon se propõe dar vida "à velha hipótese do epicurismo", que sustenta que "este mundo, com todos seus eventos, incluindo os menores, no passado foi produzido e destruído e será de novo produzido e destruído, sem nenhum limite".[19] O tema do "retorno" se expressou em inúmeros autores. Coexistiu e assim prossegue com o tema da irreversibilidade, com a imagem alternativa da história unilinear.

Mas é bom concluir não com afirmações, mas com perguntas. No paralelismo entre o mundo mágico e o mundo da infân-

---

18 Num ensaio que vejo durante a correção das provas (Antinucci, 1990), o autor fala de uma espécie de "tendência espontânea" ao haeckelianismo (e à *scala naturae*) que considera as espécies "superiores" espécies "inferiores" que foram "adiante". No caso da psicologia comparada, está presente uma "tendência irresistível" (particularmente nítida em Piaget) em fazer corresponder os estágios da ontogênese cognitiva humana aos estágios terminais (isto é, às capacidades adultas) das espécies animais (p.330-1).

19 Hume, 1971, I, p.826-7. Sobre as atuais hipóteses cosmológicas relativas a fases sucessivas de expansão-contração do universo, cf. Francia (1982).

cia, quanto do que sabemos (ou pensamos saber) do primeiro mundo foi projetado no segundo? Quanto do que sabíamos e sabemos sobre o universo da doença mental foi projetado em nossa imagem do mágico e do primitivo? A identificação do pensamento esquizofrênico com o pensamento mágico é a pura e simples sobrevivência de uma antiga tese de filosofia da história ou desempenha uma função específica no interior da psicologia e da psiquiatria contemporâneas? A associação entre mentalidade primitiva e a dos doentes mentais se parece mais com um "fóssil", com uma bagagem que carregamos sem saber bem o motivo, ou se parece com um instrumento de análise? Poderiam ser repetidas, em relação às ciências do homem, as considerações de Gould sobre a "fecundidade" da coexistência de uma concepção linear com concepção cíclica do tempo? E que forma específica deveriam assumir tais considerações?

Gould (que sem dúvida é um evolucionista) falou, a propósito da flecha e do ciclo, de "metáforas eternas". Hoje sabemos, diversamente de antes, que analogias e metáforas não têm apenas uma função didático-expositiva. Elas desempenham uma função insubstituível não só na psicologia, mas também na biologia e na física.[20] Tomando isso em consideração, a pergunta pode ser formulada das seguintes maneiras: a tese do retorno do passado é, necessariamente, conectada com a "analogia biológica" de uma correspondência entre fases atravessadas pelo indivíduo e pela espécie? A analogia entre pensamento infantil, pensamento mágico-primitivo e pensamento esquizofrênico pode ser separada (e em que medida) das teses sobre a recapitulação? Ou a analogia associou-se historicamente à concepção de modo a resultarem inseparáveis? É essa ligação (da qual não existe plena consciência) que conduziu e conduz muitos a reunir, na indiferença de uma presumível e idêntica estrutura, a psicologia infantil, as prá-

---

20 Para algumas referências bibliográficas, remeto a Rossi (1986, p.119-62).

ticas dos feiticeiros, o folclore dos camponeses, os rituais dos esquizofrênicos?

As teses "recapitulacionistas" tendem, em psicologia, a identificar a criança com um primitivo e, em psiquiatria, a conceber a esquizofrenia como um retorno da magia e do primitivo. Aqui, me detive sobre poucos textos, escolhidos ao acaso numa lista enorme. De formas diferentes, o paradigma do retorno do passado está presente em *Studies on Childhood* (1896), de James Sully. Em formas mais distantes das originárias, mas ainda bem reconhecíveis, a tese do paralelismo está presente na obra de Kurt Koffka, para quem o paralelismo ontogênese-filogênese não depende da recapitulação, mas do fato que restrições externas impõem uma ordem muito parecida a ambos os processos. Esta última, como sabido, é também a tese de Jean Piaget, que traçou, com esses fundamentos, paralelismos precisos entre a história da aquisição dos conhecimentos na criança e a história do conhecimento científico no mundo ocidental. Por volta de meados dos anos 1970, o tema do retorno pareceu adquirir novo vigor e viver uma espécie de segunda juventude por meio da obra de Paul D. MacLean sobre o "cérebro triplo" ou sobre a coexistência, no cérebro humano, de três diferentes formações neuropsíquicas, relativamente autossuficientes (tendo caracteres neurofisiológicos e competências psíquicas peculiares), de diversas origens e idades filogenéticas (MacLean, 1984).

O que significa, *de fato*, afirmar que na psique dos indivíduos ressurgem formas de pensamento, mitos e imagens próprios da história passada do gênero humano? No texto da segunda edição da grande *Allgemeine psychopatologie* (1913), Karl Jaspers manifestou sobre isso ideias precisas: "Trata-se de uma teoria muito incerta e não verificável, uma relação que não pode ser aprofundada, uma asserção grandiosa que continua a se repetir, sem um real progresso do saber, com um material sempre diferente" (Jaspers, 1965, p.790). É curioso que o apelo à verificabilidade das teorias chegue até nós, no que concerne a essa "asserção grandiosa", por meio de um psiquiatra-filósofo que verá na ciência o saber de um não saber, uma atividade incapaz de compreender o mundo. Ou temos de acreditar, assim como Gould (que sobre isso pensa exatamente o contrário), que de nossa tradição ocidental agora faça parte uma insolúvel tensão entre "a flecha da unicidade histórica" e "o ciclo da imanência sem tempo"? E que, respondendo às perguntas colocadas pelas ciências, "a natureza diz sim a ambas" (Gould, 1987, p.200)?

6.
A ciência e o esquecimento

Houve ideias, na história do pensamento humano, que se revelaram *historicamente* como "provisórias", no sentido de que, por exemplo, no ano 643 da era vulgar, eram faróis seguros nas trevas, *polus firmus in fuga phaenomenon*, e, em 1643, não eram mais nem faróis nem não faróis, nem polos nem não polos, mas um absoluto nada (por exemplo, o sistema ptolomaico...). Quanto às outras ideias, a decomposição ou deformação é tão lenta que não se percebeu historicamente, nem ainda hoje, seu caráter provisório.

Carlo Emilio Gadda, *Meditação milanesa*

Os clássicos e os manuais

Nenhum estudante poderia pensar em diplomar-se em filosofia sem ter lido um diálogo de Platão ou uma obra de Descartes e Kant.[1] Do mesmo modo, seria muito difícil pensar num cur-

---

1 Ou também Plotino, Bacon, Hegel, Galeno, Pomponazzi, Abelardo, Bergson, Nietzsche, São Tomás, Voltaire, Proclo, Newton, Gregorio da Rimini, Diderot,

Avicena, Giordano Bruno, Heidegger etc. Entre as ideias mais estúpidas que hoje circulam nos departamentos de filosofia, está aquela (digna dos "obscuros roedores acadêmicos" de que fala Feyerabend) de uma lista restrita de "clássicos da filosofia", cuja leitura obrigatória permitiria aos estudantes qualificarem-se como filósofos e serem publicamente reconhecidos como tais. A ideia de uma lista de obras que encerre ou determine o campo da filosofia foi tentada inúmeras vezes. Por discordar dessas listas, em outros tempos, muitos abandonaram as universidades, colocando-as, como mereciam, às margens da cultura. Contra aquelas listas protestaram também todos aqueles que não acreditavam que o saber filosófico pudesse "estar encerrado em seis ou sete cérebros". A ampla circulação dessa ideia estúpida (que, atualmente, vê aliados os mais desprovidos expoentes da "Pantera" – vide adiante – e os docentes mais obstinadamente passadistas) depende de três fatores principais: 1) alguns acreditam que a filosofia seja uma entidade univocamente definível e tenha uma essência identificável; 2) essa crença errônea vai ao encontro de difusas demandas de segurança; 3) das precedentes, meio envergonhadas submissões aos ataques de 1968 contra o "nocionismo", que conduziram (em muitas universidades) a exonerar os estudantes da obrigação de um conhecimento suficiente de algum bom manual de história da filosofia e a aceitar uma quase indecente ignorância histórico-filosófica de massa.

Quanto ao primeiro ponto (dado que aquela negação soa um tanto escandalosa aos ouvidos que se separam das cabeças "especulativas" ou que assim se consideram), convém relembrar dois textos. O primeiro é de Richard Rorty, que considera totalmente inadequado assumir como critério o significado de "filosofia" adotado *hoje* pela maioria dos especialistas, pois a filosofia não é, por constituição, um campo unificado e, justamente, esse é um dos traços peculiares de sua história. O segundo, que remete explicitamente a tais teses, é de Giuseppe Cambiano, que recusa os "quadros epocais" e a imagem conexa da filosofia "tão potente a ponto de se determinar inteiramente por si, (...) protagonista única de uma vivência unitária e inevitável da qual dependeria o destino do Ocidente", e que pensa a filosofia como "um objeto problemático e flutuante com outros objetos flutuantes no tempo". Costuma-se afirmar que para estudar a história da filosofia é preciso ter um conceito de filosofia. É provável que isso seja verdade, continua Cambiano, "mas a questão é se isso inclui a possibilidade de encontrar contraexemplos na história passada" (cf. Rorty, 1984, p.63; Cambiano, 1988, p.31). Permito-me remeter também ao meu ensaio: "La storia della filosofia: il vecchio e il nuovo" (1988, p.545-68).

Tendo presente a bem conhecida terceira lei de Carlo Maria Cipolla sobre a estupidez (existe uma porcentagem fixa em qualquer comunidade, dos prêmios Nobel à tribo dos cretinos), é bom evitar possíveis equívocos e es-

rículo de estudantes de letras modernas que excluísse a leitura direta de Dante, Ariosto ou Shakespeare. Por que, ao contrário, nos parece óbvio e natural que um graduando em física ou biologia possa deixar de ler diretamente os *Principia* de Newton ou as memórias de Einstein ou *A origem das espécies* de Darwin? E ainda: por que nos parece óbvio e natural que um estudante de física ou de biologia – antes de começar a desenvolver pesquisas autônomas (sempre inseridas num projeto mais amplo) – leia e estude *somente* páginas que foram escritas *apenas* para serem lidas por estudantes de física, genética ou fisiologia?

O professor de física deve, antes de tudo, ensinar a linguagem da física: "A comunicação funciona em sentido único. O professor ensina e o estudante aprende, ao passo que em literatura, estudantes e professores se encontram no mesmo plano, embora com habilidades não igualmente sofisticadas" (Veisskopf, 1976, p.24). O que importa não é a verdade maior ou menor dessa muito discutível afirmação, mas a situação de fato que ela documenta. Alguns físicos e alguns filósofos da ciência, em certos casos, lamentaram enfaticamente essa diferença de fundo entre

---

clarecer que aqui não se está *negando*, mas ao contrário, *apoiando*, a necessidade de ler e de fazer ler (e controlar as leituras) textos de filosofia antigos, medievais, modernos e contemporâneos. Ao contrário, nega-se a necessidade, a oportunidade, a utilidade, a conveniência, a sensatez de uma lista obrigatória de "clássicos para todos" (comentados por vários docentes de cada grau), elaborada a partir de compromissos que parecerão realizáveis para certa maioria, formada pelos sempre presentes "roedores obscuros", pelas "pequenas panteras" de Comunhão e Libertação (católicos carismáticos), e pela ex-Federação Juvenil Comunista. A lista que poderá resultar da colaboração entre os antigos ressentimentos e as tendências paranoicas entre os "docentes", as propensões ao "extremismo de centro" de Comunhão e Libertação e as atuais contorções ideológicas dos jovens ex-comunistas do sim, do não e do sim/não terão sem dúvida efeitos humorísticos. Mas na Itália, como é notório, há pouco a retrucar, porque é comum executar imediatamente orientações difíceis de relatar aos amigos de além-Alpes e de além-oceano, sem um mal-estar que, em certos casos, beira a vergonha.
A citação inicial deste capítulo é de Gadda (1974, p.109).

as aprendizagens das matérias científicas e humanistas.[2] Esse fato não evita que a situação efetiva seja essa e não outra.

Objetos da ciência e objetos da história da ciência

Conforme afirmou Ludwik Fleck no distante ano de 1935 (Fleck, 1983), quanto mais um determinado campo do saber se apresenta fortemente estruturado, mais os conceitos que nele estão presentes se tornam coerentes com o conjunto e suscetíveis de definições que remetem continuamente de uma para outra. Essa rede de conceitos dá lugar, nas chamadas ciências "maduras", a uma espécie de enredo inextricável, a algo que parece não uma coleção de frases, mas uma "estrutura de um organismo". Nessa estrutura, todas as partes singulares desempenham uma função específica e nenhuma delas pode ser eliminada sem dano para o conjunto. As partes estão em contínua e recíproca interação e o organismo deriva de um desenvolvimento comum. A uma certa distância de seu nascimento e no final de um ciclo de desenvolvimento, quando uma ciência se decanta em sua especificidade, e como tal é reconhecida, as fases iniciais do desenvolvimento não parecem mais facilmente compreensíveis: o início é compreendido e expresso de modos bem diversos de como fora compreendido e expresso no começo do processo.

Vale a pena deter-se sobre esse ponto, que tem importância decisiva. Mesmo quando se usa a mesma palavra e o referente parece o mesmo, o objeto de uma ciência não coincide, de fato, com o objeto de que fala a história da ciência. Uma obra histórica como *The Meaning of Fossils*, de M. J. S. Rudwick, não fala dos fósseis da mesma forma que um tratado de paleontologia do sé-

---

2 Cf., por exemplo, Elkana (1989, p.96-104): "A tragédia, no verdadeiro sentido da palavra, é que, como vejo as coisas, em vez de se usarem os manuais como uma espécie de inventário lógico, sejam usados para ensinar" (p.85).

culo XX. O referido livro leva em consideração discursos sobre a natureza dos fósseis que não coincidem com a dos fósseis que se tornaram objeto da paleontologia, uma vez que esta se constituiu como ciência tendo por base uma específica definição-teoria, seu objeto específico (Cf. Canguilhem, 1968, p.16-7; Rudwick, 1976). O mesmo vale, obviamente, para a queda dos corpos pesados ou a evolução das espécies vivas, para os elementos da química ou a noção de cristal.

Quando uma ciência se constituiu solidamente, seus especialistas esquecem o passado do próprio saber. Submetem-se, todos, a uma mesma ilusão: pensam que sua especialidade exista desde sempre. Essa é uma ilusão típica à qual se poderia aplicar com facilidade a definição de Vico sobre a "empáfia dos doutos (...) os quais, aquilo que sabem, pretendem que seja tão antigo quanto o mundo". A história das origens de fato é uma história difícil, dado que "é propriedade da mente humana, em que os homens, nos casos em que não podem ter certeza de coisas distantes e não conhecidas, imaginam todas pelas coisas conhecidas e presentes" (Vico, *SN*, 127, 122).

Os pesquisadores de ciência específica recuperam alguns objetos e temas de uma variedade de textos que pertencem a épocas muito diferentes e a terrenos igualmente heterogêneos. Não levam em conta o fato de que sua especificidade ainda não existia ou estava se formando arduamente. O caso que conheço melhor, o da geologia, parece de fato exemplar. Nas partes introdutórias dos manuais e nos dois ou três livros ora clássicos da geologia são traçadas, sobre tais bases, as linhas mestras de objetos imaginários. Na história (ou pseudo-história) de um objeto imaginário, tudo se torna fácil, linear, progressivo. A realidade não oferece obstáculos à onipotência da epistemologia: após ter observado as coisas, elaboram-se teorias e as teorias novas abraçam fatos novos. As hipóteses demasiado audazes, as "superstições", os "romances de física", as discussões sobre aquilo que é ou não ciência e sobre aquilo que é ou não "fato" para a ciência não encontram nunca, nessas histórias simplórias, direito de cidadania.

Não quero infligir aos leitores considerações tiradas de minha especialidade. Fecharei logo a questão, citando:

> Quem quer que tenha familiaridade com a ciência nas últimas décadas, sabe que as fronteiras entre as disciplinas não são estáticas. As ciências se aproximam e se afastam uma da outra. Fragmentam-se, desaparecem e se reagrupam em novos objetos e especialidades. Basta retroceder 300 anos e as mutações não concernem apenas às ciências, mas ao universo do conhecimento humano. Por exemplo, o que existe de comum entre as amonites fósseis, a escritura chinesa e as pirâmides egípcias? Essa pergunta soa absurda para ouvidos modernos, porque tais argumentos agora pertencem a especialidades científicas radicalmente distintas; e quaisquer relações entre elas parecem fruto do acaso. Mas, no século XVII, a afinidade entre tais temas não era um enigma, mas um dado adquirido da vida intelectual. Os fósseis, as línguas antigas e os fragmentos das civilizações perdidas encontravam espaço num estudo unificado do passado: eram os *sinais do tempo*.[3]

Ainda sobre os manuais: os modos do esquecimento

Os cientistas empenhados em pesquisas não têm muito interesse pelos estranhos modos em que foram inicialmente formulados os problemas sobre os quais trabalham. Na maior parte dos casos, não discutem sobre os modos de formação de sua

---

3 Secord, 1985, p.685 (recensão a meu *The Dark Abyss of Time*, 1984). Referindo-se a esse mesmo livro, S. J. Gould escreveu que ele "mostra de modo convincente que a descoberta do tempo profundo combinou as percepções dos que hoje chamamos geólogos com as percepções de arqueólogos, historiadores e linguistas, além dos teólogos" (1989, p.16).

especialidade. Muitos, de maneira mais simples, partem dela e assumem-na como ponto de partida. Tornam-se membros de uma comunidade aceitando determinadas regras. Como é óbvio, não têm grande interesse por teorias e soluções "superadas". Estas últimas surgem sempre como erros ou verdades parciais, ou como degraus necessários à obtenção da verdade.

Os avanços e os progressos do saber são confiados às contribuições que aparecem nas revistas especializadas. Os manuais de cada ciência (retomando uma das formulações de Thomas Kuhn) contêm mais ou menos tudo o que os cientistas consideram saber e as principais aplicações de tal saber. As informações sobre *como* tal saber foi adquirido num tempo mais ou menos remoto e sobre por que certas teorias ou soluções foram aceitas como verdadeiras em detrimento de outras se configuram como algo supérfluo (Kuhn, 1985, p.102). As chamadas "vicissitudes históricas" dizem respeito, principalmente no caso da história das ciências, às relações entre as teorias e os ambientes culturais em que elas foram expostas, submetidas a exame, defendidas, combatidas. Essas complicadas contendas são totalmente ignoradas ou relegadas às notas.

Todos os historiadores profissionais que se dedicam, de formas diversas e com escopos diferentes, a fazer reviver partes mais ou menos consistentes do passado são, ao contrário, muito interessados exatamente no *como* e nos *porquês*. Nesse caso, escolhemos como campo de trabalho a atividade multiforme à qual se dedicaram aqueles a quem foi atribuído (no Oitocentos) o nome de "cientista"; sua empresa resulta bastante difícil e complicada por duas razões: 1) porque, neste caso específico, o historiador assume como seu objeto privilegiado um campo do saber no qual *a dimensão do esquecimento* não é marginal, mas constitutiva e essencial; 2) porque, conforme se viu, o "esquecimento" não concerne só às teorias envelhecidas ou superadas, mas também à gênese das ciências singulares e aos modos pelos quais cada uma delas (em tempos diversos e em ambientes culturais diferentes) construiu o seu objeto, delimitou seu campo, distinguiu as questões legítimas das que não fazem sentido, traçou linhas de demarcação, *tornou-se* (dado que na origem *não o era*) algo similar a um organismo, a um *corpus* coerente e compacto de definições, teorias e experiências.

Como, de fato, os homens se aproximam de um saber solidamente estruturado (na metáfora de Fleck), semelhante a um organismo, e que tem (dizia ainda Fleck) um enorme "poder encorajador"? Toda introdução a esse tipo de saber carrega consigo, inevitavelmente, um elemento dogmático. Referindo-se aos manuais, Thomas Kuhn falou com propriedade de uma educação "rígida e limitada, talvez mais rígida e limitada que qualquer outro tipo de educação, excetuando-se a teologia ortodoxa" (Kuhn, 1969, p.199). Os manuais – reiterou – não falam muito dos problemas a ser resolvidos e sobre os quais se discute nas revistas científicas. Falam, de preferência, sobre problemas que já foram resolvidos e que se configuram como típicos ou paradigmáticos para uma determinada comunidade de estudiosos. Assim, apresentam como não solucionados problemas já resolvidos e ensinam a resolvê-los, não de modos novos e diferenciados, mas como já foram resolvidos. Por essa razão, levam como apêndice as soluções *exatas* e as respostas *certas* para as perguntas. Esse saber fortemente estruturado (conforme observou Fleck) está, na realidade, completamente *inacessível para os principiantes*. Estes são aproximados de tal saber mediante uma aprendizagem ou "consagração introdutória", que, em suas fases iniciais, é totalmente acrítica, e cujo conteúdo tende a configurar-se, com o passar dos anos, tão "óbvio" que os indivíduos se esquecem de ter conseguido tais "obviedades" por meio de uma formação específica.

Quando chamou a atenção de forma enfática para os aspectos institucionais da ciência, para o fato de a ciência (como a linguagem) ser *intrinsecamente* propriedade de um grupo, Thomas Kuhn também reconheceu a presença, nos manuais, da dimensão do esquecimento constitutiva do saber científico. Os manuais não só ocultam o papel, mas a própria existência das revoluções passadas que contribuíram para produzi-los. Contêm, nas introduções, informações fragmentárias sobre a "tradição" da ciência específica a que se dedicam. Tais introduções se referem apenas às *antecipações* e aos *percursos* das verdades:

> Em parte por seleção e em parte por distorção, os cientistas das eras precedentes são implicitamente apresentados como se sua atividade se desenrolasse ao redor do mesmo conjunto de problemas fixos e de acordo com o mesmo conjunto de cânones permanentes que a mais recente revolução na teoria e no método declarou científicos. (ibidem, p.168; cf. também Kuhn, 1985, p.248-9, 254).

Os cientistas tendem a colocar sua atividade sob o signo de uma concepção linear do progresso. Reescrevem continuamente seus manuais, mas reescrevem continuamente "uma história ao revés". Por que dar valor a algo que por meio da constância e da inteligência de gerações de pesquisadores foi possível abandonar? Por que colocar entre as coisas dignas de ser lembradas os inúmeros erros de que a história humana está cheia? Na ideologia da profissão científica – esta é a conclusão de Kuhn – acha-se profundamente radicada uma desvalorização da história (Kuhn, 1969, p.168-9). As novas descobertas provocam a remoção dos livros e revistas "superadas" de suas posições ativas numa biblioteca científica e seu deslocamento para um depósito. Uma vez encontrada a solução de um problema, as tentativas precedentes para resolvê-lo perdem relevância para a pesquisa, tornam-se "uma bagagem excedente, um peso inútil", que deve ser posto de lado pelo próprio interesse do crescimento da disciplina (Kuhn, 1985, p.381, 383). Com relação ao próprio passado, artistas e pesquisadores da ciência têm reações nitidamente diversas:

O sucesso de Picasso não relegou as pinturas de Rembrandt aos porões dos museus de arte. As obras-primas do passado próximo e do mais distante desempenham ainda um papel vital na formação do gosto do público e na iniciação de muitos artistas ao seu ofício. Veem-se poucos cientistas nos museus de ciências, cuja única função é, em cada caso, comemorar ou recrutar, e não produzir excelência na profissão. Diversamente da arte, a ciência destrói o seu passado.[4]

Em muitos livros de filosofia e de história da ciência são recorrentes duas citações (uma de um grande filósofo, outra de um grande cientista do Novecentos). Ambas dizem respeito, de maneiras diferentes, a essa dimensão do esquecimento e de sua *necessidade* na ciência. Alfred North Whitehead escreveu que "uma ciência que não hesita em esquecer os seus fundadores está perdida". Max Planck, após uma vida marcada por polêmicas sobre a física quântica, escreveu em sua autobiografia: "Uma nova verdade científica não triunfa porque convém aos seus opositores e os leva a ver a luz, mas porque acontece que seus opositores morrem e chega à linha de frente uma nova geração, para a qual aquela verdade se tornou familiar" (Planck, 1949, p.33-4).

A primeira dessas citações exprime de forma lapidar a necessidade de ir além que é também um afastar-se, uma reformulação de problemas, uma contínua e radical reinterpretação dos resultados alcançados. A segunda citação exprime, ao contrário, desconfiança quanto a um progresso concebido (baseando-se no modelo dos "pequenos acréscimos") como uma continuidade linear. As revoluções, também na ciência, podem ser muito traumáticas e implicar modos de pensar não familiares, que parecem completamente "inaceitáveis" aos que tiveram uma formação a partir de manuais que não tinham ainda incor-

---

4 Kuhn, 1985, p.381. Pietro Rossi (1988) retomou esses temas num contexto muito mais amplo. Ver, em especial, p.346-57.

porado a reviravolta ou a revolução. Só uma formação nova, levada a cabo por manuais que "englobaram" a revolução, pode vencer o apego ao que é familiar e as resistências naturais ao novo. Justamente a ausência de memória, que é típica da juventude, torna mais fácil, quando se une com aspectos "dogmáticos" do ensino, uma aceitação não traumática dos resultados das revoluções. Ao físico italiano Bruno Rossi foi feita uma pergunta, em 1990, referente à mecânica quântica da década de 1930, quando ele, com pouco mais de 20 anos, estudava em Florença: "Falava-se disso, naturalmente. Porém, não se discutia do ponto de vista filosófico: ao contrário dos físicos mais velhos, de fato não tínhamos nenhuma dificuldade em aceitar as novas teorias, elas nos pareciam muito naturais" (Rossi, 1990, p.37).

A história, a ciência, os doutores da memória

A afirmação da necessidade de esquecer o passado e a contraposição da ciência à história são, na realidade, mais antigas do que pudessem pensar Ludwik Fleck, nos anos 1930, e Thomas Kuhn, nos anos 1960. É possível identificar ambas atitudes, bem como o aflorar de uma verdadeira *polêmica contra a história*, nos primórdios da era moderna e nos anos que viram a emergência de uma imagem da ciência que ainda é a nossa. Galileu contrapõe os filósofos naturais aos "historiadores" ou "doutores da memória". A mentalidade destes últimos é caracterizada pela necessidade contínua de referir-se a um guia. A imagem que Galileu contrapõe a essa mentalidade é a de pesquisadores que, diversamente dos cegos, não precisam de guias: "Quando vocês também quiserem persistir estudando assim, abandonem o nome de filósofos e chamem-se historiadores ou doutores da memória; pois não convém que aqueles que nunca filosofam usurpem o honrado título de filósofo". Os testemunhos de outros não têm nenhum valor perante o critério do verdadeiro e do falso: "Agregar tantos testemunhos não serve para nada, porque não negamos nunca que muitos tenham escrito ou acreditado em tal coisa, mas repetimos que tal coisa é falsa" (Galilei, VII, p.139; VI, p.366-7).

Parece que se deve escolher: ser cientista ou historiador; acreditar na distinção verdadeiro-falso ou aduzir testemunhos; conhecer a natureza ou a história. Descartes, sobre isso, pensa da mesma forma: "Não conseguiremos nunca ser filósofos se tivermos lido todas as argumentações de Platão e Aristóteles sem ter condições de apresentar um juízo seguro sobre um problema determinado: neste caso, demonstraríamos ter aprendido não as ciências, mas a história". A história é aquilo que já foi inventado e se acha registrado nos livros; a ciência é a habilidade para resolver problemas, é "a descoberta de tudo aquilo que a mente humana pode descobrir". Conversar com homens de outros séculos – também dirá Descartes – "é quase o mesmo que viajar, (...) mas quando se emprega tempo demais viajando, tornamo-nos estrangeiros na própria terra e, assim, quem é muito curioso das coisas do passado se torna muito ignorante das coisas presentes" (Descartes, 1967, I, p.23, 135; Hogeland, 1913, p.2-3). Os historiadores parecem também a Malebranche homens que tendem "às coisas raras e distantes" e "ignoram as verdades mais necessárias e mais belas" (Malebranche, 1837, II, p.62-3).

Para Spinoza, a verdade da geometria e o seu rigor pertencem a um mundo que não depende da aprovação dos ouvintes ou das vicissitudes temporais. O rigor e a verdade se tornam um modelo que pode ser estendido a todo o saber. A verdade implica uma absoluta irrelevância dos contextos, das ocorrências que se esvaem no tempo. O *como* se chegou à verdade não tem importância alguma:

> Euclides, que só escreveu coisas simplicíssimas e muito inteligíveis, é facilmente compreendido por todos em qualquer língua; nem para entender seu pensamento e alcançar a certeza sobre seu

verdadeiro significado é preciso ter uma consciência plena da língua em que escreveu, bastando uma consciência comum, quase rudimentar; e não é necessário conhecer a vida, os estudos, os costumes do autor, nem a língua, o destinatário, o tempo em que escreveu, a fortuna do livro e suas várias lições, nem como e por deliberação de quem foi aprovado. E o que agora dizemos sobre Euclides vale para todos os que escreveram a respeito de assuntos compreensíveis por sua natureza. (Spinoza, 1972, p.201)

O modelo que se observa tem uma estrutura dentro da qual as teorias não se substituem simplesmente uma à outra, mas se integram na base de uma generalidade sempre crescente. Leibniz pensa que também a filosofia poderá abandonar a contraposição entre as escolas se renunciar à própria existência destas. Também a filosofia se tornara um saber capaz de crescer por integrações sucessivas: "Na filosofia, desaparecerão as escolas, como já desapareceram na geometria. Constatamos que não existem euclidianos, arquimedianos e apolonianos e que Arquimedes e Apolônio não se tinham proposto subverter os princípios de seus predecessores, mas fazê-los progredir (les augumenter)" (Leibniz, 1956, p.251).

Pascal pensa que existem ciências que dependem da memória e que remetem à autoridade e, ao contrário, ciências que confiam no raciocínio e nas quais a autoridade não tem nenhum valor.

A história, a geografia, a jurisprudência e a teologia pertencem ao primeiro grupo: "dependem da memória e são puramente históricas". Têm como princípios "o fato puro e simples, a instituição divina ou humana". Sobre seus argumentos, "só a autoridade pode iluminar-nos", e delas "se pode ter um conhecimento inteiro, ao qual não seja possível acrescentar nada".

A geometria, a aritmética, a música, a física, a medicina e a arquitetura pertencem ao segundo grupo: "dependem do raciocínio" e têm por objetivo "a pesquisa e a descoberta de verdades ocultas". Aqui, "a autoridade é inútil" e só conhece a razão; aqui, a mente está livre para desdobrar as suas capacidades; aqui, "as invenções podem ser infinitas e ininterruptas".

O crescimento, o progresso, a novidade e a invenção só caracterizam as ciências do segundo grupo: os antigos as esboçaram, mas nós as deixaremos para as próximas gerações num estado melhor do que as encontramos. A natureza "é sempre igual, mas não é sempre igualmente conhecida". A verdade "não começa a ser quando se começou a conhecê-la", e é "sempre mais antiga que todas as opiniões que já houve sobre ela" (Pascal, 1959, p.3-11).

Machinae novae, Nova de universis philosophia, De mundo nostro sublunari philosophia nova, Novum organum, Astronomia nova, Novo theatro di machine, Discorsi intorno a due nuove scienze, Scienza nuova: o termo *novus* ressurge quase obsessivamente em algumas centenas de livros dedicados à filosofia e às ciências publicados entre as eras de Copérnico e de Newton. Descobre-se um Novo Mundo povoado por homens desconhecidos, por novos animais e novas plantas; descobre-se "um vasto número de novas estrelas e novos movimentos que eram completamente desconhecidos para os astrônomos antigos"; o microscópio "produz novos mundos e terras incógnitas para a nossa vista" (Hooke, 1665, p.177-8). Entre a "redescoberta dos antigos" e o "senso do novo", que caracterizam a cultura do chamado Renascimento, existe uma relação complicada. A recusa do caráter *exemplar* da cultura clássica (que é o tema sobre o qual todos os humanistas haviam insistido) assume tons fortemente polêmicos e configura-se, em muitos casos, como recusa:

> De Grec et de Latin, mais point de connaissance
> on nous munit la teste en notre adolescence (Salle, 1599, p.3-4; cf. Schmidt, 1938, p.311 e ss.)

"Vendam suas casas, seu guarda-roupa, queimem seus livros", escreve, em 1571, o paracelsiano Pietro Severino (Severino, 1571, p.39; cf. Boyle, 1774, p.444). A polêmica contra a cultura livresca acabará – até Robert Boyle e além dele – por se transformar numa invectiva contra toda e qualquer tradição, dará lugar a uma forma de "primitivismo científico", que contrapõe as experiências das fornalhas e as oficinas dos artesãos às bibliotecas, aos estúdios históricos e literários, às próprias pesquisas teóricas.

Os antigos seguiram uma estrada errada:

> Se declarasse poder oferecer-lhes algo melhor que os antigos, após ter entrado na mesma via que eles seguiram, não poderíamos evitar que se estabeleça um confronto ou um desafio acerca do engenho, do mérito, das capacidades (...). Um coxo que segue a estrada certa chega, como se costuma dizer, antes que um corredor que segue a estrada errada. Lembrem-se de que a questão concerne ao caminho a ser seguido, não às forças; e que sustentamos não a parte dos juízes, mas a dos guias. (Bacon, 1975, p.421)

Parece necessário a Bacon "despojar-se da nossa característica de homens doutos e tentar nos tornar homens comuns". Descartes pensa que os que nunca estudaram podem julgar "com muito maior solidez e clareza" que os que frequentaram escolas onde se transmite o saber da tradição. Hobbes considera que a situação da cultura de seu tempo esteja em condições de fazer pensar que os não doutos "que rechaçam a filosofia" são homens "de juízo mais saudável" que os que disputam como os escolásticos (ibidem, p.410; Descartes, 1967, I, p.26, 77; Hobbes, *Leviatã*, I, 5).

É preciso corrigir o intelecto, destruir as falsas imagens que o assediam e que nele se incrustaram tornando opaco o que, na origem, era lúcido e lustroso. É preciso limpar as mentes, tornar-se parecidos com crianças, explicitar uma filosofia que está potencialmente presente em cada homem, confiar no bom senso, que é "a coisa mais bem repartida no mundo" e "igual por natureza em todos os homens" (Descartes, 1967, I, p.131-2). O que se aprendeu nas escolas e nas universidades será esquecido e, da mesma forma, serão esquecidos muitos séculos de história. Estes serão sepultados nas "trevas" que acompanharão por mais de 200 anos a imagem de uma Idade Média "obscura", mesclada de barbáries e superstições. Existe uma tradição e existem personagens naquela tradição que serão entregues ao esquecimento para sempre:

> É necessário manter distantes todos os filosofastros mais cheios de fábulas que os próprios poetas, estupradores dos espíritos e falsificadores das coisas; e, mais ainda, todos os seus satélites e parasitas e toda essa turba venal de professores. Como poderá ser ouvida a verdade enquanto aqueles fazem barulho com seus raciocínios insensatos e desarticulados? Quem há de me sugerir a fórmula pela qual eu possa consagrá-los ao esquecimento? (Bacon, 1975, p.107)

A imagem medieval dos anões nas costas dos gigantes está carregada de ambiguidade. Certamente, vemos mais longe que Platão e Aristóteles, mas *somos anões*, condenados a permanecer como tal no confronto com os gigantes inatingíveis. A tese da "superioridade" dos modernos assumirá formas e tons diversos. Mas em muitos textos aflora a ideia de que os primeiros habitantes da Terra foram homens rudes, incapazes de mover-se no terreno da "razão explicada". Uma sentença lapidar do Lorde Chanceler expressa todos os temas aos quais me referi até aqui. A sentença exprime a dimensão que se tornou uma das características essenciais da ciência e que passa, desde o início da idade moderna, a fazer parte de sua imagem. O esquecimento do passado e a superação do que foi dito se configuram como valores de civilização. Diante de nós existe a luz da natureza. Para trás, está a obscuridade do passado. O interesse se volta para o futuro, não para o passado. Não importa o que existiu. Trata-se de ver o que se pode fazer. *"Scientia ex naturae lumine petenda, non ex antiquitatis obscuritate repetenda est. Nec refert quid factum fuerit. Illud videndum quid fieri possit"* (Bacon, *Works*, III, p.505 – cf. p.225; 1975, p.116).

O esquecimento como valor

Nos textos reunidos numa pesquisa muito significativa sobre o tema do "esquecimento voluntário", li frases com estas: "Esquecer é desejar esquecer, e esquecer várias vezes é condição primeira e essencial da possibilidade de lembrar"; "Temos de pensar que um sistema eficiente de memória deve operar dialeticamente entre processos de esquecimento e lembrança, lembrando e esquecendo seletivamente"; "O atributo de voluntário parece inaplicável ao substantivo esquecimento, que a tradição científica sempre considerou, por definição, indicar um fenômeno automático, incontrolável e de natureza inconsciente".[5]

Embora tenha graves reservas quanto à última proposição, não contesto nem o interesse nem a verdade de nenhuma dessas frases. Porém, elas não me parecem de modo algum aplicáveis ao tema que enfrentei aqui. Porque no âmbito do saber científico e remetendo ao crescimento ou ao progresso que o caracterizam, teoriza-se (em muitos casos, de modo completamente explícito) não só a *inevitabilidade* do esquecimento, mas a sua *validade*. Todo pesquisador e praticante de ciências sabe muito bem que não apenas grande parte de seu trabalho será esquecido (como acontece com a maior parte das coisas humanas); sabe igualmente que no saber científico não existem "produtos eternos" e que nenhuma das verdades a que lhe seja permitido aceder está destinada a

---

5 *Ricerca sulle cause della dimenticanza volontaria* (1990, p.18, 55, 69). As pesquisas sobre este tema deram lugar a uma série de volumes: *L'Arte della dimenticanza* (1990). Alguns deles serão citados mais adiante.

permanecer como tal. No melhor dos casos, ela será inserida num contexto diverso, transformada em elemento de uma verdade mais ampla e articulada. Diversamente do que ocorre com poetas, teólogos, romancistas, artistas e filósofos, o cientista sabe que as suas afirmações serão *adequadamente* esquecidas. Não acredita na "eternidade" de sua obra, da mesma forma em que nela acreditam os personagens recém-citados. Pode acreditar ter construído *um degrau de uma escada* sobre a qual deverão passar todos os que pretendem utilizá-la, mas sabe que seus textos não desempenharão, no curso dos séculos, o mesmo papel vital desempenhado pelos textos literários, filosóficos ou obras de arte. Sabe que suas descobertas serão resumidas nos manuais em seus "núcleos de verdade". Sabe também que seus textos acabarão nos depósitos e serão lidos somente por historiadores curiosos e não por seus colegas dos tempos vindouros.

Quando os seus escritos entrarão nos subterrâneos das bibliotecas? Tão mais rápido quanto é veloz o crescimento da ciência. Quanto mais crê na importância e nas possibilidades de crescimento de sua ciência, mais alta será a sua esperança de figurar nos manuais do futuro como descobridor de um efeito, de uma fórmula, de uma lei, como o autor (muito mais frequente e numa medida cada vez maior o "coautor") de uma experiência que confirmou ou tornou falsas teorias precedentes. O lugar reservado à sua descoberta (ou à sua contribuição pessoal para ela) se tornará, com o passar do tempo, cada vez menor. A própria descoberta, quanto mais for codificada como uma daquelas verdades que fazem parte das premissas de um campo específico, será sempre menos digna de uma lembrança específica.

Quem escreve um manual pretende transmitir um saber e oferecê-lo à memória das novas gerações. Mas, ao reescrevê-lo, efetua numerosos cancelamentos e substitui frases (ou diagramas ou dados estatísticos) que parecem superadas por outras frases (ou diagramas ou dados estatísticos), "mais verdadeiras". Sabe, fazendo isso, que não faltarão, no futuro, novos cancelamentos, e que aquilo que hoje é verdade parecerá, no melhor dos casos, apenas um degrau ou uma passagem mais ou menos obrigatória no crescimento dos conhecimentos. Revisão e autocorreção são aqui dimensões centrais. Não têm a ver com boas maneiras, mas com a própria essência de um saber que "institucionalizou as revoluções", que as admite como fenômenos positivos e auspiciosos, que atribui prêmios em dinheiro e importantes reconhecimentos sociais aos que conseguiram levar ao sucesso as ideias mais extremistas e que se configuravam, no início, como heterodoxas e não aceitáveis (Cohen, 1988, p.47).

O crescimento e os progressos do saber científico estão tenazmente ligados a processos de seleção: a distinção entre o que está vivo e o que está morto funciona aí de forma implacável. As partes que permanecem vivas são transformadas a ponto de ficarem quase irreconhecíveis, e o restante é entregue ao mundo das curiosidades históricas ou ao mundo do esquecimento.

A propósito, poderiam ser citados inúmeros textos sobre o tema do esquecimento percebido como valor. A começar pela célebre afirmação de Michael Faraday, que fazia votos para que, cinquenta anos após sua morte, nada do que escrevera fosse ainda considerado válido. Por razões de espaço, vou me deslocar só nos dois extremos de uma longa corrente. "Vocês não devem esperar de minhas descobertas resultados tão grandiosos que lhes impeçam de esperar outras descobertas maiores de vocês mesmos". As trilhas que abri "serão amplamente superadas". Como é possível libertar-se das entidades fictícias às quais (como no primeiro movimento ou nas esferas celestes) foram atribuídos nomes? Assim, são necessários *uma negação constante* e um processo que *torna antiquadas* as teorias": "*Hoc genus idolorum facile eijcitur quia per constantem negationem et antiquationem theoriarum exterminari possunt*".[6]

---

6 Bacon, 1975, p.437, 570; o texto em latim está em *Works*, I, p.171. A afirmação de Faraday é citada por Franks (1981, p.207).

O que Francis Bacon chamava *"antiquatio theoriarum"* era o elemento central de sua noção de crescimento ou de *advancement*. À distância de três séculos não serão ditas coisas muito diferentes. Seria pura presunção para qualquer físico – escrevia Pierre Duhem em 1905 – "supor que o sistema para cuja consecução ele trabalha será subtraído à sorte comum dos sistemas que o precederam". Diferentemente do filósofo, reitera Ernst Mach no mesmo ano, "o cientista da natureza (...) não possui princípios indestrutíveis e se habituou a considerar provisórios e modificáveis por novas experiências inclusive suas concepções e princípios mais bem fundamentados". Porém, a asserção mais límpida do esquecimento como valor está presente numa célebre conferência de Max Weber. Falando da ciência como de uma "profissão", escrevia em 1919 que "todo trabalho científico (...) quer ser superado e envelhecer, portanto, ser superado cientificamente não é só o destino de todos nós, mas também nosso objetivo".[7]

Objetos esquecidos

A chamada "questão do realismo" é tão antiga quanto a filosofia. Pode também ela, obviamente, ser tomada como objeto

---

7 Weber, 1967, p.18. No livro organizado por Bettetini, *Miti e mass media* (1990), que faz parte da já citada série de volumes sobre a arte do esquecimento, está incluído um ensaio notável de Grasso (1990), autor que não leva em conta a existência das ciências no mundo moderno. Portanto, considera, erroneamente em minha opinião, que "uma espécie de mitologia pesada envolve as planícies do esquecimento", e que a civilização ocidental colocou, desde a Grécia Antiga, "a memória da parte do bem e o esquecimento da parte do mal, privilegiando tenazmente o polo mnemônico" (p.225; 228). O "privilégio" tenaz, ao contrário, deve ser referido somente à existência de uma "arte" que, como é sabido, deu lugar a uma vegetação luxuriante no caso da memória e é, pelo contrário, inexistente no caso do esquecimento. Para uma consideração oposta do problema, cf. Viano (1988).

de estudos históricos específicos, mas se tornou de fato, nos últimos anos, o objeto mais relevante das pesquisas desenvolvidas por epistemólogos. Com certeza, não pretendo pôr as mãos num emaranhado de problemas com os quais, recentemente, se defrontaram muitos dois mais sofisticados filósofos da ciência de nosso tempo. Limito-me a notar que, aos olhos dos grandes historiadores das ciências, essa questão é muito relevante por

---

O tema da arte do esquecimento é muito antigo: "Quando Simônides de Ceos ou qualquer outro lhe propôs uma arte da memória, Temístocles disse: "Preferiria uma arte do esquecimento, porque lembro também do que não gostaria e não posso me esquecer do que gostaria" (Cícero, *De finibus bonorum et malorum*, II, 32, 104). Não diversamente, séculos depois, Baltasar Gracián: "Saber esquecer é uma sorte mais que uma arte. As coisas que se gostaria de esquecer são as de que melhor nos lembramos. A memória não só tem a incivilidade de não suprir essa necessidade, mas também a impertinência de, muitas vezes, aparecer a despropósito" (1984, p.454). Muitos outros textos são assinalados nos volumes de Bettetini (1990) e de Melchiorre (1990).

Sobre a impossibilidade de uma *ars oblivionalis* (que não se reduza a uma bebida das águas do Letes ou ao consumo de alguma droga), são agudas e importantes as considerações feitas por Umberto Eco (1987), bem como no relato "La dimenticanza nel testo" (que li datilografado), apresentado no Congresso sobre A Arte do Esquecimento, organizado pelo Istituto di Ricerca sulla Comunicazione A. Gemelli e C. Musatti (em Milão, 12-13 de novembro de 1990). Somente a diversão – escreve Eco – pode ser usada como *ars oblivionalis*: "Não se pode destruir o significado de uma afirmação expressa em voz alta, mas se pode fazer outra ao mesmo tempo, de modo que as vozes se sobreponham. Não existem artifícios voluntários para esquecer, mas existem para lembrar mal: é preciso multiplicar as semioses". Vale dizer que não se esquece por apagamento, mas por sobreposição, não produzindo ausência, mas multiplicando as presenças. Uma massa superabundante de informações faz que o leitor ou o telespectador não mais esteja em condições de lembrar do que aconteceu. "A informação está matando a si mesma, e o máximo da liberdade de imprensa coincide com o mínimo". Difundindo sempre novas notícias, apagam-se as precedentes. "Poderes e contrapoderes descobriram que nos meios de massa vale mais que alhures o princípio do esquecimento por excesso ou interferência". Especificamente dedicado ao esquecimento é o velho estudo de Renda (1910). Cf. também Simondon (1982).

uma razão: porque as soluções de tipo realista são as que parecem, de algum modo, garantir não só a legitimidade, mas a *necessidade* de observar o processo histórico da ciência também como "o senso do depois", ou seja, afirmar que os objetos da ciência não são apenas *definidos* pelas teorias, mas continuamente *redefinidos com o "senso do depois"*. Sobre esse ponto, tratarei de me explicar melhor.

A propósito da descoberta da América, Gottlob Frege enunciou um paradoxo sobre o qual chamou a atenção Enrico Bellone,[8] e que se pode reutilizar para todos os objetos e as entidades descobertos pela ciência. Caso se estudem as expectativas dos descobridores, as ações promovidas em consequência das expectativas, as ligações entre estas e a cultura que serve de fundo para elas, é inevitável afirmar que Colombo descobriu uma nova via marítima para as Índias. Caso se afirme que Colombo descobriu um novo continente, saímos da cultura que tem esse fundo e nos utilizaremos do que os sucessores de Colombo entenderam a respeito do que ele fez. O que Colombo *fez* está separado do que Colombo *acredita ter feito*. A separação entre as *crenças pessoais* e os *conteúdos objetivos* da descoberta pode, indiferentemente, dizer respeito ao planeta Netuno (que Galileu viu e qualificou como uma estrela fixa) ou à eletricidade animal que Luigi Galvani considerava ter descoberto e que era, ao contrário, produzida por metais ou (em casos que ele tratou de modo acidental) a chamada "bioeletricidade"; ou ainda, pode se referir aos animúnculos e aos animúnculos espermáticos de Anthony Leeuwenhoeck, que eram na realidade protozoários e gametas masculinos. E esse mesmo tipo de discurso poderia ser aplicado igualmente bem aos genes e aos eléctrons. Essa separação entre crença e conhecimento elimina o paradoxo,

---

8 Bellone (1987a, 1987b). Ver também, sobre o mesmo tema, D'Espagnat (1987, p.26-7; 1983). Porém, sobre esses temas, remetemos a Francia (1986), com uma bibliografia atualizada e essencial.

mas *implica a negação de que um evento seja compreensível só no âmbito de seu contexto*. O que permite distinguir *crença* de *conhecimento* é a estrutura de uma cadeia de eventos cujo primeiro elo é constituído (no caso de Colombo) pela descoberta de 1492.[9]

Foi destacado um sem-número de vezes que os filósofos da ciência têm a tendência de levar em consideração, mais que a ciência efetiva praticada pelos cientistas, a "ciência dos filósofos", ou seja, a imagem da ciência e de seus procedimentos que outros filósofos construíram. Também por isso é oportuno não esquecer como de fato trabalham os cientistas quando (e isso ninguém parece questionar) *produzem conhecimento*. Eles não tornam a percorrer o processo cognitivo já conhecido:

> Comportam-se como se determinados conjuntos de proposições elaboradas no passado tivessem conteúdos invariantes e, como tais, incorporados *de facto* nos sucessivos progressos dos conhecimentos. Estes, segundo os especialistas que dele fazem uso, seriam reestruturações em cujos esquemas confluíram todos os conteúdos desentranhados no passado e adaptados para fazer crescer o campo disciplinar existente. (Bellone, 1987a, p.8)

Por tais razões consideramos óbvio que a bibliografia de qualquer artigo científico seja limitada às últimas décadas ou, até mesmo, aos anos mais recentes.

Perante todo discurso que diga respeito à realidade das entidades, estados e processos de que fala a ciência, ou seja, a "verdade" das teorias, todos os historiadores da ciência têm pronta uma objeção considerável. Esta se refere aos muitos casos de teorias que tiveram sucesso e que tinham em seu centro conceitos explicativos privados de referência. Nomes que foram entendidos como designadores rígidos (no sentido de S. Kripke, que

---

9 Bellone, 1987a, p.7. Sobre a relação visão-crença-ciência entre o Seiscentos e o Setecentos é importante Bernardi (1986).

denotam sempre o mesmo referente, embora inseridos em descrições diversas) perdem sua capacidade referencial, provocando uma interrupção na cadeia histórico-causal que estava subentendida na hipótese do "senso do depois". Em palavras mais simples, existem entidades consideradas reais e que se revelam inexistentes. Os nomes de tais entidades conservam (conforme se viu) um significado somente aos olhos dos historiadores: o referente, escreve (com a clareza habitual) Enrico Bellone, "desaparece do mundo físico e o nome, deixando de ser um designador rígido, conserva um significado nas bibliotecas" (Bellone, 1987a, p.7; cf. Laudan, 1987, p.157; Kripke, 1980).

Um ilustre físico-filósofo florentino me disse certa vez, a propósito da epistemologia de Popper e de Kuhn, que se tratava de "uma concepção cemiterial da ciência". Como quer que se queira avaliar esse juízo (pronunciado em tom jocoso), sem dúvida a ciência dá ainda a impressão não de um cemitério, mas (conforme dizia Lorde Chanceler) de um "estaleiro reboante de obras e de vozes"; porém, da mesma forma, não resta dúvida de que a sua história está saturada de objetos que desapareceram do mundo físico e dos manuais de física e de biologia, bem como de asserções e teorias que foram consideradas verdadeiras, confirmadas pela experiência e ferrenhamente defendidas, mas que conservam hoje algum interesse só para os historiadores. Num texto que tem por objeto o esquecimento, certamente vale a pena listar algumas dessas entidades e algumas dessas asserções e teorias.

Entre as entidades:

as esferas sólidas celestes em astronomia (até Copérnico acreditou nelas)

as almas motrizes dos planetas e do Sol (também Kepler acreditou nisso)

a esfera das estrelas fixas como limites do universo ou como "peles" ou "camisas" do universo (expressão de Kepler) a "rede admirável" de Galeno, colocada na base do cérebro

o *impetus* como uma energia (uma espécie de motor interno) que está presente nos projetos

os vórtices cartesianos

os "espíritos animais"

a Terra, a Água, o Ar, o Fogo, como "elementos"

o flogisto

o calórico (de que fala ainda Sadi Carnot em 1824)

a existência de uma substância (à qual Priestley permanece fiel até 1804) portadora da "qualidade combustível"

o Dilúvio Universal na história da Terra

a "semente feminina" da embriologia do Setecentos

a "aura espermática" da embriologia do Setecentos

a preexistência invisível de um germe modelado sobre a estrutura do indivíduo adulto

a força vital em fisiologia

o magnetismo animal de Mesmer e de seus vários seguidores

a hereditariedade dos caracteres adquiridos

o éter maxwelliano em física

o éter luminífero (que para Thomas Young, em 1804, passa por todos os corpos materiais com resistência mínima ou nula, como o vento passa por uma floresta)

o elétron nuclear em física

o espaço em si e o tempo em si (que Minkowski qualifica, em 1908, como "condenados a dissolver-se como puras sombras")

o linfatismo das crianças como predisposição para as doenças infecciosas

Entre as asserções e teorias:

a geração do sangue no fígado

a centralidade da Terra no universo

a Lua como planeta

o caráter circular de todos os movimentos celestes

a tese pela qual os corpos pesados caem mais velozmente que os corpos leves a afirmação de que cada movimento tenha necessidade de uma força para permanecer em movimento

a ideia de que a imobilidade seja o estado natural dos corpos

a tese (também copernicana) da finitude do universo

a tese (incluindo Galileu) segundo a qual acreditar na influência da lua sobre as marés seria "infantilidade"

a tese (defendida até por Galileu) que identifica os cometas como "vapores"

os hieróglifos como forma de escrita secreta, destinada a ocultar para o vulgo as sublimes verdades dos sábios sacerdotes egípcios

a tese dos fósseis como produtos espontâneos de uma natureza capaz de produzir (e também duplicar) todas as formas

a teoria da geração espontânea pela qual a vida nasce da ação do calor sobre a matéria em putrefação

os espermatozoides como pequenos "animais"

a ideia de que tais "animúnculos" contenham, pré-formado, o embrião do indivíduo adulto

a inexistência de relações entre a presença dos espermatozoides e o processo reprodutivo

os "vermezinhos espermáticos" como simples parasitas do esperma (tese partilhada no Setecentos por todos os pré-formistas ovistas, incluindo Spallanzani)

a ideia de que o universo tenha sido construído pelo homem

o caráter fixo das espécies vivas (criadas por Deus conforme as vemos)

a fixidez-estabilidade dos continentes e dos oceanos (fixismo ou permanentismo em geologia: até a retomada das ideias de Wegener)

a tese (também de Lavoisier) segundo a qual todos os ácidos são constituídos por oxigênio e este último é o gerador da acidez

a combustão e a calcinação como processos de decomposição (e não de combinação) química

a tese que faz derivar o orogênese da progressiva contração do globo terrestre (de meados do Oitocentos até as primeiras décadas do Novecentos)

a existência de uma correlação entre a forma do crânio de uma pessoa e suas capacidades mentais

o uso e o desuso dos órgãos como causas associadas às variações (tese inserida por Darwin na edição de 1867)

a multiplicação celular como *crescimento* de estruturas existen-
tes no interior da célula

o vazio como ausência de matéria

a teoria do átomo vórtice ou do vórtice molecular de Kelvin

o dualismo entre descrição corpuscular da matéria e a descrição ondulatória dos processos de radiação

a teoria da presença-ausência, na genética clássica, para a qual,
no tipo dominante, está presente algum elemento que está ausente no tipo recessivo; cai em descrédito a partir de 1920

a tese (aceita até a década de 1950) de que cabe uma domi-
nância absoluta ao hemisfério esquerdo do cérebro

a identificação, pacífica até 1927-1928, dos raios cósmicos com
os raios gama

a assunção (válida até 1955-1956) da "simetria de paridade",
segundo a qual, num mundo refletido num espelho em relação ao
nosso, prevalecem as mesmas leis físicas válidas em nosso mundo.[10]

Na história da ciência, Giulio Preti se perguntava há vários
anos: não se acaba fazendo *história* justamente com o que *não é
ciência?* Como se pode fazer história da verdade que é atemporal?
Se nos posicionamos do ponto de vista "histórico", não se perde a "cientificidade" dos fatos com que fazemos história? (Preti,
1968, p.161-2). Existe um aspecto paradoxal na atividade dos
historiadores da ciência:[11] eles tornam objeto de atenção não só

---

10 Sobre a definição de Minkowski (de 1907), cf. Cohen (1988, p.382). Sobre
as experiências de Yang e Lee, que mostram a violação da simetria de paridade nas interações fracas, cf. Braathen nas atas do congresso *La simmetria*,
em 1970 (1973). Sobre a identificação raios cósmicos e raios gama, ver
Rossi, 1990, p.12, 35. Sobre a teoria da presença-ausência (a recessividade
concebida como *perda* do caráter dominante), cf. Fantini (1979, p.221-6).

11 Sobre essa atividade se escreveu muitíssimo. Uma das contribuições mais
significativas é a de Roger (1984). Remeto também a *I ragni e le formiche:
un'apologia della storia della scienza* (Rossi, 1986, p.95-117) e ao ensaio "Le

as "descobertas" que se inseriram de forma frutífera no crescimento do saber, não só as teorias que "envelheceram" mas que
ainda continuam na base de nosso atual conhecimento do mundo, eles se apaixonam também pelos objetos, experimentos, teorias que foram *voluntariamente esquecidos* e que, não por acaso,
caíram no esquecimento. Alguns dos objetos de que se ocupam
apenas envelheceram com o tempo, encontraram outras expressões linguísticas; muitos outros foram racional e consensual-
mente afastados, jogados fora. Foram unânime e conscientemen-
te deixados de fora do saber e entregues ao esquecimento. Os
antiquários revistam habitualmente os porões e os sótãos. Mais
raramente, encontram coisas interessantes no lixo. Os historiadores da ciência são antiquários de um tipo bastante peculiar.
Não obstante se vejam, com frequência, aflitos com a companhia
asfixiante dos epistemólogos e, por vezes, sejam por eles inva-
didos, sob um ponto de vista concordam (quase todos) com
outros historiadores profissionais: analisam com grande atenção a história dos vencidos, não só a história dos vencedores.
Mesmo que sua história particular tenha isto de peculiar: que
os vencidos tenham sido derrotados de modo totalmente não
sanguinário.

Sobre o progresso e o desaparecimento dos objetos

"Na matemática e na ciência natural – escreveu Immanuel
Kant –, a razão humana certamente conhece confins, mas não
limites, ou seja, reconhece que fora dela existe algo a que ela jamais pode chegar, mas nunca se vê como completa em seu progresso interno. O estender-se das cognições matemáticas e a

---

credenze, la scienza, le idee", no volume de Bianchi (Rossi, 1989b, p.99-
116).

possibilidade de descobertas sempre novas vai até o infinito"
(Kant, 1982, p.120-1).

O fato de que o ingresso dos indivíduos nas comunidades
científicas ocorra por meio de processos de "iniciação dogmática",
com tradições que o indivíduo não tem condições de avaliar, não
impede que todo trabalho científico, incluindo os mais rotineiros,
tenha como consequência a produção de significativas mudanças
na tradição. O saber científico é um grande produtor de inovações,
"move-se constantemente adiante"; é o lugar onde se realiza (em
alguns setores, em tempos extraordinariamente breves) um número enorme de rápidas transformações.

Embora o relativismo tenha conquistado muitas posições e a
ciência seja hoje, com frequência, apresentada como um sistema
de "crenças" em vez de um sistema de "conhecimentos", certamente é difícil negar que o saber científico "progrida" e, pelo menos em certos casos, épocas ou disciplinas, "englobe" o saber precedente como uma parte sua. De fato, dispomos de sólidas
"instituições normativas" (como as chama Larry Laudan), muito
fortes e semelhantes: foi irracional acreditar, após 1750, que a luz
se movesse com velocidade infinita; foi racional, após 1925, aceitar a teoria da relatividade geral; foi irracional, após 1800, aceitar
a cronologia bíblica como explicação da história da Terra. Quanto
a um ponto certamente Laudan tem razão: o modelo de que dispomos para entender o progresso científico é bem mais claro e
indiscutível que nossos vários modelos de racionalidade científica. Inclusive o mais feroz defensor do relativismo – escreveu Ernst
H. Gombrich – terá dificuldades para negar que os textos do Egito antigo são lidos hoje com um grau de credibilidade maior que
o alcançado nos *Hyeroglyphica*, de Horapollo, e que a arqueologia
tenha alcançado um progresso objetivo depois que tal decifração
foi possível.[12]

---

12 Cf. Laudan, 1979, p.26, 191; Gombrich, 1989, p.6. Para os defensores do
   relativismo (entre os quais *não* deve ser incluído Kuhn), o mundo dos *conhe-*

Na ciência (se quisermos continuar usando a terminologia de Kuhn) está presente uma "tensão essencial" entre o *pensamento convergente*, que dá lugar ao consenso na avaliação de problemas, métodos, resultados, e o *pensamento divergente*, que tende a pôr tudo em discussão e que está na raiz dos episódios rumorosos, comumente denominados "revoluções científicas". Mas muitos vêm insistindo sobre este emaranhado indissolúvel entre tradicionalismo e espírito crítico, sobre essa extraordinária presença simultânea de adesão a critérios solidamente estabelecidos e "ceticismo generalizado". Michael Polanyi sublinhava com força esse mesmo tema quando escrevia (em 1962) que os critérios da "plausibilidade" e do "valor científico" tendem a reforçar o conformismo, enquanto o critério – igualmente forte – da "originalidade", ao contrário, tende a encorajar a dissensão. Os padrões profissionais – concluía – "impõem um contexto de disciplina e, ao mesmo tempo, encorajam a rebelião rumo a ele". Para ser "levada a sério", uma pesquisa deve estar de acordo com uma série de convenções quanto à natureza e aos nossos métodos para conhecê-la. Assim, a autoridade dos padrões científicos é posta em prática "com o objetivo de fornecer aos que são por ela guiados bases independentes para opor-se a ela".[13]

Convém sublinhar que "progresso" é um termo ambíguo, carregado de ideologia, capaz de suscitar fortes reações emocio-

---

cimentos tende a coincidir com o mundo das *crenças*. No limite, as primeiras se distinguem das últimas só pelo fato de serem partilhadas, em vez de pertencentes a genéricos "grupos humanos" (uma comunidade de Mato Grosso ou os amantes do *rock* de Madonna), pelos pertencentes às chamadas "comunidades científicas". As crenças circulantes no interior de tais comunidades constituem a ciência, *são* a ciência.

13 Cf. Kuhn (1985, p.248-9, 254) e Polanyi (1988, p.87). Kuhn exprime esse tema com uma feliz metáfora: "O cientista é um tradicionalista que gosta de jogar jogos difíceis com regras já estabelecidas, para ser um inovador capaz de descobrir novas regras e novas peças para jogar". Sobre o "ceticismo sistemático", cf. Merton (1981, p.355-9).

nais. A discussão sobre o progresso e os modos de crescimento do saber se entrelaçou fortemente, até colar-se com temáticas que têm a ver com a moral e a política, com o mundo dos valores.[14] Certamente não faltou, no discurso relativo à ciência, o recurso a imagens mais tradicionais do progresso como acumulação, até como "festiva marcha para a frente" do gênero humano, como garantia da conquista de uma "profundidade" cada vez maior e de um maior "clareamento" das verdades da natureza. Contudo, em anos mais recentes, criou-se uma imagem menos mítica ou menos "reconfortante" do progresso científico. Para falar do crescimento da ciência, passou-se a fazer referência não à imagem (também presente em Popper) da grande catedral em construção (à qual cada experimento e cada teoria acrescentam um novo tijolo), mas à metáfora do "organismo". O *corpus* do conhecimento científico, o estágio do conhecimento alcançado no interior de uma disciplina, não cresce cumulativamente, mas "organicamente": "certas partes são conservadas – algumas em uma versão habitualmente revista – enquanto outras são substituídas por partes novas" (Cf. Radnitzky, 1988, p.113).

As metáforas não são indiferentes. Tocam no núcleo central dos problemas. Recorrer a um modelo "evolutivo" implica, sem dúvida, reconhecer incrementos na articulação e na especialização, mas implica também a renúncia "a uma verdade científica estabelecida de uma vez por todas, da qual cada estágio de desenvolvimento dos conhecimentos científicos constitua uma cópia melhor em relação à precedente". Para falar de progresso não é necessário concebê-lo como "dirigido para um objetivo". O progresso é progresso *de algo* e não progresso *rumo a algo*. Não é necessário pensar o progresso de modo teleológico, como aproximação da verdade que seria a única "verdadeira constituição

---

14 O trabalho mais rico de problemas e de perspectivas é agora o de Sasso (1984).

da natureza". Desse ponto de vista, o progresso não se configura nem como *linear nem como dirigido a um fim*. A "verdadeira constituição da natureza" é apenas uma metáfora. A ciência avança a partir de estágios iniciais, mas não se move (como acontece no processo evolutivo) em direção a um objetivo.[15]

A teoria da evolução, como é notório, explica tanto o aparecimento de espécies novas quanto a extinção de inúmeras outras. Que as espécies extintas sejam muito mais numerosas que as espécies vivas foi, antes da era de Darwin e ainda muitos anos depois dele, uma ideia difícil de aceitar. Além disso, tal ideia contribuía para pôr em crise o finalismo e o providencialismo, eliminar a ilusão da presença de um "significado na história" e apagar a imagem do mundo como manifestação de uma sabedoria divina. Talvez não seja muito fácil aceitar também a ideia de que as coisas justamente esquecidas e apagadas dos manuais são igualmente e talvez mais numerosas do que as coisas em que os cientistas acreditam, recordam e transmitem como verdadeiras.

Uma das razões pelas quais as chamadas "reconstruções racionais" se tornaram muito mais difíceis depende do fato de que se renunciou a uma "história" na qual não se falava nem de "erros" nem de objetos e das asserções descartadas e entregues ao esquecimento. Sobre os primeiros, se estendia um véu piedoso; sobre os segundos, eram considerados "superstições", como se não se tivesse tratado de objetos um dia considerados reais e de asserções anteriormente validadas como plenamente confiáveis. A discussão sobre o "moto browniano", conduzida por Robert Brown, em 1828, exigiu cerca de um século para ser identificada com um problema real. Entre 1840 e 1850, o problema foi, sucessivamente, considerado pertinente à biologia (as partículas brownianas identificadas como animaizinhos), à química e à ótica da polarização. Pareceu um problema de condutividade elétrica,

---

15 Foram retomadas ao pé da letra, no texto, as expressões de Stegmüller, 1988. Mas cf. também Kuhn, 1985, p.206-207.

um efeito mecânico insignificante, um não problema (cf. Nye, 1972, p.21-2; Brush, 1968-1969).

Caso se renuncie a identificar a reflexão sobre a ciência com a contemplação de edifícios já construídos e submetidos à verificação, caso se desloque a atenção para os modos e tempos da construção, aí aparecem facilmente, naqueles mesmos edifícios, falhas ocultas ou tornadas invisíveis por sucessivos restauros; aparecem os sinais da lentidão e do cansaço da construção, marcas das incertezas, dos percursos tortuosos e não lineares que foram seguidos. Aquele edifício não foi construído só mediante integrações e a nossa atenção se volta também para os amontoados de entulho, para a grande quantidade de sobras que (como bem sabem os arquitetos e ainda melhor os pedreiros) sempre resta em toda construção.

Divagação sobre as ciências "humanas"

A distinção, bem conhecida pelos filósofos, entre a abordagem hermenêutica e a abordagem epistemológica é apenas um dos temas tratados por múltiplos pontos de vista no âmbito de uma literatura praticamente extinta. Mantendo firme o ponto de vista sobre o esquecimento, só é possível deter-se sobre alguns temas. Nas últimas décadas, por vias imprevistas e deixando de lado uma série notável de certezas consolidadas, as ciências da natureza e as chamadas ciências humanas se aproximaram bastante. Nasceram muitos setores de pesquisa que se movem ao longo das linhas dos velhos confins. Contudo, a aproximação não se verificou só na realidade (com o nascimento e o crescimento de novas disciplinas), mas também na consideração dos epistemólogos. Estes últimos chegaram a conclusões diversas das tradicionais, sobretudo por razões internas às ferrenhas discussões que fizeram parte de sua atividade cotidiana. Bem menor (embora relevante em alguns casos) é, ao contrário, a atenção que eles dirigiram às efetivas violações dos confins, por parte, por exemplo, da sociobiologia, da psicolinguística ou da genética aplicada ao mundo da cultura.

Creio ser realmente verdade, como afirma Remo Bedei, que "a divisão nítida entre ciências hermenêuticas da compreensão e ciências naturais da explicação está destinada a diluir-se, ou melhor, a articular-se de maneiras diversas" (Bodei, 1990). Inclusive porque, falando de uma "crise irreversível da venerada distinção entre ciências do espírito e ciências da natureza", eu havia chegado, em 1981, às mesmas conclusões (Rossi, 1981, p.7). Mas acredito que seja muito importante distinguir entre o diluir-se (como sinônimo de "desaparecer") de uma relação e os diversos e insólitos modos de sua articulação. Provavelmente, Gadamer tem razão ao reiterar que a problemática da "relevância das demandas", presente na teoria de Kuhn, já constitui uma "dimensão hermenêutica" (Gadamer, 1982, p.112). Todavia, me parece muito prematuro falar (como Bodei continua fazendo) da ciência como de uma "construção hermenêutica" e da epistemologia como de uma "hermenêutica voltada para o projeto cognitivo". Continuo acreditando que seja mais correto afirmar que tenham de ser completamente abandonados "os *modos* pelos quais tal distinção era teorizada ou negada no interior das várias filosofias do Novecentos", e que a idêntica "inatualidade" de Croce e de Collingwood, de Hempel e de Neurath dependa mais do que aconteceu nas discussões entre os filósofos do que o que de fato se verificou – com a abertura de imprevistas "vias de comunicação" – no âmbito do variegado mundo das ciências naturais, humanas e humano-naturais ou natural-humanas (Rossi, 1981, p.7-19).

Os diversos modos pelos quais se propõe a distinção não eliminam, na realidade, a própria distinção. Conforme declarou muito bem Mary Hesse, existem diferenças, um dia concebidas como irredutíveis, que agora parecem redutíveis, ao passo que emergem outras diferenças irredutíveis (pelo menos no estágio atual). A tabela das diferenças atualmente irredutíveis merece ser aqui transcrita (Hesse, 1989, p.61):

Ciências naturais	Ciências humanas
Teorias unificadas, compreensivas, progressivas e, portanto, preditivas	Quase nenhuma assim, portanto, não preditivas
Critério pragmático preeminente	Nenhum critério singular preeminente
Só marginalmente tem a ver com interesses e valores	Tem a ver essencialmente com interesses e valores
Não autorreferenciais	Autorreferenciais

Uma vez que os historiadores insistiram, sempre e de forma concordante, nos contextos e fundos culturais dentro dos quais devem ser colocados e compreendidos os enunciados e as teorias, que fique claro, a esse respeito, que muitas das afirmações dos epistemólogos superaram suas expectativas mais otimistas e suas esperanças mais róseas. Antes de formular uma tabela como esta acima, foi também arduamente construída uma tabela das diferenças redutíveis. Foi posta radicalmente em crise a distinção entre os contextos da descoberta e da justificação. Teorizou-se a inseparabilidade entre fatos e teorias. Insistiu-se no caráter irredutivelmente metafórico e "inexato" da linguagem das ciências naturais. Foi dito que "a passagem de modelos lógicos para modelos históricos" caracteriza a mudança revolucionária que se verificou na filosofia empirista da ciência.[16] Mary Hesse teorizou explicitamente a crise e o fim da tradicional opo-

16 Para as referências bibliográficas, cf. Rossi (1986, p.59-94).

sição (no interior da qual, ao contrário, ainda se move Jürgen Habermas) entre a filosofia das ciências naturais e a análise hermenêutica das ciências do homem:

> As décadas de 1960 e 1970 foram o período no qual os filósofos das ciências naturais compreenderam que os dados empíricos não são simplesmente *dados*, mas estão carregados de teoria, ou seja, reunidos e interpretados à luz de alguma estrutura teorética, e que, se isso é verdade para as ciências naturais, é verdade *a fortiori* para as ciências humanas. O processo observação-teoria-previsão--controle é circular, não linear: uma mudança na estrutura teorética pode levar à recusa de observações anteriormente interpretadas, bem como as observações podem levar à recusa da teoria. (Hesse, 1990, p.5)

As teses do chamado "relativismo cognitivo" foram difundidas feito mancha de óleo na comunidade dos epistemólogos e se tornaram o eixo das que Rorty um dia chamou de "as guerras kuhnianas". Termos e significados se tornam dependentes do contexto cultural e os critérios contextualizadores estão muito mais na moda que os contextos objetivistas-referenciais (cf. Egidi, 1988, p.13-4).

A ideia de que a ciência seja constituída por teorias está hoje um tanto em desuso, pelo menos entre os filósofos. Também está decididamente fora de moda (nos mesmos ambientes) a afirmação de que tais teorias tenham condições de nos revelar o mundo real. No lugar das teorias investe-se em opções, jogos, caprichos, casos, coincidências, imprevistos, acidentalidades, estalos gestálticos, reticulados, labirintos, divertimentos, conversões. A ciência é sistematicamente apresentada como um conjunto de *crenças* em vez de um conjunto de *conhecimentos*. Aquela que um dia foi chamada a "verdade" das teorias foi identificada e resolvida em suas capacidades de produzir consenso. Sobre isso existe (o que é bastante raro entre filósofos) uma concordância generalizada. Enunciados e teorias, para Donald Davidson, não mais são submetidos ao "tribunal da experiência", mas "ao tribunal de nossas crenças atuais" (ibidem, p.34). Para Ian Hacking, os "estilos de pensamento" (que têm a ver mais com a cultura que com a lógica) determinam o domínio dos enunciados, aos quais pode ser atribuída a qualificação de "verdadeiros" ou "falsos". Richard Rorty entende por verdade o que se mostra coerente com o conjunto das crenças, práticas e comportamentos individuais e coletivos.

As aproximações entre a ciência e os sistemas de crenças foram levadas tão adiante a ponto de gerar, pelo menos entre os não epistemólogos, doses notáveis de incerteza. Porque uma coisa é sustentar que existem conexões entre as teorias científicas e as crenças predominantes numa determinada época; outra coisa é sustentar que a ciência *se resolve sem resíduos num mutável sistema de crenças*. Os entusiasmos dos defensores de um anarquismo metodológico me parecem um tanto descuidados e, dado que sou adepto de uma incorrigível visão baconiana do *advancement* científico, gostaria de propor, a esse respeito, uma observação.

Creio que a atual tendência dominante de dissolver as teorias nas crenças dependa principalmente, e em primeiro lugar, do grande sucesso de um tipo particular de filosofia que tem uma sólida tradição e está bem radicado nas mais variadas culturas filosóficas. Para um determinado e facilmente reconhecível tipo de filosofia, as atividades dos filósofos não se dirigem mais para distinguir, mas sempre para mostrar a falácia da maior parte das distinções operacionais no mundo da cultura e, no máximo, a inutilidade de todas as distinções possíveis.

Para mostrar a falácia das distinções, essa filosofia se vale de uma técnica confirmada há muito tempo e que pode ser denominada "da passagem ao limite". Alguns exemplos: *dado* que se verificaram entrelaçamentos entre magia e ciência, *então* não existe mais nenhuma distinção entre ciência e magia; *dado* que existe imaginação na ciência, *então* não mais existe distinção entre ciência e arte; *dado* que não há experimentos cruciais capazes de garantir a validade definitiva de uma escolha entre teorias, *então* os experimentos não contam nada, são só imaginários e somente existem as teorias; *dado* que o processo histórico da ciência não é sempre linear e contínuo, *então* só existem escolhas arbitrárias entre teorias; *dado* que a chamada "reconstrução racional" não é manejável e nem sempre realizável, *então* os êxitos teóricos devem ser explicados recorrendo apenas à psicologia coletiva e aos efeitos de uma propaganda sagaz, à tendência sempre presente de subir no carro do vencedor etc.

A linha que permite de algum modo distinguir, no interior do processo histórico da ciência, as ciências naturais das humanas, se assemelha com toda probabilidade muito mais a uma membrana semipermeável que a uma parede de cimento. Sem dúvida, após as sequelas das longas "guerras kuhnianas", os confins serão redesenhados. E é igualmente indubitável que eles não passam mais pelo meio das velhas fortificações: os dados contrapostos às interpretações, as leis contrapostas aos tipos ideais, a linguagem exata contraposta à metafórica. Redesenhando os mapas, depois das guerras, sempre emergem discussões sobre novos confins. Infelizmente (para os amantes dos sistemas e para os "chapéus quadrados" das "sólidas coordenadas filosóficas"), também esses novos confins deixam vislumbrar a necessidade de novas e imprevistas modificações. Todo dia, em plena luz do sol, fileiras de clandestinos ultrapassam os confins. Os epistemólogos controlam-nos com atenção, às vezes com carrancas agressivas. Os pesquisadores das ciências, tanto naturais quanto humanas, estão só curiosos com as passagens frequentes. Sempre estiveram e continuam a favor de um trânsito completamente livre.

Recuperação do passado e prescrição

Talvez, àquelas cinco "diferenças irredutíveis" listadas por Hesse, possa ser agregada uma sexta. Porque as ciências humanas estão *ancoradas na tradição* de formas muito diversas das que são características das ciências chamadas naturais; e porque nestas o tema do esquecimento e da relação com o passado se configura de modos bem diferentes. No mundo das ciências humanas, a lista dos "objetos esquecidos" não abrange apenas objetos teóricos apagados ou superados pelo crescimento do saber, mas também, ao contrário, objetos efetiva e "involuntariamente" esquecidos, possíveis de tentar recuperar do passado e trazer de volta à memória dos contemporâneos. Nesta última categoria, cabe a descoberta de um texto inédito ou a de um quadro que permanecera oculto, ou a redescoberta de um autor ou pintor, que é quase sempre qualificado por seu descobridor como "injustamente esquecido". A quantidade de objetos que podem ser recuperados não tem limites determináveis. Os textos, as ideias, as relações entre os textos e entre as ideias, os arquivos e os documentos constituem um campo praticamente infinito (inclusive porque infinitamente divisível) e aberto para os interesses mutáveis e as curiosidades insaciáveis dos historiadores.

A historiografia não coincide com a espontaneidade da memória individual e coletiva: é uma forma de conhecimento que deve "passar pelo crivo da crítica" os aportes da memória. Todavia, entre história e memória ocorre uma relação estreita, porque a história se nutre de memória e esta "se impregna de toda uma série de noções e de sentimentos que são produzidos e veiculados pela historiografia" ("I Ricordi della Storia: entrevista com Jacques Le Goff", 1989).

O crescimento do saber histórico parece principalmente confiado à capacidade de identificar no passado novos objetos, e de colocar em perspectiva, de modos novos, relatos e relações individualizáveis. Inclusive na historiografia, os manuais são continuamente reescritos e abandonados como não mais utilizáveis ou objetos de simples curiosidade. A novidade, se diz, consiste principalmente num "novo recorte". Mas, observando bem, este

205

último coincide muitas vezes com a capacidade de identificar e rememorar objetos negligenciados ou esquecidos que emergem, como se costuma dizer, "em primeiro plano". A presença deles faz crescer ou diminuir o significado; e a relevância de outros objetos permite identificar novas relações, põe sobretudo em crise consolidados paradigmas interpretativos. Isso aconteceu, por exemplo, relativamente com a história das ideias, no caso do poder taumatúrgico dos reis, dos modos da vida material, da noção de crescimento e de crise econômica, das imagens dos deuses dos antigos, dos processos contra as bruxas e dos selvagens americanos.

No caso da historiografia, os processos de rememoração, que a constituem em sua essência mais profunda, parecem guiados por intenções precisas: remediar o esquecimento natural dos seres humanos, atarefados em seu cotidiano presente; conservar e permitir que seja utilizado um grande e rico patrimônio de traduções, instituições e ideias; criar um elo entre diferentes gerações; dar lugar a formas de memória coletiva que podem dizer respeito a pequenas ou grandes comunidades (os tifernates, os escoceses ou os europeus) ou, até mesmo, a todo o gênero humano. A memória coletiva, para a qual a atividade dos historiadores e dos antropólogos fornece uma contribuição notável, é, em geral, entendida como possibilidade de se referir a um passado dotado de sentido: algo que pode opor barreiras sólidas aos processos de laminação, quebra, isolamento, erradicação do ambiente e do passado de indivíduos e de comunidades.

Os processos naturais do esquecimento se configuram para os historiadores como algo que eles pretendem remediar, mas podem eles próprios se tornar objeto de estudo. A localização dos documentos e a exploração dos arquivos ocupam grande parte de suas atividades. Mas ocorrem também setores das ciências humanas nos quais o esquecimento é explicitamente teorizado e apresentado como resultado de uma escolha e de uma vontade deliberada. Por exemplo, as regras jurídicas determinam formas de "imposição de esquecimento" com o conceito de prescrição dos crimes. Nenhum filho pode ser preso e processado se matou o pai há mais de vinte anos, mesmo que hoje confesse tê-lo matado pelos motivos mais abjetos. Aquele passado, para o direito, não é mais relevante. E essa ausência de relevância está explicitamente ligada, nos manuais, ao decorrer do tempo e ao desvanecer-se da lembrança: "O decurso do tempo atenua normalmente o interesse do Estado em averiguar o crime e também em aplicar a pena que lhe tenha sido infligida, interesse que se reduz com o dissipar-se da lembrança do fato e de suas consequências sociais" (Antolisei, 1980, p.638).

Também quando cancela nos códigos um crime e, como se costuma dizer, o "ab-roga", o legislador decide o cancelamento de uma entidade: por exemplo, o crime de feitiçaria ou o homicídio por motivos de honra ou a "sujeição" (*plagio*) de uma pessoa por parte de outra. Às vezes, tal cancelamento permanece marca explícita no número que, nos códigos, remete aos crimes derrogados. Termos como "feitiçaria" ou "sujeição" referem-se a entidades que, de um ponto de vista jurídico, não existem mais. O referente desapareceu. Após a derrogação, tais termos (como no caso do flogisto ou do calórico) tornam-se insignificantes para juízes e advogados. Após terem desaparecido dos códigos, somem também dos manuais, e só conservam interesse para os historiadores (neste caso, os historiadores do direito). Também a ideia – que recentemente encontrou defensores – de delitos "que não caem em prescrição" por causa de sua extraordinária ou monstruosa gravidade mostra como também o tema do esquecimento no direito está, na realidade, intimamente associado ao de uma memória histórica que reafirma a identidade dos grupos e tende a colocá-los de modo crítico perante a tradição.

A transitoriedade como valor: copernicanismo cognitivo

Nicholas Rescher distinguiu seis diferentes teorias do progresso científico, evidenciando sua insustentabilidade ou parcialidade:

1) A elementar concepção expansionista, segundo a qual os estágios mais avançados de uma ciência são superiores aos precedentes pela capacidade de responder a um maior número de demandas que concernem tanto a problemas novos quanto a problemas já resolvidos em etapas precedentes (Karl Popper).
2) A tese do progresso como ampliação dos problemas e possibilidade de propor problemas adicionais (Paul Feyerabend).
3) A tese que identifica o progresso com o incremento numérico da simples quantidade dos problemas resolvidos (Larry Laudan).
4) O progresso como uma diminuição no simples volume dos problemas não resolvidos.
5) O progresso como diminuição da proporção relativa dos problemas não resolvidos.
6) O progresso como extensão da ignorância ou como expansão cognitiva sujeita à lei, pela qual quanto mais conhecemos mais nos damos conta de nossa relativa ignorância. (Rescher, 1990, p.50-5)

Mesmo que o desenvolvimento histórico da ciência se tivesse adequado a algum desses modelos, "esta poderia ser uma circunstância puramente fortuita: não refletiria nenhum profundo princípio inerente à natureza essencial da empresa científica". O defeito comum a todas essas concepções, aos olhos de Rescher, é que todas tratam "somente com os problemas em si, sem minimamente preocupar-se com sua relevância". Progresso, irrelevância, importância e interesse são, ao contrário, "conceitos relativos ao estágio do conhecimento". O interesse de um problema só pode ser identificado pela posição avantajada de um novo conjunto de conhecimentos. Um problema na aparência insignificante, como a cor azul do céu, pode adquirir grande importância no estágio científico em que é considerado exemplo de um novo efeito importante. Para aplicar conceitos como interesse, relevância e importância, "temos de já dispor de um conjunto científico; não existe nenhum critério neutro que permita estabelecer se S^2 representa um progresso em relação a S^3 ou vice-versa" (ibidem, p.60-1).

A estratégia mais promissora recorre a critérios *pragmáticos* em vez de a problemas *cognitivos* na consideração do progresso: "um estágio da ciência é superior a outro não porque propõe teorias mais complicadas, mas porque permite maiores aplicações, segundo o velho critério de Bacon e de Hobbes da *scientia propter potentiam*: é superior porque maior é o seu poder de previsão e de controle". Devemos voltar-nos não para a dialética dos problemas e das respostas, mas ao âmbito dos limites do poder humano em sua interação com a natureza (ibidem, p.62).

O livro de Rescher é originalmente de 1984. Em 1980, Mary Hesse havia chegado, sobre esse ponto específico, a conclusões idênticas. Na ciência, ocorre acumulação de sentenças observativas verdadeiras, no sentido de que aprendemos melhor a encontrar uma estrada em meio ao ambiente natural e temos sobre ele um grau mais alto de poder preditivo. Esse tipo de crescimento não é, provavelmente, o de que gostariam muitos metafísicos e cientistas teóricos.

> Não se trata de uma convergência de ontologias que se aproximam cada vez mais da verdadeira essência do mundo, da delineação derradeira do ideal pré-socrático "de que é feito o mundo". Antes, se trata de um crescimento instrumental, pragmático quanto ao nosso desejo de ter previsões verdadeiras e controláveis. Depois de tudo, a ciência é a Marta, não a Maria do conhecimento. (Hesse, 1980, p.158-9)

A noção pragmática de progresso nos oferece uma série de critérios e de soluções. Mas não parece tocar o problema do "princípio profundo inerente à natureza essencial da empresa científica". Contudo, quando nos referimos às ciências ou, mais em geral, à empresa científica, nossas avaliações acham-se em geral ligadas ao reconhecimento desse "andar para a frente": ou seja, tendemos a atribuir o nome de "ciências" a todos os setores nos quais nos parece poder reconhecer o "avanço" e a capacidade de *englobamento seletivo* da herança do passado.

Em geral, não alimentamos dúvidas sobre o caráter "científico" da física das partículas ou da biologia molecular. Principalmente por causa da ausência de processos de englobamento seletivo são, ao contrário, largamente difundidas perplexidades e incertezas sobre a cientificidade da economia, da sociologia, da psicologia e da antropologia cultural. Às vezes, as incertezas se transformam em ceticismo, como quando nos acontece de constatar que o termo "cientista político" é assumido como dotado de um referente real só nos Departamentos de Ciências Políticas. E seguimos perguntando se, algum dia, poderão chegar a configurar-se como "ciências" uma série de outras atividades cognitivas presentes no mundo da cultura. Só os professores de epistemologia consideram que a eventual resposta negativa a tais questões tenha de ser associada à presença ou ausência do respeito a regras metodológicas. Sobre a "cientificidade" de setores singulares do saber são feitas asserções e negações, exprimem-se perplexidades, dúvidas e incertezas. Estas são principalmente ligadas a uma consideração de conjunto de tipo "histórico": à constatação da presença ou da ausência do tipo de seleção e de "avanço" ao qual nos referimos acima.

Mas tal avanço – mesmo quando não procede por meio de revoluções e é predominantemente baseado em processos de "englobamento seletivo" – implica que o esquecimento do passado e o descarte das teorias sejam concebidos não como realidades inevitáveis ligadas à fragilidade e à mortalidade dos seres humanos, mas como *um objetivo a ser realizado*. O saber científico assume como elemento central de sua constituição a convicção de que a "verdade" atual é só um "erro aceito", destinado a ser negado ou reduzido ao nível de visão parcial. *A inadequação de nossos antecessores é em tudo similar à nossa inadequação aos olhos dos sucessores.*

O processo de avanço da ciência, o englobamento e a utilização do saber precedente – já se viu – comportam processos de seleção e descarte. Quase sempre, o descarte e o abandono de asserções e de teorias são verificados no terreno do saber científico só quando uma substituição de novos objetos e de novas teorias aos velhos objetos e às velhas teorias é realizável ou parece aceitável. E permanece verdadeiro que a ciência é a única entre as muitas formas de saber humano na qual os erros são (com uma frequência de fato notável e sem derramamento de sangue) identificados, corrigidos, utilizados; e é a única entre as formas de saber que assumiu a atitude que Rescher chamou "copernicanismo cognitivo". Atitude que consiste em afirmar que *a nossa posição no tempo não é cognitivamente privilegiada* e que o presente (inclusive o nosso) não possui nenhum privilégio epistêmico (Rescher, 1990, p.107).

Antiquatio theoriarum

Esta forma de "copernicanismo" não está igualmente presente em todas as formas do saber. Nem todas assumem a transitoriedade como um valor nem veem no "ser superado" o "objetivo" da pesquisa. Existem formas culturais que tendem a instituir ligações entre os seres humanos e a Verdade; e outras formas nas quais se projetam durações que tendem à eternidade. G. H. Hardy comparava a matemática a uma rocha contra a qual as filosofias estão destinadas a quebrar-se (Hardy, 1969, p.86). Muitíssimos matemáticos tiveram e ainda têm a mesma opinião. Giancarlo Rota acredita que a matemática leve uma dupla existência.

Na primeira, ocupa-se de "fatos" do tipo: as alturas de um triângulo se encontram num ponto, só existem 17 tipos de simetria no plano, existem só cinco equações diferenciais não lineares com singularidades fixas etc. Desse ponto de vista, "os resultados da matemática são imutáveis e ninguém jamais descobrirá um novo grupo finito simples, agora que estabelecemos a lista completa após cem anos de pesquisas". Os resultados da pesquisa são, caso tenham validade, definitivos e eternos: "Uma vez resolvido, um problema matemático está resolvido para sempre, e aos problemas da matemática se adequa o provérbio 'si fractus illabitur orbis, impavidum ferient ruinae'". O progresso é indiscutível: problemas um dia difíceis estão hoje ao alcance dos jovens estudantes; e a matemática "que alguém da minha geração aprendia na universidade poderia hoje ser ensinada nas escolas secundárias".

Em seu segundo tipo de existência, a matemática se ocupa não de "fatos", mas de "demonstrações" que encaixam cada fato verdadeiro da matemática dentro de uma teoria axiomática em condições de prová-lo de modo formal. A historicidade e a mudança só dizem respeito a essa segunda existência. Os fatos "são absolutamente pedregosos", ao passo que "o método utilizado para verificá-los mudou várias vezes na história e seria ingênuo pensar que não haverá ulteriores mudanças no futuro" (Rota, 1990, p.295, 296, 299, 306).

A distinção nítida entre os resultados pedregosos e os variáveis métodos usados para alcançá-los certamente não vale para todos os setores da cultura. De qualquer modo, permanece verdadeiro que a leitura de Leopardi não nos leva a abandonar a de John Donne; e que a chegada de um quadro de Chagall não empurra para os porões dos museus um quadro de Rafael. "Escrever para a eternidade" com certeza é uma metáfora, mas sem dúvida a poesia não envelhece e não é superada da mesma forma que são superados os resultados a que chegam os observadores da natureza. Homero, Dante e Shakespeare ainda falam aos contemporâneos e são de fato poucos os defensores de formas de progresso ou de avanço na poesia e nas artes figurativas.

Desse ponto de vista, também seria possível colocar numa ordem absolutamente provisória (e totalmente discutível) algumas das figuras que caracterizam a cultura da era moderna. Quanto mais se desce na lista, mais alto é o valor atribuído ao envelhecimento rápido das teorias. Quanto mais se sobe na lista, mais são difusas as esperanças de ter criado uma obra "eterna", capaz de superar os abismos do tempo:

O matemático
O poeta
O pintor
O narrador
O filósofo
O arquiteto
O historiador
O crítico literário
O sociólogo
O psicólogo
O geneticista
O químico-físico
O cosmólogo
O engenheiro de informática[17]

Até mesmo os grandes construtores da "imagem negativa" da ciência, que teve um papel tão importante no pensamento do

---

17 Após ter escrito estas páginas, li, no ensaio de Rota (1990, p.306), citado acima, a referência a uma possível "classificação das ciências, baseada no grau de imutabilidade de seus resultados". Tal classificação teria à frente ciências com escasso interesse filosófico, como a mecânica racional e a química orgânica e, no final da lista, ciências "mais filosóficas", como a cosmologia e a teoria da evolução.

Novecentos, insistiram nessa contraposição entre "transitorie-dade" e "eterno". Nas *Considerações não atuais*, Nietzsche chama de "supra-históricas" as "potências que afastam o olhar do futuro, dirigindo-o para o que dá à existência o caráter de eterno e imutável". Tais potências são a arte e a religião. Ao contrário, a ciência é essencialmente incapaz de afastar o olhar do futuro e "considera verdadeira e justa, ou seja, científica, só a consideração das coisas que vê por todo lado um transformado, um elemento histórico, e em lugar nenhum um ente, um eterno". A ciência não vê coisas eternas, mas somente o resultado da transformação. Por isso "vive em contradição íntima com as formas eternizantes da arte e da religião", e vê nelas "forças adversas". Ela trata de "eliminar todas as delimitações do horizonte e lança o homem num mar infinito e ilimitado de ondas luminosas, no mar do devir conhecido". Nesse mar não se pode viver porque "o terremoto de ideias que a ciência provoca tira do homem o fundamento de toda sua segurança e paz, a fé naquilo que perdura e é eterno".[18]

---

18 Nietzsche, 1981, p.156. Para Nietzsche, o olvido não é o esquecimento de pedaços ou parte do saber, não tem a ver com um processo de abandonos sucessivos de teorias ou de visões de mundo. Ao passo que o termo "supra--histórico" designa, como vimos, a arte e a religião, "anti-histórico" é o termo que indica "a força e a arte de poder esquecer e de fechar-se num horizonte limitado". O olvido coincide para Nietzsche (nesse texto) com aquele "ser agarrado à estaca do instante" de que o animal é capaz e o homem não. Coincide com "a morte do saber". Se por olvido se entende, como aqui entende Nietzsche, a "morte do saber" ou o "fechar-se num horizonte limitado" ou "a delimitação dos horizontes", então é bem verdade que a ciência "que conhece confins, mas não limites" é, radicalmente e por excelência, como quer Nietzsche, a "inimiga do olvido". Entre os textos de Nietzsche sobre o tema se recorda aquele, bastante célebre, presente no texto citado (p.81): "Observa o rebanho que pasta à sua frente: ele não sabe o que seja ontem ou hoje, salta em volta, come, descansa, digere, torna a saltar e, assim, do amanhecer ao pôr do sol e dia após dia, ligado brevemente ao seu prazer e dor, agarrado à estaca do instante; e por isso nem triste nem entediado. Ver isso faz mal ao homem, porque comparado com o animal, ele se jacta de sua humanidade e,

Talvez a "natureza essencial da empresa científica" deva de algum modo ser reconduzida à noção, já presente em Francis Bacon, da *antiquatio theoriarum*, ou da capacidade de tornar "velhas", "obsoletas" ou "superadas" as teorias que, num presente qualquer, venhamos a atribuir a qualificação de "verdadeiras".

Não importa o que foi feito, trata-se de ver o que se pode fazer. A ciência vê em qualquer lugar um resultado de transformação. Todo trabalho científico quer ser superado e ser superado não é apenas seu destino, também é seu objetivo. Pensadores tão diferentes quanto Bacon, Nietzsche e Weber concordam nesse ponto. Insistir na quantidade notável do material que é descartado na história da ciência, falar do esquecimento na ciência é, na realidade, apenas um modo, embora não de todo habitual, de falar em "progresso na ciência" e de afirmar e reconhecer sua presença.[19]

---

contudo, olha com inveja a felicidade daquele – dado que somente isso ele quer, viver como o animal, nem entediado nem entre dores, porém o deseja em vão, dado que não o quer como o animal. O homem perguntou certa vez ao animal: por que não fala de sua felicidade e fica só olhando para mim? O animal, por sua vez, queria responder e dizer: isso depende do fato que esqueço logo o que queria dizer – mas logo se esqueceu inclusive dessa resposta e silenciou; e assim o homem se maravilhou. Mas ele se maravilhou também de si mesmo, pelo fato de não poder aprender a esquecer e ser continuamente ligado ao passado: por mais distante, por mais rápido que ele corra, corre com ele a corrente. É um milagre: o instante, ei-lo presente, já sumiu, antes um nada, depois um nada, volta de novo como espectro, perturbando a paz de um instante posterior. Continuamente, uma folha se destaca do rolo do tempo, cai, esvoaça – e torna a voar para trás, para o colo do homem. Então o homem diz 'eu me lembro' e inveja o animal, que logo esquece e que vê realmente morrer, mergulhar na neblina e, na morte, apagar-se para sempre a cada instante". Cf. também Nietzsche, ibidem, p.84-5; 1968, p.255; 1967, p.160-1.

19 Enquanto corrigia estas provas, tive a chance de ler a tradução italiana de um brilhante e lúcido panorama da física contemporânea escrito (para não especialistas), em 1987, por um físico teórico (Legget, 1991). Ali encontrei, na conclusão, uma página muito significativa sobre o envelhecimento das teorias: "Num futuro não muito remoto – 50, 100 anos? –, a teoria quântica

dos campos e toda a concepção quântico-mecânica parecerão aos nossos descendentes como hoje nos parece a física clássica, nada mais que uma representação aproximada que o acaso quis que fornecesse as respostas justas para o tipo de experimentos considerados factíveis e interessantes pelos físicos do século XX tardio. (...) Bem longe de ter em vista o final da estrada, estamos, na realidade, após 300 anos, só no início de uma longa viagem de um percurso disseminado por recortes panorâmicos que, no momento, vão além de nossa mais desenfreada imaginação. Pessoalmente, considero-a uma conclusão marcada pelo otimismo. Na pesquisa intelectual, caso não houvesse nada mais, é certamente melhor viajar confiante do que chegar, e gosto de pensar que a atual geração de estudantes e seus filhos, e os filhos dos filhos deles, vão se defrontar com questões apaixonantes e essenciais pelo menos tanto quanto aquelas que hoje nos fascinam; questões para as quais, com toda probabilidade, seus antecessores do século XX não dispunham sequer da linguagem adequada" (p.222-3).

Bibliografia

AGAMBEN, G. Tradizione dell'immemorabile. *Il Centauro*, 13-14, 1985.

AGASSIZ, L. *Essay on Classification*. (Organizado por E. Lurie). Cambridge: Harvard University Press, 1962.

AGRIPPA, H. C. De vanitate scientiarum. (cap.10, *De arte memorativa*). In: *Opera*. Lugduni, 1660.

AGRIPPA, H. C. In artem brevem Raymundi Lullii commentaria. In: *Raymundi Lullii Opera*. Argentorati, Sumpt. Haer. Lazari Zetzneri, 1617.

ALBERTO MAGNO. *Opera omnia*. Paris: Borghet, 1890.

ALFERJ, P.; PILATI, A. (Orgs.). *Conoscenza e complessità*. Roma/Nápoles: Theoria, 1990.

ALIGHIERI, D. *Inferno*. [A Divina Comédia. São Paulo: Cultrix, 1996]

ALSTED, H. *Systema mnemonicorum duplex*. Prostat, in nobilis Francofurti Paltheniana, 1610.

AMÉRY, J. *Intellettuale ad Auschwitz*. Turim: Bollati Boringhieri, 1987.

ANTINUCCI, F. L'evoluzione dell'intelligenza umana: per caso e non per necessità. In: *Sistemi Intelligenti*, II, 1990, p.323-46.

ANTOINE, J.-P. The Art of Memory and its Relation to the Unconscious. *Comparative Civilizations Review*, 18, 1988, p.1-21.

ANTOLISEI, F.; CONTI, L. (Orgs.). *Manuale di Diritto Penale*. 8.ed. rev. Milão: Giuffrè, 1980.

AQUILECCHIA, G. (Org.). *Dialoghi italiani*. Florença: Sansoni, 1958.

ARIÈS, P. *Un historien du dimanche*. Paris, 1982.

ARIÈS, P. *Le temps de l'histoire*. Mônaco, 1954.

ARIETI, S. *Interpretazioni della schizophrenia*. Milão: Feltrinelli, 1973.

ARISTÓTELES. *De memoria et reminiscentia*. [Da memória e reminiscência]

BACON, F. *De dignitate et augmentis scientiarum*. In: SPEDDING, J. (ed.). *The Works of Francis Bacon*. v.I, Londres: Ellis and Heath, 1857-1892.

BACON, F. *Novum organum*. In: SPEDDING, J. (ed.). *The Works of Francis Bacon*. v.IV. Londres: Ellis and Heath, 1857-1892. [BACON, F. *Novum organum ou verdadeiras indicações acerca da interpretação da natureza*. São Paulo: Nova Cultural, 1999]

BACON, F. *Scritti filosofici*. (Organizado por P. Rossi). Turim: Utet, 1975.

BACON, F. *Opere filosofiche*. (Organizado por E. de Mas). Bari: Laterza, 1965, II.

BACON, F. *Saggi*. (Organizado por A. Prospero). Turim: Silva, 1948.

BACON, F. *Works*. (Organizado por R. L. Ellis, J. Spedding e D. D. Heath). v.7. Londres, 1887-92, III.

BADDELEY, A. *Memoria superdotada*: mnemotécnicas y mnemonistas. Psicología de la Memoria. Madri, 1983.

BALDWIN, J. *La prossima volta, il fuoco*. Milão: Feltrinelli, 1962.

BARRA, B. G. *Scienza cognitiva*: un approccio evolutivo alla simulazione della mente. Turim: Bollati Boringhieri, 1990.

BARTHES, R. *Sade, Fourier, Loyola*. Paris: Editions du Seuil, 1971.

BARTLETT, F. C. *Remembering. A Study in Experimental and Social Psychology*. Cambridge: Cambridge University Press, 1964.

BASTIDE, R. Mémoire collective et sociologie du bricolage. *L'année sociologiche*, XXI, 1970, p.65-108.

BATLLORI, M. In: GRACIÁN, B. *Obras*. Madri: Laurus, 1983.

BATTISTINI, A. Geroflici vichiani e quadratura del cerchio. *Intersezioni*, V, 1985.

BELLONE, E. Conoscenza e storia: sulla possibilità di modelli per i processi storici di sviluppo delle scienze empiriche. In: *Annuario della E.S.T. Mondadori*. Milão: Mondadori, 1987a.

BELLONE, E. Il realismo e la storia della fisica. In: MINAZZI, F.; ZANZI, L. (Orgs.). *La scienza tra filosofia e storia in Italia nel novecento*. Roma: Presidenza del Consiglio dei Ministri, 1987b.

BERNARDI, W. *Le metafisiche dell'embrione*: scienze della vita e filosofia da Malpighi a Spallanzani. Florença: Olschki, 1986.

BERNART, L. de. *Immaginazione e scienza in G. Bruno*. Pisa: ETS, 1986.

BERNART, L. La ragione senza immaginazione: considerazioni sulla logica ramista e i suoi ascendenti umanistici. In: CRISTOFOLINI, P. (org.), *Studi del Seicento e sull' Immaginazione*. Pisa: Scuola Normale Superiore di Pisa, 1985, p.129-51.

BETTETINI, G. (Org.). *Miti e mass media*. Milão: Franco Angeli, 1990.

BIANCHI, L. *L'inizio dei tempi*: antichità e novità del mondo da Bonaventura a Newton. Florença: Olschki, 1987.

BIANCHI, L. *L'errore di Aristotele*: la polemica contro l'eternità del mondo nel XIII Secolo. Florença: La Nuova Italia, 1984.

BLANCO, I. M. Dell'uno e dei molti (entrevista a Perla Nardini). *Il Cannocchiale*, 3, 1987.

BLUM, H.; REINERT, G. Mnemotechnik. In: *Historische Wörterbuch der Philosophie*, V, 1980, col. 1444-8.

BOAS, G. *Il culto della fanciullezza*. Florença: La Nuova Italia, 1973.

BODEI, R. L'opacità dell'evidenza. In: VOZZA, M. *Rilevanze*: epistemologia e ermeneutica. Bari: Laterza, 1990, p.xxi-xxii.

BODEI, R. Attualità e tempo dell'attesa: strategie per pensare il futuro. *Iride*, 2, 1989, p.123-33.

BOLZONI, L. Il "Colloquio Spirituale" di Simone di Cascina: note su allegorie e immagini della memoria. *Rivista di Letteratura Italiana*, III, 1, 1985, p.9-65.

BOLZONI, L. *Il teatro della memoria*: studi su G. Camillo. Pádua: Liviana, 1984a.

BOLZONI, L. Teatralità e tecniche della memoria in Bernardino da Siena. *Intersezioni*, IV, 1984b, p.271-87.

BONANNI, A. Il "Giovane Wiesenthal" russo. *Corriere della Sera*, 4 ago. 1990.

BORGES, J. L. *La biblioteca di Babele* (1935-1944). Turim: Einaudi, 1955.

BORIE, J. *Mythologies de l'héredité au XIXe siècle*. Paris, 1981.

BOULANVILLIERS, H. de. *Astrologie mondiale*: histoire du mouvement de l'apogée du Soleil au oratique des règles d'astrologie pour juger des evenements generaux. (Organizado por R. Simon). Garche: Editions du Nouvel Humanisme, 1949.

BOWER, G. Imagery as a Relational Organizer in Associative Learning. *Journal of Verbal Learning and Verbal Behaviour*, IX, 1970, p.529-33.

BOYLE, R. *Works*. Londres: Birch, 1774, III.

BRAATHEN, H. J. Parità: Vi è una differenza fra destra e sinistra? (Atas do congresso *La Simmetria* – 1970). (Organizado por E. Dazzi). Bolonha: Il Mulino, 1973, p.121-33.

BRUNO, G. *Le ombre delle idee*. (Ed. crit. org. por A. Caiazza). Milão: Spirali, 1988.

BRUNO, G. Spaccio. In: AQUILECCHIA, G. (Org.). *Dialoghi italiani*. Florença: Sansoni, 1958.

BRUNO, G. *Opere*. Bari: Laterza, 1927, II.

BRUNO, G. *Opera latina*. Nápoles/Florença, 1886-91.

BRUSH, S. A History of Random Process: Brownian Movement from Brown to Perrin. *Archive for History of Exact Sciences*, V, 1968-1969, p.1-36.

BUBER, M. *I racconti dei Chassidim*. Milão: Garzanti, 1979.

CALVINO, J. Religionis institutio. In: *Corpus reformatorum*, II, XXX, p.10-13. [CALVINO, J. A instituição da religião cristã. São Paulo: Ed. Unesp, 2008.

CAMBIANO, G. *Il ritorno degli antichi*. Bari: Laterza, 1988.

CAMILLO, G. *Opere*. Veneza: A. Griffo, 1584.

CAMPANELLA, T. *La città del sole*. (Organizado por N. Bobbio). Turim: Einaudi, 1941.

CANGUILHEM, C. *Études d'histoire et philosophie des sciences*. Paris: Vrin, 1968.

CANTELLI, G. *Mente, corpo, linguaggio*: saggio sull'interpretazione vichiana del mito. Florença: Sansoni, 1986.

CANZIANI, G. *Le Theophrastus Redivivus lecteur de Cardan*. XVIIIe siècle, 4, 1985, p.379-406.

CAPELLA, M. *De nuptiis philologiae et Mercurii*. Leipzig, 1925.

CASINI, P. Newton: gli scolii classici. *Giornale Critico della Filosofia Italiana*, LX, 1981, p.7-53.

CASSIRER, E. *Linguaggio e mito*. Milão: Garzanti, 1975.

CASTRONOVO, V. Troppe piccole patri. *La Repubblica*, 24 ago. 1984.

CÍCERO. *De finibus bonorum et malorum*. [Os extremos do bem e do mal]

CÍCERO. *De oratore.[Sobre o orador]*

CILIBERTO, M. *Giordano Bruno*. Bari: Laterza, 1990.

CILIBERTO, M. *La ruota del tempo*: interpretazioni di Giordano Bruno. Roma: Editori Riuniti, 1986.

CÓD. AMBROS., I, 171 inf., f. 20v.

COHEN, B. *La rivoluzione nella scienza*. Milão: Longanesi, 1988.

COLLI, G. *La sapienza greca*. Milão: Adelphi, 1978.

COMTE, A. *Cours de philosophie positive*. Paris: Alcan, 1864, V.

CORNELIUS, P. *Languages in Seventeenth and Early Eighteenth-Century Imaginary Voyages*. Genebra: Librairie Droz, 1965.

CORRESPONDANCE Leibniz-Clarke. (Organizado por A. Robinet). Paris: Vrin, 1957.

COULIANO, I. P. *Eros e magia nel Rinascimento*. Milão: Il Saggiatore, 1986.

CRAIG, G. A. La guerra degli storici tedeschi. *Il Mulino*, XXXVI, 1987, p.228-40.

CROSLAND, M. P. *Historical Studies in the Language of Chemistry*. Londres: Heinemann, 1962.

D'ESPAGNAT, B. *Un atomo di saggezza*. Florença: Hopeful Monster, 1987.

D'ESPAGNAT, B. *Alla ricerca del reale*. Turim: Boringhieri, 1983.

DARWIN, C. Profilo di un bambino. In: DARWIN, C. *L'Espressione delle emozioni nell'uomo e negli animali, Taccuini "M" e "N", Profilo di un bambino*. (Organizado por G. A. Ferrari). Turim: Boringhieri, 1982.

DARWIN, C. *L'origine delle specie*: Edizione originale integrale del 1859 con le varianti dell'edizione del 1872. Roma: Newton Compton, 1973.

DARWIN, C. *L'origine delle specie*. Turim: Boringhieri, 1967.

DARWIN, C. *On the Origin of Species, a Reprint of the First Edition*. Londres: Watts & Co., 1950.

DARWIN, C. *Origin of Species, 6th edition reprint*. Nova York: Appleton and Company, 1902.

DAVI, M. *Le débat sur les écritures et l'hyéroglyphe au XVIIe et XVIIIe siècles*. Paris: Sevpen, 1965.

DE LA FLOR, F. R. *Teatro de la memoria*: siete ensayos sobre memotecnica española de los siglos XVII y XVIII. Junta de Castilla y Leon, 1988.

DELIN, P. S. The Learning to Criterion of a Serial list with and without Mnemonic Instructions. *Psychonomic Science*, XVI, 1969.

DENIS, M. *Les images mentales*. Paris: Presses Universitaires de France, 1979.

DESCARTES, R. *Oeuvres*. ADAM, C.; TENNERY, P.(eds.). Paris: Léopold Cerf, 1897-1913. 11v.

DESCARTES, R. *Opere*. (Introdução de E. Garin). 2v. Bari: Laterza, 1967.

DOYLE, A. C. Uno studio in rosso. In: *L'infallibile Sherlock Holmes*. Milão: Mondadori, 1957.

DUCHARME, R.; FRAISSE, P. Etude génetique de la mémorisation des mots et d'images. *Canadian Jornal of Psychology*, XIX, 1965, p.253-61.

ECO, U. *La dimenticanza nel testo*. Texto datilografado, apresentado no congresso sobre a Arte do Esquecimento organizado pelo Istituto di Ricerca sulla Comunicazione A. Gemelli e C. Musatti. Milão, 12-13 nov. 1990.

ECO, U. Ars oblivionalis. *Kos*, 4, 30, 1987.

EDELMAN, G. M. *Neural Darwinism*: the Theory of Neuronal Group Selection. Nova York: Basic Books, 1987.

EDELMAN, G. M.; HELLERSTEIN, D. Plotting a Theory on the Brain. *The New York Times Magazine*, 22 maio 1988.

EGIDI, R. (Org.). *La svolta relativistica nell'epistemologia contemporanea*. Milão: Franco Angeli, 1988.

EINSTEIN, A. *Opere scelte*. (Organizado por E. Bellone). Turim: Bollati Boringhieri, 1988.

ELKANA, Y. *Antropologia della conoscenza*. Bari: Laterza, 1989.

ELKANA, Y. The Need to Forget. *Ha'aretz*, 2 mar. 1988.

ENGELS, F. *Dialettica della natura*. Roma: Rinascita, 1950.

ERNST, G. *Religione, ragione e natura*: ricerche su Tommaso Campanella e il tardo rinascimento. Milão: Franco Angeli, 1991.

EY, H.; BERNARD, P.; BRISSET, C. *Manuale di psichiatria*. Turim: Utet/Paris: Masson, 1972.

FANTINI, B. L'Etologia. In: ROSSI, P. *Storia della scienza moderna e contemporanea*. v.III. Turim: Utet, 1988, p.912-13.

FANTINI, B. *La genetica classica*. Turim: Loescher, 1979.

FERRARIS, M. *La filosofia e lo spirito vivente*. Bari: Laterza, 1991.

FERRARIS, M. Fenomenologia e occultismo. In: VATTIMO, G. (Org.). *Filosofia '88*. Bari: Laterza, 1989, p.173-208.

FICINO, M. *Opera omnia*. Basileia, 1576.

FIRPO, L. Filosofia italiana e Controriforma. *Rivista di filosofia*, Milão, 1950, p.150-73; 1951, p.30-47.

FLECK, L. *Genesi e sviluppo di un fatto scientifico*. Bolonha: Il Mulino, 1983.

FOTI, V. M. Heidegger: Remembrance and Metaphysics. *Journal of the British Society for Phenomenology*, XV, 1984.

FRANCIA, G. T. di. *Le cose e i loro nomi*. Bari: Laterza, 1986.

FRANCIA, G. T. di. (Org.). *Il problema del cosmo*. 2v. Roma: Istituto dell'Enciclopedia Italiana, 1982.

FRANKS, F. *Poliacqua*. Milão: Il Saggiatore, 1981.

FREUD, S. *Sintesi delle nevrosi di traslazione*. (Organizado por I. Gubrich-Simitis). Turim: Boringhieri, 1986.

FREUD, S. *Opere*. Turim: Boringhieri, 1982.

FREY-ROHN, L. *Da Freud a Jung*. Milão: Cortina, 1984.

FUBINI, G. Ebraismo e cristianesimo: la parabola del figliol prodigo. *Rivista di Filosofia*, LXXXI, 1990, p.429-54.

FUTUYAMA, D. J. *Biologia evoluzionista*. Bolonha: Zanichelli, 1984.

GADAMER, H. G. *La ragione nell'età della scienza*. Gênova: Il Melangolo, 1982.

GADDA, C. E. *Meditazione milanese*. (Organizado por G. C. Roscioni). Turim: Einaudi, 1974.

GALILEI, G. *Opere*. 20v. (Organizado por A. Favero). Florença: Barbera, 1890-1909.

GARIN, E. *Lo zodiaco della vita*. Bari: Laterza, 1976.

GARIN, E. *Dal rinascimento all'illuminismo*. Pisa: Nistri-Lischi, 1970.

GIANCOLA, L. Plotino: la memoria come coscienza originaria della totalità. *Il Cannocchiale*, 1988, 1-3, p.77-112.

GOMBRICH, E. The Problem of Relativism in the History of Ideas. In: BIANCHI, M. (Org.). *Storia delle Idee*: Problemi e Prospettive. Roma: Edizioni dell'Ateneo, 1989, p.3-12.

GOULD, S. J. *Time's Arrow, Time's Cycle*: Myth and Metaphor in the Discovery of Geological Time. Cambridge: Harvard University Press, 1987. [trad. ital.: *La freccia del tempo e il ciclo del tempo*: mito e metafora nella scoperta del tempo geologico. Milão: Feltrinelli, 1989].

GOULD, S. J. La misurazione dei corpi: due casi della natura scimmiesca degli indesiderabili. In: *Intelligenza e pregiudizio*: le pretese scientifiche del razzismo. Roma: Editori Riuniti, 1986, p.102-33.

GOULD, S. J. *Questa idea della vita*. Roma: Editori Riuniti, 1984.

GOULD, S. J. *Ontogeny and Phylogeny*. Cambridge: Harvard University Press, 1977.

GRACIÁN, B. *Oráculo manual y arte de la prudencia*. Barcelona: Planeta, 1984.

GRASSO, A. L'angelo della dimenticanza. In: BETTETINI, G. (Org.). *Miti e mass media*. Milão: Franco Angeli, 1990, p.224-85.

GREGORY, T. Temps astrologique et temps chrétien. In: *Le temps chrétien de la fin de l'antiquité au Moyen Age*. Paris: Editions du Centre National de la Recherche Scientifique, 1984, p.557-73.

GREGORY, T. *Theofrastus Redivivus*: Erudizione e ateismo nel seicento. Nápoles: Morano, 1979.

HADAMARD, J. *The Psychology of Invention in the Mathematical Field*. Princeton: Princeton University Press, 1945.

HAECKEL, E. *Generelle Morphologie der Organismen*. Berlim: Georg Reimer, 1866, II.

HALBWACHS, M. *The Collective Memory*. Nova York: Harper Colophon, 1980.

HALBWACHS, M. *La mémoire collective*. Paris: PUF, 1950.

HALBWACHS, M. *Les cadres sociaux de la mémoire*. Paris, 1925.

HARDY, G. H. *Apologia di un matematico*. Bari: De Donato, 1969.

HEGEL, G. G. F. *Lezioni sulla filosofia della storia*. Florença: La Nuova Italia, 1963.

HEIDEGGER, M. *Segnavia*. Milão: Adelphi, 1987.

HEIDEGGER, M. Identità e differenza. *Aut Aut*, 1982.

HEIDEGGER, M. *Saggi e discorsi*. Milão: Mursia, 1976.

HEIDEGGER, M. *Sentieri interrotti*. Florença: La Nuova Italia, 1973.

HEIDEGGER, M. *Lettera sull'umanesimo*. Florença: La Nuova Italia, 1953.

HENDRY, J. The History of Complementarity: Niels Bohr and the Problem of Visualization. *Proceedings of International Symposium on Niels Bohr. Rivista di Storia della Scienza*, 2, 1985, p.391-407.

HESSE, M. L'archeologia e la scienza del concreto. *Intersezioni*, X, 1990, I.

HESSE, M. Oltre il relativismo nelle scienze naturali e sociali. *Iride*, 1989, 3, p.53-66.

HESSE, M. *Revolutions and Reconstructions in the Philosophy of Science*. Brighton: The Harvester Press, 1980.

HIGHSMITH, P. *La casa nera*. Palermo: Sellerio, 1989.

HOBBES, T. De corpore. In: NEGRI, A. (Org.). *Elementi di filosofia*. Turim: Utet, 1972.

HOBBES, T. *Opera philosophica*. Londres, 1841, III.

HOBBES, T. *Leviata*.[HOBBES, T. Leviatã. São Paulo: Martins Editora, 2003].

HOGELAND, A. 8 fev. 1640. In: DESCARTES, R. *Oeuvres, Supplément*. Paris: Cerf, 1913.

HOLTON, G. *L'immaginazione scientifica*. Turim: Einaudi , 1983.

HOOKE, R. *Micrographia*. Londres, 1665.

HUME, D. *Opere*. (Organizado por E. Lecaldano e E. Mistretta). Bari: Laterza, 1971.

HUME, D. *Ricerche sull'intelletto umano e sui principi della morale*. (Organizado por M. dal Pra). Bari: Laterza, 1957.

HUTTON, J. *Theory of the Earth, with Proofs and Illustrations*. Edimburgo: Wiliam Creech, 1795.

HUTTON, P. H. Collective Memory and Collective Mentalities: the Halbwachs-Ariès Connection. *Historical Reflections/Reflexions historiques*, XV, 1988, p.311-22.

HUTTON, P. H. The Art of Memory Reconceived: from Rhetoric to Psychoanalysis. *Journal of the History of Ideas*, XLVIII, 1987, p.371-92.

I RICORDI della Storia: Entrevista com Jacques Le Goff. *Mondo Operaio*, 12, 1989, p.119-20.*Il Mulino*, 321, XXXVIII, 1989.

INGEGNO, A. *Saggio sulla filosofia di Cardano*. Florença: La Nuova Italia, 1980.

INGEGNO, A. *Cosmologia e filosofia nel pensiero di G. Bruno*. Florença: La Nuova Italia, 1978.

ITO, Y. Hooke's Cyclic Theory of the Earth in the Context of Seventeenth Century England. *British Journal for the History of Science*, XXI, 1988, p.295-314.

IVERSEN, E. *The Myth of Egypt and its Hieroglyphs in the European Tradition*. Copenhagen: Gec Gad Publishers, 1961.

JAENSCH, E. R. *Eidetic Imagery and Typological Method of Investigation*. Nova York, 1930.

JASPERS, K. *Psicopatologia generale*. Roma: Il Pensiero Scientifico, 1965.

JAYNES, J. *Il crollo della mente bicamerale e l'origine della coscienza*. Milão: Adelphi, 1984 [1976].

JONSEN, A. R.; TOULMIN, S. *The Abuse of Casuistry*: a History of Moral Reasoning. Berkeley: University of California Press, 1988.

JOYCE, J. *Daedalus*. Trad. Cesare Pavese. Turim: Frassinelli, 1951.

JUNG C.G. Simboli della trasformazione, 1912-1952. In: *Opere*. v.V Turim: Boringhieri, 1970-em andamento. [*Símbolos da transformação. Obras completas de Carl Gustav Jung V*. São Paulo: Vozes, 1995].

JUNG C.G. Psicologia dell'inconscio, 1917-1943. In: *Opere*. v.VII. Turim: Boringhieri, [*Psicologia do inconsciente. Obras completas de Carl Gustav Jung V*. São Paulo: Vozes, 1995].

JUNG C.G. Determinanti psicologiche del comportamento umano In: *Opere*. v.VIII. Turim: Boringhieri, [*Determinantes psicológicas do comportamento humano. Obras completas de Carl Gustav Jung V*. São Paulo: Vozes, 1995].

JUNG C.G. Tipi psicologici. In: *Opere*. v.VI. Turim: Boringhieri [*Tipos psicológicos. Obras completas de Carl Gustav Jung V*. São Paulo: Vozes, 1995].

JUNG C.G. La strutura della psiche. In: *Opere*. v.VIII. Turim: Boringhieri [A estrutura da psique. *Obras Completas de Carl Gustav Jung V*. São Paulo: Vozes, 1995].

JUNG C.G. Psicologia analitica e concezione del mondo, 1927-1931. In: *Opere*. v.VIII. Turim: Boringhieri [Psicologia analítica e concepção do mundo. *Obras Completas de Carl Gustav Jung V*. São Paulo: Vozes, 1995].

JUNG, C. G. *Psychology of the unconscious*. Londres: Kegan Paul, 1916.

KANT, I. *Prolegomeni ad ogni futura metafisica che si presenti come scienza*, III, 57. Bari: Laterza, 1982.

KIELMEYER, H. F. Ueber die Verhältnisse der organischen Kräfte. (Reeditado e organizado por H. Blass). *Sudhoffs Archiv für Geschichte der Medizin*, XXIII, 1930, p.247-67.

KNOWLSON, J. R. The Idea of Gesture as a Universal Language in the XVIIth and XVIIIth Centuries. *Journal of the History of Ideas*, XXV, 1965, p.495-508.

KOHLBRUGGE, J. H. F. Das Biogenetische Grundgesetz. Eine historische Studie. *Zoolischer Anzeiger*, XXXVII, 1911, p.447-53.

KOSELLECK, R. *Accelerazione e secolarizzazione*. Nápoles: Istituto Suor Orsola Benincasa, 1989.

KOSELLECK, R. *Futuro passato. Per una semantica dei tempi storici*. Gênova: Il Melangolo, 1986 [1979].

KOSELLECK, R. Les monuments aux morts: contribution à l'étude d'une marque visuelle des temps modernes. In: VOVELLE, M. (Org.). *Iconographie et histoire des mentalités*. Paris, 1979, p.117-35.

KOYRE, A. Newton and the Leibniz-Clarke Correspondence. *Archives Internationales d'Histoire des Sciences*, XV, 1962, p.63-126.

KRIPKE, S. *Naming and Necessity*. Oxford: Blackwell, 1980.

KUBRIN, D. Newton and the Cyclical Cosmos: Providence and the Mechanical Philosophy. *Journal of the History of Ideas*, XXVIII, 1967, p.325-46.

KUHN, T. *La tensione essenziale*: cambiamenti e continuità nella scienza. Turim: Einaudi, 1985. [A tensão essencial. São Paulo: Ed. Unesp, 2010].

KUHN, T. *La struttura delle rivoluzioni scientifiche*. Turim: Einaudi, 1969.

L'ARTE della dimenticanza. Milão: Franco Angeli, 1990.

LABORDA, A. P. de. *Leibniz e Newton*. Milão: Jaca Book, 1986.

LAUDAN, L. *La scienza e i valori*. Bari: Laterza, 1987.

LAUDAN, L. *Il progresso scientifico*: prospettive per una teoria. Roma: Armando, 1979.

LECALDANO, E. *Hume e la nascita dell'etica contemporanea*. Bari: Laterza, 1991.

LEGGET, A. J. *I problemi della fisica*: dalla cosmologia alle particelle subatomiche. Turim: Einaudi, 1991.

LEIBNIZ, G. G. *Schöpferische Vernunft*. Marburg, 1956.

LEVI, P. *I sommersi e i salvati*. Turim: Einaudi, 1986.

LOMBROSO, C. *L'uomo delinquente*, 1887.

LORENZ, K. *Evolution and Modification of Behaviour*. Chicago: University of Chicago Press, 1965.

LOVEJOY, A. O. Recent Criticism of the Darwinian Theory of Recapitulation. In: GLASS, B.; TEMKIN, O.; STRAUS JR., W. L. (Orgs.). *Forerunners of Darwin*: 1745-1859. Baltimore: Johns Hopkins Press, 1968, p.438-58.

LOWENTHAL, D. Imaged Pasts: Reconstructing History. In: BIANCHI, M. L. (Org.). *Storia delle Idee*: Problemi e Prospettive. Roma: Edizioni dell'Ateneo, 1989, p.134-55.

LOWENTHAL, D. *The Past is a foreign Country*. Cambridge: Cambridge University Press, 1985.

LOYOLA, I. de. *Gli scritti*. (Organizado por M. Gioia). Turim: Utet, 1988.

LOYOLA, I. de. *Esercizi spirituali*. (Organizado por G. Giudici). Milão: Mondadori, 1984.

LUGLI, A. *Naturalia et mirabilia*: il collezionismo enciclopedico nelle Wunderkammern d'Europa. Milão: Mazzotta, 1983.

LURIJA, A. *Neuropsicologia della memoria*. Roma: Editori Riuniti, 1981.

LURIJA, A. *Viaggio nella mente di un uomo che non dimenticava nulla*. Roma: Armando, 1979 [1968].

LURIJA, A. R. *Un mondo perduto e ritrovato*. Roma: Editori Riuniti, 1973.

LUTERO, M. *Discorsi a tavola*. (Organizado por L. Perini). Turim: Einaudi, 1968.

LUTZ, K. A.; LUTZ, R. L. Effects of Interactive Imagery on Learning Applications to Advertising. *Journal of Applied Psychology*, LXII, 1977, p.493-98.

LYELL, C. *Principles of Geology*. Londres: John Murray, 1830.

MACLEAN, P. D. *Evoluzione del cervello e comportamento umano*. (Com prefácio de L. Gallino). Turim: Einaudi, 1984.

MALEBRANCHE, N. *Oeuvres complètes*. 2v. Paris: Vrin, 1837, II.

MAMIANI, M. *Introduzione a Newton*. Bari: Laterza, 1990.

MAQUIAVEL, N. *Istorie fiorentine*. [*História de Florença*. São Paulo: Martins Editora, 2007];

MARGULIS, L.; SAGAN, D. *Microcosmo. Dagli organismi primordiali all'uomo*: una evoluzione di quattro miliardi di anni. Milão: Mondadori, 1989.

MAURO, E. Un archivio del terrore staliniano. *La Repubblica*, 3 ago. 1989.

MAYR, E. *Storia del pensiero biologico*. (Organizado por P. Corsi). Turim: Bollati Boringhieri, 1990.

MBITI, J. S. *African Religious and Philosophy*. Londres: Heinemann, 1969.

MC GUIRE, J. E.; RATTANSI, P. M. Newton and the "Pipes of Pan". *Notes and Records of the Royal Society of London*, XXI, 1966. p.108-43.

MECKEL, J. F. *System der vergleichenden Anatomie*. 7v. Halle: Rengersche Buchhandlung, 1821, I.

MELCHIORRE, V. (Org.). *Ontologia della dimenticanza*. Milão: Franco Angeli, 1990.

MELETTI, M. B. *Il pensiero e la memoria*: filosofia e psicologia nella "Revue Philosophique" di Théodule Ribot. Milão: Franco Angeli, 1991.

MERCATI, M. *De gli obelischi di Roma*. Roma, 1589.

MERTON, R. K. *La sociologia della scienza*. Milão: Franco Angeli, 1981.

MESSERI, M. A Proposito del concetto di pensiero in Descartes e in Spinoza. In: CRISTOFOLINI, P. (Org.). *Studi del seicento e sull'immaginazione*. Pisa: Scuola Normale Superiore di Pisa, 1985, p.29-52.

MIGNINI, F. *Ars imaginandi*: apparenza e rappresentazione in Spinoza. Nápoles: Edizioni Scientifiche Italiane, 1981.

MONTAIGNE. *Saggi*. (Organizado por F. Garavini). Milão: Mondadori, 1970, I.

NANCER, G. *Mémoire et projet du mouvement lycéen-étudiant de 1968-1983*. Paris: Editions L'Hartmann, 1990.

NANCER, G. *La commémoration en France de 1945 à nos jours*. Paris: Editions L'Hartmann, 1987a.

NANCER, G. *Mémoire et société*. Paris: Meridien Klincksieck, 1987b.

NEWTON, I. *Il sistema del mondo e gli scolii classici*. (Organizado por P. Casini). Roma: Theoria, 1983.

NEWTON, I. *Scritti di ottica*. (Organizado por A. Pala). Turim: Utet, 1978.

NEWTON, I. Of the "World to Come", Day of Judgement and World to Come. In: MANUEL, F. *The Religion of Isaac Newton*. Oxford: Clarendon Press, 1974.

NEWTON, I. *Principi matematici della filosofia naturale*. (Organizado por A. Pala). Turim: Utet, 1965.

NEWTON, I. *The correspondence*. (Organizado por E. W. Turnbull). Cambridge, 1959, I.

NEWTON, I. *Theological Manuscripts*. (Selecionados e editados por H. Mclachlan). Liverpool, 1950.

NEWTON, I. *Opera quae extant omnia*. Londini, 1779-1785, III.

NEWTON, I. *Opticks*. Londres, 1721.

NICASI, S. Il germe della follia: modelli di malattia mentale nella psichiatria italiana di fine ottocento. In: ROSSI, P. (Org.). *L'Età del Positivismo*. Bolonha: Il Mulino, 1986, p.309-32.

NIETZSCHE, F. *Considerazioni inattuali*. Trad. S. Giannetta e M. Montinari. Turim: Einaudi, 1981.

NIETZSCHE, F. *Così parlò Zaratustra*. Milão: Adelphi, 1968.

NIETZSCHE, F. *Umano, troppo umano*. Milão: Adelphi, 1967.

NORA, P. Mémoire collective. In: LE GOFF, J. (Org.). *La nouvelle histoire*. Paris: Retz, 1978.

NYE, M. J. *Molecular Reality*. Londres, 1972.

OEXLE, O. G. Memoria und Memorialüberlieferung in früberen Mittelalter. *Frühmittelaltetiche Studien*, X, 1976, p.70-95.

OHLY, F. *Geometria e memoria*: lettera e allegoria nel medioevo. Bolonha: Il Mulino, 1984.

OLIVERIO, A. *Il tempo ritrovato*: la memoria e le neuroscienze. Roma: Theoria, 1990.

OMODEO, P. Come ricordano le macchine e gli animali? In: OMODEO, P. (Org.). *La Memoria*, Quaderni de "Le Scienze", 19, 1984.

ORWELL, G. *1984*. Trad. G. Baldini. Milão: Mondadori, 1983.

OZOUF, M. *La fête révolutionnaire*: 1789-1799. Paris: Gallimard, 1976.

PAGANINI, G. L'anthropologie naturaliste d'un esprit fort. *XVIIIe siècle*, 4, 1985, p.349-77.

PAIVIO, A. Mental Imagery in Associative Learning and Memory. *Psychological Review*, LXXVI, 1969, p.241-63.

PAIVIO, A.; CSAPO, K. Concrete Image and Verbal Memory Codes. *Journal of experimental Psychology*, LXXX, 1969, p.279-85.

PALEOTTI, G. *Ratio atque institutio studiorum Societatis Jesu. L'Ordinamento scolastico dei collegi dei gesuiti*. Milão: Feltrinelli, 1979.

PALEOTTI, G. *Tratatti d'arte del cinquecento tra manierismo e controriforma* (Organizado por P. Barocchi). Bari: Laterza, 1961, II.

PALUMBO, G. *Speculum peccatorum*: frammenti di storia nello specchio delle immagini fra cinque e seicento. Nápoles: Liguori, 1990.

PALUMBO, G. Morale gesuitica: stratificazioni simboliche e percorsi ideologici nella dottrina christiana di R. Bellarmino. *Atti dell'Accademia Pontaniana*, XXXVII, 1989, p.73-125.

PALUMBO, G. Forme della morale e immagini del peccato: la "dottrina christiana" di G. B. Eliano. *Atti dell'Accademia Pontaniana*. Nuova Serie, v.XXXVI. Nápoles: Giannini, 1988, p.161-205.

PAPI, F. *Antropologia e civiltà nel pensiero di G. Bruno*. Florença: La Nuova Italia, 1968.

PAPINI, M. *Arbor humanae linguae. L'etimologico di G. B. Vico come chiave ermeneutica della storia del mondo*. Bolonha: Cappelli, 1984a.

PAPINI, M. *Il geroglifico della storia*: significato e funzione della dipintura nella scienza nuova di G. B. Vico. Bolonha: Cappelli, 1984b.

PAREYSON, L. *Heidegger*: la libertà e il nulla. Nápoles: Istituto Suor Ursola Benincasa, 1990.

PASCAL, B. *Opusculi e scritti vari*. (Organizado por G. Petri). Bari: Laterza, 1959.

PASCAL, B. *Oeuvres*. Paris: Alcan, 1954.

PATRIZI, F. Emendatio in libros suos Novae Philosophiae. In: KRISTELLER, P. O. (Org.). *Rinascimento*, 1970.

PETRARCA, F. *Secretum*. (Organizado por E. Carrara, com introdução de E. Martellotti). Turim: Einaudi, 1977.

PETRARCA, F. *De' rimedi dell'una et l'altra fortuna di M. Francesco Petrarca*. Trad. por Remigio Fiorentino. Veneza: Domenico Farri, 1584.

PETRARCA, F. *Rerum memorandarum Libri*. Basileia, 1581, I [ed. G. Billanovich: Florença, 1943].

PETRUCCIOLI, S. *Atomi, metafore, paradossi*: Niels Bohr e la costruzione di una nuova fisica. Roma/Nápoles: Theoria, 1988.

PICK, D. *Faces of Degeneration*. Cambridge: Cambridge University Press, 1989.

PIRANI, M. *Il fascino del nazismo*: il caso Jenninger, una polemica sulla storia. Bolonha: Il Mulino, 1989.

PIRO, F. Filosofia o teologia naturale dei cinesi? Leibniz, Malebranche e l'universalità del lessico onto-teologico europeo. *Filosofia e teologia*, I, 1988, p.75-93.

PLANCK, M. *Scientific Autobiography and Other Papers*. Nova York, 1949.

PLATÃO. *Fedro*.

POGGI, S. *Gli istanti del ricordo*: memoria e afasia in Proust e Bergson. Bolonha: Il Mulino, 1991.

POLANYI, M. *Conoscere ed essere*. Roma: Armando, 1988.

POMIAN, K. *Collezionisti, amatori e curiosi*: Parigi-Venezia XVI-XVIII Secolo. Milão: Il Saggiatore, 1989.

POMIAN, K. Collezionisti d'arte e di curiosità naturali. In: *Storia della cultura veneta*: il setecento. Milão: Neri Pozza, 1986, p.2-70.

POMIAN, K. *L'ordre du temps*. Paris: Gallimard, 1984a.

POMIAN, K. La cultura della curiosità. *Prometeo*, II, 6, 1984b, p.64-73.

POMIAN, K. Collection-Microcosme et la culture de la curiosité. In: Scienze, Credenze Occulte, Livelli di Cultura. Florença: Olschki, 1982, p.535-57.

POMIAN, K.Ciclo e Periodizzacione. In: *Enciclopedia Einaudi*. [Ciclo e Periodização (verbetes). *Enciclopédia Einaudi*. v. 29, Lisboa: Imprensa Nacional/Casa da Moeda, 1993].

POMPONAZZI, P. *De naturalium effectuum sive de incantationibus*. Hildesheim/Nova York: Olms, 1970.

PORTA, G. B. *De Furtivis Literarum Notis, vulgo De Ziferis*. Nápoles, 1602.

PORTA, G. B. *L'arte del ricordare*. Nápoles, 1566.

PRAZ, M. *Studi sul concettismo*. Florença: Sansoni, 1946.

PRETI, G. *Retorica e logica*. Turim: Einaudi, 1968.

PREYER, W. *Die Seele des Kindes*. Leipzig: Th. Grieben's Verlag, 1884.

PRODI, P. *Il cardinale Gabriele Paleotti*. 2v. 1959/1967.

PRODI, P. Ricerche sulla teoria delle arti figurative nella riforma cattolica. *Archivio Italiano per la Storia della Pietà*, IV, 1965, p.123-212.

PROUST, M. *Alla ricerca del tempo perduto. Il tempo ritrovato.* Trad. G. Caproni. Milão: Mondadori, 1970.

PUBLICIUS, J. *Oratoriae artis epitomae.* Veneza, 1482.

RADNITZKY, G. L'oggettivismo e la seduzione del relativismo Epistemologico. In: EGIDI, R. (Org.). *La svolta relativistica nell'epistemologia contemporanea.* Milão: Franco Angeli, 1988.

RENDA, A. *L'oblio. Saggio sull'attività della coscienza.* Turim: Bocca, 1910.

RESCHER, N. *I limiti della scienza.* Roma: Armando, 1990.

RICCI, S. *La fortuna del pensiero di G. Bruno.* Florença: Le Lettere, 1991.

RICERCA sulle cause della dimenticanza volontaria (datilografado). Milão: Istituto di ricerca sulla comunicazione A. Gemelli e C. Musatti.

ROGER, J. Per una storia delle scienze. *Giornale Critico della Filosofia Italiana*, 63, 1984, 3, p.285-314.

ROGER, J. Darwin, Haeckel et les français. In: CONY, Y. (Org.). *De Darwin au Darwinisme.* Paris: Vrin, 1983, p.149-65.

RORTY, R. *La filosofia dopo la filosofia.* Bari: Laterza, 1989.

RORTY, R. The Historiography of Philosophy: Four Genres. In: *Philosophy in History.* Cambridge: Cambridge University Press, 1984.

ROSE, S. *Il cervello e la coscienza.* Milão: Mondadori, 1973.

ROSENFIELD, I. *L'invenzione della memoria*: il cervello e i processi cognitivi. Milão: Rizzoli, 1989a.

ROSENFIELD, I. La memoria oggi: teorie e ipotesi. In: *La fabbrica del pensiero*: dalle arti della memoria alle neuroscienze. Milão: Electa, 1989b.

ROSSELLI, C. *Thesaurus artificiosae memoriae.* Veneza, 1579 (*Carmen ad lectores*).

ROSSI, B. *L'enigma dei raggi cosmici.* Roma/Nápoles: Theoria, 1990.

ROSSI, P. Mnemonical Loci and Natural Loci. In: PERA, M.; SHEA, W. *Persuading Science*: the Art of Scientific Rhetoric. Canton: Science History Publications, 1991, p.77-88.

ROSSI, P. Creativity and the Art of Memory. In: SHEA, W. R.; SPADAFORA, A. (Orgs.). *Creativity in the Arts and Sciences.* Canton: Science History Publications, 1990, p.1-13.

ROSSI, P. Il paradigma della riemergenza del passato. *Rivista di Filosofia*, LXXX, 1989a, p.371-92.

ROSSI, P. Le credenze, la scienza, le idee. In: BIANCHI, M. (Org.). *Storia delle idee*: problemi e prospettive. Roma: Edizione dell'Ateneo, 1989b.

ROSSI, P. Lingue artificiali, classificazioni, nomenclature. In: *La scienza e la filosofia dei moderni*: aspetti della rivoluzione scientifica. Turim: Bollati Boringhieri, 1989c, p.196-246.

ROSSI, P. *Paragone degli ingegni moderni e postmoderni.* Bolonha: Il Mulino, 1989d.

ROSSI, P. The Twisted Roots of Leibniz' Characteristic. In: MUGNAI, M. (Org.). *The Leibniz Renaissance.* Florença: Olschki, 1989e, p.271-89.

ROSSI, P. (org.) *La memoria del sapere*: forme di conservazione e strutture organizzative dall'antichità a oggi. Bari: Laterza/Seat, 1988°, p.211-38.

ROSSI, P. La storia della filosofia: il vecchio e il nuovo. *Rivista di Filosofia*, LXXXIX, 1988b, p.545-68.

ROSSI, P. Che cosa abbiamo dimenticato sulla memoria? *Intersezioni*, VIII, 3, 1987, p.419-28.

ROSSI, P. *I ragni e le formiche*: un'apologia della storia della scienza. Bolonha: Il Mulino, 1986.

ROSSI, P. The Reappearance of the Past. In: CAZZULLO, C. L.; INVERNIZZI, G. (Orgs.). *Schizophrenia*: an Integrative View. Londres/Paris: John Libbey, 1985, p.44-48.

ROSSI, P. *The Dark Abyss of Time*. Chicago: University of Chicago Press, 1984a.

ROSSI, P. Universal Languages, Classifications and Nomenclatures in the Seventeenth Century. In: *History and philosophy of life sciences*, II, 1984b, p.243-70.

ROSSI, P. *Clavis universalis*: arti della memoria e logica combinatoria da Lullo a Leibniz. Ed. rev. Bolonha: Il Mulino, 1983 [1960].

ROSSI, P. Scienze della natura e scienze dell'uomo: alcune vie di comunicazione. *Intersezioni*, I, 1981, p.5-25.

ROSSI, P. *I segni del tempo*: storia della Terra e storia delle nazioni da Hooke a Vico. Milão: Feltrinelli, 1979a.

ROSSI, P. Sfere celesti e branchi di gru. In: *Immagini della scienza*. Roma: Editori Riuniti, 1979b, p.109-47.

ROSSI, P. Tradizione ermetica e rivoluzione scientifica In: *Immagine della scienza*. Roma: Editori Riuniti, 1977, p.149-84.

ROSSI, P. *I filosofi e le macchine*: 1400-1700. Milão: Feltrinelli, 1971a.

ROSSI, P. Lingue artificiali, classificazioni, nomenclature. In: *Aspetti della rivoluzione scientifica*. Nápoles: Morano, 1971b, p.292-370.

ROSSI, P. *Le sterminate antichità*: studi vichiani. Pisa: Nistri Lischi, 1969.

ROSSI, P. La costruzioni delle immagini nei trattati di memoria artificiale del rinascimento. In: *Umanesimo e simbolismo*. Roma: Archivio di filosofia, 1958, p.161-78.

ROSSINI, O. Il XIII libro della theologia platonica: i sogni, i miracoli, la memoria in Marsilio Ficino. *Il Centauro*, 1-3, 1988, p.126-72.

ROSSINI, S. Terrore da vendere. *L'Espresso*, 3 maio 1987.

ROTA, G. C. Matematica e filosofia: storia di un malinteso. *Bollettino UMI*, IV, 1990, p.295-307.

ROUSSEAU, J.-J. *Le confessioni*. Trad. M. Rago. Turim: Einaudi, 1978.

ROUSSEAU, J.-J. *Oeuvres complètes*. Paris: Gallimard, 1959-1969.

RUDWICK, M. J. S. *The meaning of fossils*: episodes in the history of Paleontology. Nova York: Neal Watson, 1976.

RUSCONI, G. E. *Capire la Germania*: un diario ragionato sulla questione tedesca. Bolonha: Il Mulino, 1990.

RUSCONI, G. E. *Germania*: un passato che non passa. i crimini nazisti e l'identità tedesca. Turim: Einaudi, 1987.

SACKS, O. *Risvegli*. Milão: Adelphi, 1987.

SACKS, O. *L'uomo che scambiò sua moglie per un cappello*. Milão: Adelphi, 1986.

SALLE, P. de la. *Le mystère des asnes*. Lyon: Aubry, 1599.

SASSO, G. *Machiavelli e gli antichi e altri saggi*. Milão/Nápoles: Ricciardi, 1987, I.

SASSO, G. *Tramonto di un mito*: l'idea di "progresso" fra ottocento e novecento. Bolonha: Il Mulino, 1984.

SCHENKEL, L. *Gazophylacium artis memoriae*. Argentorati, 1610.

SCHLOSSER, J. von. *Raccolte d'arte e di meraviglie del tardo rinascimento*. Florença: Sansoni, 1974.

SCHMIDT, A. M. *La poésie scientifique au seizième siècle*. Paris, 1938.

SCHOPENHAUER, A. *La quadruplice radice del principio di ragion sufficiente*. (Organizado por E. Kühn-Amendola). Lanciano: Carabba, s.d.

SCREM, M. *Come sviluppare una memoria eccezionale in ventun giorni, affrontare con sicurezza esami, colloqui, discorsi in pubblico o in tv, non dimenticare nomi, fatti, visi, appuntamenti con le tecniche mnemoniche più moderne ed efficaci.* Milão: Giovanni de Vecchi Editore, 1988.

SEBBA, G. *Bibliographia Cartesiana*: a Critical Guide to the Descartes Literature. Haia: Martinus Nijhoff, 1964.

SECORD, J. Temporal Questions. *Nature*, 316, 22 ago. 1985.

SENESE, A. C. De certa gloria et veneratione et invocatione sanctorum. In: *Opuscula*. Lugduni, 1542.

SERRES, E. Principes d'embryogénie, de zoogénie, de teratogénie. *Mémoires de l'Académie des Sciences*, XXV, 1860, p.1-934.

SEVERINO, E. *La filosofia futura*. Milão: Rizzoli, 1989.

SEVERINUS, P. *Idea medicinae philosphicae*. Basileia, 1571.

SIMONDON, M. *La mémoire et l'oubli*. Paris: Les Belles Lettres, 1982.

SMITH, A. D. *Il revival etnico*. Bolonha: Il Mulino, 1984 [1981].

SMITH, S. B. *The Great Mental Calculators*. Nova York: Columbia University Press, 1983.

SPANGERBERGIUS, J. *Artificiosae memoriae libellus*. Witerbergae, 1570 (5, *De locis*).

SPENCE, J. D. *Il palazzo della memoria di Matteo Ricci*. Milão: Il Saggiatore, 1987.

SPINOZA, B. *Trattato teologico politico*. (Organizado por E. B. Giancotti). Turim: Einaudi, 1972.

STAROBINSKI, J. Lineamenti per una storia del concetto di immaginazione. In: *L'occhio vivente*. Turim: Einaudi, 1975..

STEGMÜLLER, W. Scienza normale e rivoluzioni scientifiche. In: EGIDI, R. (Org.). *La svolta relativistica nell'epistemologia contemporanea*. Milão: Franco Angeli, 1988, p.81-85.

SULLOWAY, F. J. *Freud biologo della psiche*: al di là della leggenda psicoanalitica. Milão: Feltrinelli, 1982.

SULLY, J. *Studies on Childhood*, 1896.

SUSUKITA, T. Untersuchungen eines ausserordentlichen Gedächtnisses. *Japan Psychological Folia*, I, Sendai, 1933-34, p.15-42, 111-134.

SVEVO, I. La morte. In: *Opera omnia*. v.III. Milão: Dall'Oglio, 1968.

TANZI, E. Sui neologismi degli alienati. *Rivista di Filosofia Scientifica*, XV, 1889, p.356; XVI, 1990, p.1,6, 7, 32, 33.

TEMKIN, O. *The Double Face of Janus and Other Essays in the History of Medicine*. Baltimore: Johns Hopkins University Press, 1977.

THEOPHRASTUS Redivivus. 2v. 1.ed. crit. de G. Canziani e G. Paganini. Florença: La Nuova Italia, 1981, II.

TOMAI, P. *Phoenix seu artificiosa memoria*, Veneza, 1491.

TOMÁS DE AQUINO. *Summa theologica*. [*Suma teológica*. 9v. São Paulo: Loyola, 2006].

UCHENDU, V. C. Ancestorcide! Are African ancestors dead? In: NEWELL, N. H. (Org.). *Ancestors*. Haia: Mouton, 1976. p.283-96.

VATTIMO, G. L'oblio impossibile. In: *Riflessioni sull'oblio*. Parma: Pratiche Editrici, 1990.

VEISSKOPF, V. Is Physics Human? *Physics today*, jun .1976.

VERGATA, A. LA. *L'equilibrio e la guerra della natura*: dalla teologia naturale al darwinismo. Nápoles: Morano, 1991a.

VERGATA, A. LA. *Nonostante Malthus*: fecondità, popolazioni e armonia della natura, 1700-1900. Turim: Bollati Boronghieri, 1991b.

VERNANT, J. P. *Mito e pensiero presso i greci*. Turim: Einaudi, 1970.

VIANO, C. A. La biblioteca e l'oblio. In: ROSSI, P. (Org.). *La memoria del sapere*, 1988, p.239-74.

VICO, G. B. *Principi di una scienza nuova*. Nápoles: Felice Mosca, 1725.

VICO, G. B *Opera di G.B. Vico*. Nicolini, Fausto, ed. Bari: Laterza, 1911-41.

VISCOTT, D. A Musical Idiot Savant: a Psychodynamic Study and some Speculations on the Creative Process. *Psychiatry*, XXXIII, 4, 1970, p.495-515.

WACHTEL, N. Memory and History: an Introduction. *History and Anthropology*, II, 1986. p.207-24.

WEBER, M. *Il lavoro intellettuale come professione*. Turim: Einaudi, 1967.

WIESENTHAL, S. *Gli assassini sono fra noi*. Milão: Garzanti, 1970.

WORTMAN, P. M.; SPARLING, P. B. Acquisition and Retention of Mnemonic Information in Long Term Memory. *Journal of Experimental Psychology*, CII, 1974, p.22-26.

YATES, F. A. *Giordano Bruno e la tradizione ermetica*. Bari: Laterza, 1969.

YATES, F. A. *The Art of Memory*. Londres: Routledge/Kegan Paul, 1966 [trad. it. Turim: Einaudi, 1972].

YATES, F. A. The Ciceronian Art of Memory. In: *Medioevo e Rinascimento*: Studi in Onore di Bruno Nardi. Florença: Sansoni, 1956, p.889-94.

YERUSHALMI, Y. H. Riflessioni sull'oblio. In: YERUSHALMI et al. *Usi dell'oblio*. Parma: Pratiche Editrice, 1990.

YERUSHALMI, Y. H. *Zakhor*: Jewish History and Jewish Memory. Seattle/Londres: University of Washington Press, 1982 [trad. it. Parma: Pratiche Editrice, 1983].

ZAMBELLI, P. (Org.). *Astrologi Hallucinati*: Stars and the End of the World in Luther's Time. Berlim/Nova York: Walter de Gruyter, 1986.

ZOLO, D. Il tempo della politica. *Iride*, 2, 1989, p.146-47.

Índice Onomástico

SOBRE O LIVRO

Formato: 14 x 21 cm
Mancha: 23 x 44,5 paicas
Tipologia: Iowan Old Style 10/14
Papel: Pólen soft 80 g/m^2 (miolo)
Cartão Supremo 250 g/m^2 (capa)
1ª edição: 2010
4ª reimpressão: 2021

EQUIPE DE REALIZAÇÃO

Capa
Estúdio Bogari

Edição de Texto
Samuel Grecco (Copidesque)
Fabio Larsson (Preparação de Original)
Alberto Bononi e Alexandra Fonseca (Revisão)

Editoração Eletrônica
Studio Lume (Diagramação)